SALON DES FEMMES

CONVERSAZIONI SU DONNE, UOMINI, SESSO,
AMORE, RELAZIONI, SU COME DIVENTARE UNA
FEMMINISTA PRAGMATICA E MOLTO, MOLTO ALTRO
ANCORA

Gary M. Douglas

BASATO SU UNA SERIE DI TELECLASSI CON GARY
DOUGLAS E UNA CLASSE DAL VIVO CON DICIOTTO
DONNE POTENTI E STUPEFACENTI

Traduzione: Sibilla Iacopini
Editing edizione italiana: Giulia Regoli
Correzione bozze: Carla Fabbretti
Supervisione edizione italiana: Kass Thomas

Salon des Femmes
Copyright © 2014 Gary M. Douglas
ISBN: 978-1-63493-056-7

Tutti i diritti sono riservati. Nessuna parte di questa pubblicazione può essere riprodotta, memorizzata in sistemi di recupero o trasmessa in qualsiasi forma o attraverso qualsiasi mezzo elettronico, meccanico, mediante fotocopiatura, registrazione o altro senza l'autorizzazione scritta dell'editore.

L'autore e l'editore del libro non si ritengono responsabili né forniscono alcuna garanzia di alcun risultato fisico, mentale, emozionale, spirituale o finanziario. Tutti i prodotti, servizi e informazioni forniti dall'autore sono da intendersi per soli scopi di educazione generale e intrattenimento. I contenuti riportati in questa pubblicazione non sono in alcun modo un sostitutivo di consulto medico o di altri professionisti. Nel caso utilizziate le informazioni contenute in questo libro per voi stessi, l'autore e l'editore non si assumono alcuna responsabilità per le vostre azioni.

Pubblicato da
Access Consciousness Publishing, LLC
www.accessconsciousnesspublishing.com

Stampato in Italia
Facilità, Gioia e Gloria

Disclaimer

Per favore, non prendere tutto questo sul serio
e non renderlo significativo.
Il mio desiderio qui, è di creare più facilità
e pace tra uomini e donne.
Non si tratta di creare separazione o giudizio.

Come sarebbe vivere in un mondo dove tutti
sono gentili l'uno con l'altro?
E se tu fossi la persona in grado di rendere possibile
la creazione di tutto questo?

Sommario

Prefazione 7
1. Femminismo Pragmatico 9
2. Scegliere di Alterare la Realtà 51
3. Comprendere Chi Sei Veramente 89
4. Creare una Relazione che Funziona per Te 123
5. Scelta Pragmatica 161
6. Sei la Creatrice del Futuro 191
7. Fare il Dono delle Possibilità 217
8. Creare la Pace invece della Guerra 253
9. Creare un Futuro Sostenibile 289
10. Relazioni Consapevoli 315
11. Stare nel Potere della Scelta e della Consapevolezza ... 355
12. Diventare un radicale libero della Consapevolezza 395
13. Riconoscere il Dono che Sei per il Mondo 423
14. Avere la Tua Grandezza 459
Indice dei Capitoli, Titoli e Intestazioni 499
Cos'è Access Consciousness? 507
Altri Libri di Access Consciousness® 509
L'Autore 515

Prefazione

Nel corso del diciassettesimo e diciottesimo secolo, in Francia, i "salons" sono stati luoghi in cui donne intelligenti e accorte si sono incontrate, hanno parlato insieme e si sono scambiate idee, proprio come facevano gli uomini intelligenti e accorti. Nello spirito di quei salotti, ho ospitato una serie di quattordici teleclassi con un gruppo di donne straordinarie, dove abbiamo parlato di donne, uomini, sesso, relazioni, ruoli maschili e ruoli femminili, creare il futuro e molti, molti altri argomenti. Questo libro si basa su quelle conversazioni. Nel corso delle discussioni che seguono, ci possono essere alcune parole e concetti che non hai mai incontrato prima. Abbiamo cercato di definirli tutti in un glossario alla fine del libro. Troverete anche la frase di pulizia che usiamo in Access Consciousness. È una sintesi che ripulisce le energie che stanno creando le limitazioni e le contrazioni nella vostra vita. La prima volta che la leggi, potrebbe girarti un po' la testa. È proprio questo l'intento. È progettata per tenere la tua mente fuori dai piedi in modo da poter cogliere l'energia di una situazione. In sostanza, con la frase di pulizia, stiamo affrontando l'energia delle limitazioni e delle barriere che ci impediscono di andare avanti e di espanderci in tutti gli spazi dove vorremmo andare. Troverai altre informazioni sulla frase di pulizia alla fine del libro. È possibile scegliere di utilizzare la frase di pulizia o no; io non ho un punto di vista su questo, ma voglio invitarvi a provare a usarla e vedere cosa succede.

1
Femminismo Pragmatico

*Il mio obiettivo è farti raggiungere
una consapevolezza totale.
Se veramente non vuoi averla, allora faresti meglio
a stare in guardia perché sto per portarti
a fare una cavalcata selvaggia.*

Gary:

Buongiorno Signore. Per anni, il Dr. Dain Heer ed io abbiamo tenuto dei workshop su sesso e relazioni con gruppi di uomini e donne. Ogni giovedì sera, tutti gli uomini si sono riuniti e si sono liberati dei loro giudizi sulle donne. Ogni venerdì sera, sono arrivate tutte le donne e si sono liberate dei loro giudizi sugli uomini, poi sono uscite, hanno fatto un pigiama party e hanno costruito una nuova serie di giudizi. Sono tornate ad essere giudicanti sugli uomini, e gli uomini erano spaventati a morte perché sapevano che queste donne agguerrite gli avrebbero potuto tagliare le palle.

UNO STATO OPERATIVO DEL VIVERE

Perché le donne sono così arrabbiate con gli uomini? Perché hanno creato uno stato operativo della vita e del vivere in quanto donne.

Quando hai uno stato operativo del vivere, la stessa cosa si mostra più e più volte e tu ti chiedi perché certe cose continuino a succedere nello stesso modo. Se continui ad avere conflitti con gli uomini o se continui ad annoiarti o continui a pensare che qualcosa debba essere diverso da com'è, hai uno stato operativo che fa sì che le cose continuino a mostrarsi nello stesso modo.

Se veramente vuoi cambiare il tuo rapporto con l'altro sesso o con il tuo partner sessuale, devi cambiare il modo in cui guardi alle cose.

Partecipante del Salon:
Io sono sempre in conflitto tra maschile e femminile.

Gary:
Non dovrebbe esserci alcun conflitto tra maschile e femminile. È quello che sto cercando di creare qui. Quando ho fatto Gentlemen's Club la prima volta, gli uomini non sentivano di dover lottare per il diritto di essere uomini e non sentivano di dover lottare con le donne per essere se stessi. Potevano essere se stessi e le donne potevano sceglierli o meno, come meglio preferivano.

Partecipante del Salon:
Io mi sento in competizione con gli uomini.

Gary:

Quello è uno stato operativo. Uno stato operativo è un luogo dal quale cerchi di funzionare. È una scelta che fai. Non intendi avere qualcosa di diverso. Tu hai concluso: "Ecco com'è, ecco come farò sempre, ed ecco cosa succederà."

Invece, potresti chiedere a te stessa:
- Cosa sceglierei davvero?
- Cosa posso essere o fare di diverso che cambierebbe tutto questo?

Quanti giudizi devi mettere in atto per avere uno stato operativo? Molti, pochi, mega tonnellate, o Solo Dio Sa Quanti? Solo Dio Sa Quanti!

Tutto ciò che è, per un dioziliardo, distruggerai e screerai tutto? Giusto e Sbagliato, Bene e Male, POD, POC, Tutti e 9, Shorts, Boys e Beyonds

Quale stupidità stai usando per creare lo stato operativo della vita e del vivere come una femmina che stai scegliendo? Tutto ciò che è, per un dioziliardo, distruggerai e screerai tutto? Giusto e Sbagliato, Bene e Male, POD e POC, Tutti e 9, Shorts, Boys e Beyonds

E quale stupidità stai usando per creare il sentimento di un costante stato di conflitto tra maschile e femminile che stai scegliendo? Tutto ciò che è, per un dioziliardo, distruggerai e screerai tutto? Giusto e Sbagliato, Bene e Male, POD e POC, Tutti e 9, Shorts, Boys e Beyonds

Partecipante del Salon:

Alla fine di questi processi tu chiedi "stai scegliendo?" io tendo invece a dire "che tu stai scegliendo." Mi accorgo ora che tu non dici così. Mi puoi dire perché?

Gary:

"Che tu stai scegliendo" giustifica la tua ragione per scegliere così. È un punto di vista fisso. È come dire. "Sto scegliendo questo perché _____." Preferiresti credere che tu lo stia scegliendo per un motivo piuttosto che tu lo stia scegliendo e basta. Io sto cercando di farti vedere che non c'è motivo per scegliere quello che scegli – scegli e basta. Ecco perché chiedo "stai scegliendo?"

Partecipante del Salon:

Ti adoro Gary! Questo elimina tanta di quella energia piccola, tanto schifo.

Partecipante del Salon:

Ho una domanda. Gli uomini sono davvero cattivi e viziosi?

Gary:

No, in realtà, gli uomini non sono cattivi e viziosi.

Partecipante del Salon:

Allora perché sembra che lo siano?

Gary:

Perché si sono bevuti la bugia che essere cattivi e viziosi sia virile. Quante bugie vi siete bevute sugli uomini che vi stanno sputtanando la vita? Tante, poche o mega tonnellate?

Quante bugie sugli uomini ti sei bevuta che stanno bloccando la tua vita e il tuo vivere? Tutto ciò che è, per un dioziliardo, distruggerai e screerai tutto? Giusto e Sbagliato, Bene e Male, POD e POC, Tutti e 9, Shorts, Boys e Beyonds

Partecipante del Salon:

Mio padre è stato di sostegno nel mandarmi a una buona scuola e farmi ottenere una buona internship. Eppure ridicolizzava le donne. Rideva delle donne che piangono. E quando mia sorella stava morendo, lui scelse di non andare a visitarla. Ho sviluppato un'idea davvero asimmetrica di cosa siano gli uomini.

Gary:

Beh, più o meno tutti l'hanno sviluppata, uomini compresi.

Quale stupidità stai usando per creare il conflitto tra maschio e femmina che stai scegliendo? Tutto ciò che è, per un dioziliardo, distruggerai e screerai tutto? Giusto e Sbagliato, Bene e Male, POD e POC, Tutti e 9, Shorts, Boys e Beyonds

Partecipante del Salon:

Se un lato è mantenere il conflitto e l'altro lato è l'interessante punto di vista riguardo a questo, questo ha la capacità di disinnescare il conflitto?

Gary:

Disinnesca il conflitto di una certa estensione, ma non fa funzionare la relazione nel lungo periodo. Ho fatto così con la mia ex moglie. Sarei andato nell'interessante punto di vista. Non sarei stato nel conflitto, così non ci sarebbe stato conflitto, ma questo non cambiava nulla nel suo mondo. Il problema è che molte donne, piuttosto che vedere un uomo per quello che è, hanno il punto di vista che se lo cambiano, lui si trasformerà in un uomo che vada bene loro.

Quante volte hai preso un uomo e l'hai visto come un'immagine perfetta? Tutto ciò che è, per un dioziliardo, distruggerai e screerai tutto? Giusto e Sbagliato, Bene e Male, POD e POC, Tutti e 9, Shorts, Boys e Beyonds

SCEGLIERE UN UOMO CHE VUOI "AGGIUSTARE"

Partecipante del Salon:
Ho una domanda riguardo a questo. Che cosa crea la dinamica di scegliere un uomo che vuoi aggiustare o cambiare?

Gary:
Da bambina ti viene insegnato che devi trovare un "buon" cattivo ragazzo. Tutti i romanzi d'amore parlano di un uomo che è considerato un cattivo ragazzo, poi si innamora di te, tu ammansisci la bestia che è in lui e lui si trasforma nel tuo amore.

Ovunque hai provato ad ammansire la bestia selvaggia, distruggerai e screerai tutto? Giusto e Sbagliato, Bene e Male, POD e POC, Tutti e 9, Shorts, Boys e Beyonds

Partecipante del Salon:
Si tratta anche del salvarlo? "Posso aiutarlo, posso aggiustarlo, posso farlo stare meglio." È una cosa da madri, un istinto materno relativo al salvataggio?

Gary:
Non è una cosa da madri. È una cosa da femmine. Ti è stato insegnato che il tuo mestiere è di essere di supporto e

sederti dietro il trono – non oltre il trono. È essere in carica senza essere in carica. Ci si aspetta che tu finga di essere una giovane cosina dolce che non sa niente. Questi ruoli dati alle donne non sono realistici. Non hanno niente a che vedere con cosa una donna realmente è.

Tutto ciò che è, per un dioziliardo, distruggerai e screerai tutto? Giusto e Sbagliato, Bene e Male, POD e POC, Tutti e 9, Shorts, Boys e Beyonds

UN GIORNO IL MIO PRINCIPE VERRÀ

Hai mai guardato queste cose e detto: "Stronzate! Perché dovrei scegliere una cosa così?" Alcune di voi lo fanno. Dici: "Non importa, non mi disturberò nemmeno ad averla, una relazione." Altre dicono: "Beh, un giorno arriverà l'uomo giusto, il mio principe mi porterà via e non sarò più una Cenerentola."

Tutto ciò che è, per un dioziliardo, distruggerai e screerai tutto? Giusto e Sbagliato, Bene e Male, POD e POC, Tutti e 9, Shorts, Boys e Beyonds

Partecipante del Salon:
Che succede se hai entrambi questi punti di vista allo stesso tempo?

Gary:
Molte di voi hanno entrambi questi punti di vista allo stesso tempo. Ti è stato insegnato che così è come andrà. Magari l'uomo giusto verrà e tutto andrà a posto. No, niente di tutto ciò è reale! Tu, come essere infinito, avresti un unico grande amore?

Partecipante del Salon:
   No!

Gary:
   Non ha senso. Perché come essere infinito, tu avresti "Tutt'Uno" e non "uno", come cosa che desideri.

   Tutto ciò che è, per un dioziliardo, distruggerai e screerai tutto? Giusto e Sbagliato, Bene e Male, POD e POC, Tutti e 9, Shorts, Boys e Beyonds

   Da bambina, ti è stato insegnato che c'è UN vero amore per te. Ti è stato insegnato che un giorno troverai il tuo principe. Un giorno arriverà l'uomo giusto e ti amerà nel modo in cui dovresti essere amata. E un giorno tutto sarà perfetto. "Un giorno" non arriva mai perché "un giorno" non è mai oggi. "Un giorno" è qualcosa che non è mai esistito, non esisterà mai e non può nemmeno esistere.

   Quanti "un giorno" stai ancora provando a portare a fruizione? Tutto ciò che è, per un dioziliardo, distruggerai e screerai tutto? Giusto e Sbagliato, Bene e Male, POD e POC, Tutti e 9, Shorts, Boys e Beyonds

   Qualcuno sta iniziando a notare parecchia carica in quest'area?

Partecipante del Salon:
   Si!

Gary:
   Questa roba mantiene la follia di questa realtà. Il conflitto tra maschile e femminile, l'idea della relazione e del matrimonio, l'idea che il sesso dovrebbe essere bellissimo, fantastico e bla bla bla. Qualcuna di queste cose esiste veramente?

Quale stupidità stai usando per creare la non-esistente vita sessuale, vita romantica, matrimonio e vita relazionale mai esistita in nessuna realtà che stai scegliendo? Tutto ciò che è, per un dioziliardo, distruggerai e screerai tutto? Giusto e Sbagliato, Bene e Male, POD e POC, Tutti e 9, Shorts, Boys e Beyonds

È come non fare mai una domanda. Tu parti con "È così bello, fantastico e gentile", ma non chiedi mai, "Funzionerà davvero per me?" Arrivi a una conclusione su cosa dovresti avere invece di scegliere quello che davvero funzionerà. Voglio che tu sia la pragmatica della femminilità, non l'irlandese combattente, la nordica combattente, la vichinga combattente, l'ispanica combattente o ogni altra nazionalità di donne che pensi di dover essere.

Tutto ciò che è, per un dioziliardo, distruggerai e screerai tutto? Giusto e Sbagliato, Bene e Male, POD e POC, Tutti e 9, Shorts, Boys e Beyonds

Partecipante del Salon:
Sento anche un conflitto costante, una lotta costante tra uomo e donna. Mi tiene in costante conflitto con me stessa.

Gary:
Certo, perché sei stata sia un uomo che una donna. Ogni cosa dovrebbe essere disponibile per te. Non c'è niente che tu non sia stata o abbia fatto in una vita o in un'altra. Tutto ciò che sei mai stata o hai mai fatto dovrebbe esserti accessibile, ma nel tentativo di definire te stessa come donna o come uomo, tu tagli via metà di quello che è disponibile. Se ti definisci come uomo, devi tagliar via il tuo lato femminile.

Se ti definisci come donna, devi tagliar via il tuo lato maschile. Ti bevi dei punti di vista sugli uomini e dei punti di vista sulle donne così che puoi definire chi sei, ma queste definizioni non hanno niente a che vedere con te, l'essere.

Partecipante del Salon:
Sì, è come se stessi combattendo contro gli uomini e andassi nella sbagliatezza di me nel farlo.

Gary:
Quale stupidità stai usando per creare il conflitto tra maschile e femminile che stai scegliendo?
Tutto ciò che è, per un dioziliardo, distruggerai e screerai tutto? Giusto e Sbagliato, Bene e Male, POD e POC, Tutti e 9, Shorts, Boys e Beyonds
Se sei stata un maschio nella tua ultima vita e hai pensato che essere una femmina fosse più facile e migliore e sei entrata in questa vita come una femmina, dirai: "Aspetta un attimo, non è mica facile essere una femmina. È meglio essere un maschio" e andrai in conflitto con le tue decisioni e le tue scelte, il che ti dà quanta scelta?

Partecipante del Salon:
Zero.

Gary:
E quanto giudizio ti dà? Megatonnellate.
Tutto ciò che è, per un dioziliardo, distruggerai e screerai tutto? Giusto e Sbagliato, Bene e Male, POD e POC, Tutti e 9, Shorts, Boys e Beyonds

OMAGGIO ALLA RELAZIONE VS OMAGGIO ALLA VAGINA

Una delle cose che voglio ottenere da questo Salon des Femmes è quello di essere in grado di avere il vostro lato femminile, senza la necessità di farne un problema con gli uomini. Nulla dovrebbe essere un problema con gli uomini. Tutto dovrebbe essere una scelta.

Quale stupidità stai usando per creare l'eterna venerazione della relazione che stai scegliendo? Tutto ciò che è, per un dioziliardo, distruggerai e screerai tutto? Giusto e Sbagliato, Bene e Male, POD e POC, Tutti e 9, Shorts, Boys e Beyonds

La versione maschile è:

Quale stupidità stai usando per creare l'eterna venerazione della vagina che stai scegliendo? Tutto ciò che è, per un dioziliardo, distruggerai e screerai tutto? Giusto e Sbagliato, Bene e Male, POD e POC, Tutti e 9, Shorts, Boys e Beyonds

Sia l'una che l'altra versione stanno funzionando su di voi. E questo crea un sacco di opposizione. Tu vuoi che lui sia devoto alla tua vagina, e tu vuoi essere devota alla relazione. Le donne sono abituate all'idea che tutto riguardi la relazione - la relazione coi tuoi figli, la relazione col tuo compagno. Uomini e donne stanno adorando Dei differenti e si chiedono per quale motivo non possono stare insieme!

Quale stupidità stai usando per creare l'eterna venerazione della relazione che stai scegliendo? Tutto ciò che è, per un dioziliardo, distruggerai e screerai tutto? Giusto e Sbagliato, Bene e Male, POD e POC, Tutti e 9, Shorts, Boys e Beyonds

Quale stupidità stai usando per creare l'eterna venerazione della vagina che stai scegliendo? Tutto ciò che è, per un dioziliardo, distruggerai e screerai tutto? Giusto e Sbagliato, Bene e Male, POD e POC, Tutti e 9, Shorts, Boys e Beyonds

Partecipante del Salon:
C'è anche un omaggio eterno al non avere rapporti? O è un lato diverso della stessa medaglia?

Gary:
Sì, è un altro lato della medaglia.
Se stai facendo un omaggio di qualsiasi tipo, non stai essendo presente con la scelta, la possibilità e la domanda. Dobbiamo sbarazzarci dell'omaggio alla relazione, sia a favore che contro, e dobbiamo sbarazzarci dell'omaggio alla vagina, sia a favore che contro. Entrambi creano un problema in cui si finisce con un punto di vista di opposizione.

Partecipante del Salon:
Ah, giusto.

Gary:
Quale stupidità stai usando per creare l'eterno omaggio della relazione che stai scegliendo? Questo può essere in entrambi i sensi. Tutto ciò che è, per un dioziliardo, distruggerai e screerai tutto? Giusto e Sbagliato, Bene e Male, POD e POC, Tutti e 9, Shorts, Boys e Beyonds

Quale stupidità stai usando per creare l'eterno omaggio alla vagina che stai scegliendo? Tutto ciò che è, per un dioziliardo, distruggerai e screerai tutto? Giusto e Sbagliato, Bene e Male, POD e POC, Tutti e 9, Shorts, Boys e Beyonds

Partecipante del Salon:
　Gary, la seconda domanda "Quale stupidità stai usando per creare l'eterno omaggio alla vagina che stai scegliendo?" é forte per me. Puoi spiegare questo?

Gary:
　Ad un certo punto nel corso di una tua vita, probabilmente hai deciso che desideravi avere una vagina.

Partecipante del Salon:
　Io, essendo un uomo in quella vita?

COSA COSTITUISCE LA MASCOLINITÀ E LA FEMMINILITÀ, COMUNQUE?

Gary:
　Sì, l'intera idea di essere a favore o contro un punto di vista è istericamente divertente per me. Non c'è nulla che non sei stato o non hai fatto in una vita o nell'altra. Che cosa costituisce il maschile e il femminile in ogni caso?

Partecipante del Salon:
　Questa era la mia prossima domanda!

Gary:
　Beh, ho un processo anche per questo.
　Quale stupidità stai usando per creare te stessa come la concubina della realtà MEST, della realtà fisica e della pazzia psicologica che stai scegliendo? Tutto ciò che è, per un dioziliardo, distruggerai e screerai tutto? Giusto e Sbagliato, Bene e Male, POD e POC, Tutti e 9, Shorts, Boys e Beyonds.

Quando rendi te stessa una concubina, è come essere l'amante della realtà MEST (la realtà della materia, energia, spazio e tempo), la realtà fisiologica e la pazzia psicologica. Perché in questo mondo, non si diventa forse schiavi e servi di questo? È all'incirca come funziona la creazione del sesso per molte persone. Per esempio, quante volte avete avuto una relazione nella realtà di materia, energia, spazio e tempo che è stata gioiosa per voi?

Partecipante del Salon:
Ha-ha-ha

Gary:
Quasi mai! E quanti di quei rapporti hanno riguardato la vostra realtà fisiologica? Quante delle persone con cui avete fatto sesso godono davvero nel fare sesso? Quanti di loro pensano che tu sia bella, meravigliosa, e favolosa - perché è quello che sei?

Partecipante del Salon:
Non molti.

Gary:
E poi c'è la follia psicologica, che è dove la maggior parte delle persone funziona nei rapporti di ogni genere. Molte persone utilizzano dei giudizi per creare eccitazione sessuale. Il giudizio non è un modo per creare un mondo espansivo. Può solo crearne uno contratto. Ti torna?

Partecipante del Salon:
Ho tutto il corpo sottosopra ora. L'energia è tutta incasinata.

Gary:

Ecco perché stiamo facendo scorrere questo, tesoro. Dobbiamo raddrizzare i vostri corpi in modo che possiate avere più facilità con loro e con tutto ciò che scegliete nella vita. Questa telecall serve a farvi arrivare in un posto dove potete avere facilità con l'essere una femmina, facilità nell'agire come un maschio, facilità nel creare come un maschio e facilità nel creare come una femmina. In questo momento molte di voi si dibattono a favore o contro una parte o l'altra, il che non vi dà scelta totale. Ci siamo?

Nulla in questa realtà riguarda lo scegliere e il creare la propria identità sessuale e la realtà. Tutto riguarda ciò che viene detto e venduto, tutto quello che c'è là fuori nel mondo e che ti dice "Così è come dovrebbe essere."

Tutto ciò che è, per un dioziliardo, distruggerai e screerai tutto? Giusto e Sbagliato, Bene e Male, POD e POC, Tutti e 9, Shorts, Boys e Beyonds

Partecipante del Salon:

Gary, hai parlato della libertà di creare come un uomo o come una donna. Puoi dirci di più su questo?

MANIPOLAZIONE E SAPERE

Gary:

La questione riguardo agli uomini è che tendono ad essere abbastanza diretti. Sono più diretti rispetto alla maggior parte delle donne. Boom, boom, boom. Inoltre mentono bene. Se sei una donna, imparerai che gli uomini mentiranno e provi a confrontarti con loro, li controlli, o li manipoli per fargli dire la verità. A dire il vero, non dovresti provare a farti dire la verità. Tu hai solo bisogno di sapere qual è la verità perché questo ti permette di controllare la situazione.

Parte dell'essere una donna, parte della "donnologia," sta nell'avere un sesto senso. Hai una consapevolezza delle cose che gli altri non hanno, ma non è qualcosa che venga incoraggiato in questa realtà. La vostra innata capacità di sapere non è incoraggiata. Si presume che rinuncerete al vostro sapere in favore della manipolazione, come se la manipolazione fosse la fonte definitiva del controllo invece della consapevolezza. No. Con la consapevolezza, è possibile avere il controllo su qualsiasi cosa.

Partecipante del Salon:
Puoi parlarci un po' di più sulla manipolazione e il sapere? Se ho capito bene, tu stai dicendo che uso la manipolazione piuttosto che riconoscere che la menzogna è lì e usarla a mio vantaggio.

Gary:
Sì, questo è quello che ci viene insegnato in questa realtà. Ci hanno insegnato a tagliare via la nostra consapevolezza ad ogni occasione. Ti hanno insegnato a fidarti di tuo padre? Quindi, ogni uomo diventa una persona di cui potersi fidare, giusto?

Partecipante del Salon:
O il contrario, magari!

Gary:
Funziona in entrambe le direzioni. Nessuno ti può dare la libertà che ti dà la consapevolezza. Quello che stiamo

cercando qui è farti raggiungere la consapevolezza, non un luogo in cui fidarsi e avere fede cieca.

Quante di voi hanno provato a creare una fede cieca negli uomini? Tutto ciò che è, per un dioziliardo, distruggerai e screerai tutto? Giusto e Sbagliato, Bene e Male, POD e POC, Tutti e 9, Shorts, Boys e Beyonds

E quante di voi hanno cercato di creare una fede cieca nelle donne? "Questa donna è mia sorella; lei si prenderà cura di me." Quando tagli fuori la consapevolezza, le donne saranno meschine e spregevoli come gli uomini, se gliene viene data l'opportunità. E come si fa a dare a qualcuno questa opportunità? Tagliando la vostra consapevolezza.

Tutto ciò che è, per un dioziliardo, distruggerai e screerai tutto? Giusto e Sbagliato, Bene e Male, POD e POC, Tutti e 9, Shorts, Boys e Beyonds

Partecipante del Salon:
Nella religione, ci viene insegnato come femmine di rinunciare alla nostra consapevolezza in favore dell'uomo. L'uomo è il proprietario, il leader, l'autorità.

Gary:
La religione è parte della realtà MEST, e tutti gli uomini sono collegati a Dio. Se hai un pene, hai una linea diretta con Dio. Se hai una vagina, hai un buco nel quale tutti gli uomini piantano il seme della realtà.

Ok, tutto ciò che viene su, per un dioziliardo, distruggerai e screerai tutto? Giusto e Sbagliato, Bene e Male, POD e POC, Tutti e 9, Shorts, Boys e Beyonds

Come donna, nella realtà fisiologica disponi di certe capacità e come uomo disponi di certe capacità. A dire il vero, abbiamo tutti tutte le capacità, ma nessuno di noi le sta usando. La cosa importante è raggiungere il luogo dove si hanno tutte le capacità disponibili, non solo una parte.

Partecipante del Salon:
A me è venuto su "la parola di un uomo è legge."

Gary:
È perpetrato su tutta l'umanità che Dio è un uomo, e ciò che Dio dice è legge.

Tutto ciò che hai fatto per rendere questo una realtà, vuoi distruggere e screare tutto? Giusto e Sbagliato, Bene e Male, POD e POC, Tutti e 9, Shorts, Boys e Beyonds.

Quale stupidità stai usando per creare lo stato operativo della vita e vivere come una femmina che stai scegliendo? Tutto ciò che è, per un dioziliardo, distruggerai e screerai tutto? Giusto e Sbagliato, Bene e Male, POD e POC, Tutti e 9, Shorts, Boys e Beyonds.

ESSERE UNA PRAGMATISTA DELLA FEMMINITÀ

Partecipante del Salon:
Poco fa tu hai detto: "Voglio che tu sia la Pragmatista del Femminile." Puoi dire di più su come sarebbe essere una Pragmatista del Femminile?

Gary:
Come Pragmatista del Femminile, sarete disposte a guardare come è possibile utilizzare le astuzie e il fascino femminile per ottenere ciò che si vuole, senza togliere nulla

a qualcun altro facendolo. È diventato ovvio per me anni fa che quando le donne diventano una fonte di energia, in qualsiasi posizione esse assumano nel mondo degli affari, tendono a lavorare di più e più diligentemente e a diventare più cattive per dimostrare che sono meglio degli uomini. Stanno sempre cercando di dimostrare che sono meglio degli uomini. Non utilizzano quello che hanno a disposizione per andare oltre gli uomini.

È come se steste cercando di dimostrare che siete meglio di un uomo non essendo mai più grande dell'uomo del quale avete scelto di essere migliori.

Tutto ciò che ha portato su o portato giù, distruggerai e screerai tutto? Giusto e Sbagliato, Bene e Male, POD e POC, Tutti e 9, Shorts, Boys e Beyonds

Partecipante del Salon:
Essere Pragmatiste significa essere in grado di guardare a ciò che è. Qual è la cosa principale che ci impedisce di vedere ciò che è? Che cosa ci impedisce di vedere?

Gary:
Per lo più è l'essere nella fantasia, il pensare al sesso, insomma l'essere tutto tranne consapevolezza. Il sentimento ti offusca. Hai scambiato il sentimento con la consapevolezza.

Quindi, ovunque hai scelto i sentimenti piuttosto che la consapevolezza, vuoi distruggere e screare adesso? Giusto e Sbagliato, Bene e Male, POD e POC, Tutti e 9, Shorts, Boys e Beyonds

Essere una Pragmatista del Femminino è vedere come utilizzare le cose disponibili a tuo vantaggio. Ad esempio, avete il décolleté. Puoi usarlo a tuo vantaggio con un uomo non troppo sveglio?

Partecipante del Salon:
Certo!

Gary:
Puoi usarlo con un uomo molto intelligente?

Partecipante del Salon:
Certo!

Gary:
Puoi usarlo con un uomo consapevole?

Partecipante del Salon:
Certo.

Gary:
No, non puoi. Perché saprà quello che stai facendo. Questo crea una realtà differente.

Quale stupidità stai usando per creare il sentimento di conflitto tra femminile e maschile che stai scegliendo? Tutto ciò che è, per un dioziliardo, distruggerai e screerai tutto? Giusto e Sbagliato, Bene e Male, POD e POC, Tutti e 9, Shorts, Boys e Beyonds

Non so se l'avete notato, ma tutti questi processi hanno parecchia carica. I vostri punti di vista su queste cose sono uno dei modi principali con i quali manteniamo questo mondo in conflitto. Sono uno dei modi con i quali ci facciamo questa guerra. Adesso che state cambiando i punti di vista su queste cose, la guerra cesserà.

Potresti essere un po' più potente di quello che credi!

STUPIDITÀ VS. CONSAPEVOLEZZA

Quando parlo di stupidità, sto parlando di tutti i luoghi nei quali ti rendi abbastanza inconsapevole da essere stupida a proposito di qualcosa. Ti devi rendere inconsapevole per poter scegliere la stupidità al posto della consapevolezza totale. Se hai consapevolezza totale, puoi camminare per strada e dire: "Sarebbe divertente fare sesso con quel ragazzo. Con quell'altro sarebbe davvero noioso. Quel tipo sarebbe grandioso per averci una relazione, ma sarebbe noioso a letto." Avrai consapevolezza di quello che scegli e sarai in grado di scegliere di conseguenza.

Come donna, avete più scelte disponibili rispetto agli uomini. So che non la pensate così, ma in realtà è proprio così. Siccome sei una donna, ti è stato dato un piedistallo sul quale ergerti. Oppure puoi scegliere di scendere dal piedistallo. O puoi scegliere di controllare l'uomo totalmente. Hai queste tre scelte come contesto iniziale per creare qualcosa con un uomo. La maggior parte di voi non se ne rende conto.

Partecipante del Salon:
La maggior parte di noi sembra non veda l'ora di scegliere proprio quell'uomo che non ci sceglierà.

Gary:
Esattamente. Questo è il modo in cui funziona la maggior parte della gente. Anche gli uomini fanno così, ma hanno imparato, col tempo, che verranno scelti dalla donna. Le femmine continuano a cercare l'uomo che le sceglierà, ma in realtà, le donne hanno la scelta perché se dicono: "Vieni qua", l'uomo dice: "Si!" ma se l'uomo dice: "Vieni qua" alla donna, la donna dice: "Vaff...!"

Tutto ciò che è, per un dioziliardo, distruggerai e screerai tutto? Giusto e Sbagliato, Bene e Male, POD e POC, Tutti e 9, Shorts, Boys e Beyonds

"TENGO LA GUARDIA ABBASSATA"

Partecipante del Salon:

Nel mio primo matrimonio, stavo giocando a "Io ti cambierò." Non ha funzionato granché, e subito ho iniziato un'altra relazione. Lui non mi voleva e io volevo lui, quindi neanche questa ha funzionato. Ho iniziato la mia terza relazione dicendo: "Qualunque cosa succederà, terrò la mente aperta e resterò lucida." Finalmente ho trovato una relazione nella quale sono molto a mio agio e felice. Questo perché ho abbassato la guardia e non giudico ciò che la relazione sarà.

Gary:

La cosa più importante che hai detto è stata: "Ho abbassato la guardia." La maggior parte delle donne non vede che ha la guardia alzata contro gli uomini la maggior parte del tempo.

Partecipante del Salon:

Ho imparato usando strumenti di Access Consciousness a lasciare che le cose vadano da sé, e ho scoperto che quando le lascio andare, tutto scorre verso di me facilmente. C'è un grande senso di libertà e mi sento più sicura di chi sono.

Gary:

Lo scopo di questa chiamata è di arrivare a un punto in cui questa è sempre la scelta che avete. Non dovrete più alzare la guardia, perché quando si alza la guardia contro qualcuno si deve anche alzare uno scudo contro la consapevolezza.

Ovunque hai alzato la guardia contro qualcuno e ovunque hai tagliato via la tua consapevolezza, cosa che ti rende abbastanza stupida da fare scelte sbagliate, vuoi distruggere e screare tutto? Giusto e Sbagliato, Bene e Male, POD e POC, Tutti e 9, Shorts, Boys e Beyonds

Partecipante del Salon:
Sono arrabbiata con te.

Gary:
È per qualcosa che ho detto?

Partecipante del Salon:
Tu, uomo, che dici a me, donna, che ho più scelte.

Gary:
Io non sono un uomo. Io sono un essere infinito.

Partecipante del Salon:
Ha-ha-ha! Grazie!

Gary:
Come osi chiamarmi uomo? Sono un essere infinito.

Partecipante del Salon:
Gary, è meraviglioso. Mi accorgo che ho alzato la guardia contro di te, perché stavo facendo la cosa uomo-donna con te.

Gary:
Sì, lo facciamo con tutte le persone con le quali entriamo in contatto. Siamo sempre in guardia, dobbiamo sempre avere

una protezione, abbiamo sempre muri e barriere alzate pur di non renderci conto che abbiamo sempre consapevolezza totale.

Quanti muri stai scegliendo per tenerti lontano dalla consapevolezza totale e da tutto ciò che desideri? Tutto ciò che è, per un dioziliardo, distruggerai e screerai tutto? Giusto e Sbagliato, Bene e Male, POD e POC, Tutti e 9, Shorts, Boys e Beyonds

Se fossi in te, avrei alzato la guardia contro di me, perché io sono davvero una cattiva persona. Ho una cosa in mente ed è di farti arrivare alla consapevolezza totale. Se proprio non la vuoi, allora sì sarebbe meglio che alzi la guardia, perché ho intenzione di portarti a fare una corsa sfrenata!

Quale stupidità stai usando per creare la sensazione di conflitto tra maschio e femmina che stai scegliendo? Tutto ciò che è, per un dioziliardo, distruggerai e screerai tutto? Giusto e Sbagliato, Bene e Male, POD e POC, Tutti e 9, Shorts, Boys e Beyonds

FAVOLETTE

Partecipante del Salon:
Nella mia realtà devi adorare un uomo, ed è lui quello che ti sceglie. Come in tutte le favole, è lui quello che si innamora della donna. Lui è sempre il più intelligente e il più sveglio e io non sono degna di quel tipo di uomo, quindi come fa a scegliere me?

Gary:
Wow, che tipo di cioccolato stai mettendo su quel mucchio di merda? Deve essere del gran buon cioccolato se ti sei comprata quella roba!

Partecipante del Salon:

Sì, è per questo che voglio ripulirlo subito.

Gary:

Ecco un processo:

Quale stupidità stai usando per creare la vita da favola e il vivere che non funziona che stai scegliendo? Tutto ciò che è, per un dioziliardo, distruggerai e screerai tutto? Giusto e Sbagliato, Bene e Male, POD e POC, Tutti e 9, Shorts, Boys e Beyonds

È come il movimento di liberazione delle donne che si è portato via il ruolo degli uomini. E le favole si portano via il ruolo delle donne. Le favole sono "E tutto andò a finire bene alla fine e vissero sempre felici e contenti." Quante persone conoscete che vivono felici e contente? Questo non è vivere! Non si può semplicemente vivere felici e contenti. È necessario creare e generare il rapporto che funziona per voi, e questa è l'unica cosa che alla maggior parte di noi non è mai stato insegnato.

Questo è il posto che vogliamo raggiungere, un luogo dove si può creare e generare ciò che funziona per voi. Parlerò ancora di questo più avanti. Ma prima, c'è bisogno di togliere un po' di carica da voi ragazze, perché è come se foste bloccate in delle gabbie. Parlate di donne che sono un peso e di essere rinchiuse in gabbie e questo è più o meno il modo in cui si tenta di funzionare quando si sta funzionando dal punto di vista di questa realtà a proposito di maschi e femmine.

Tutto ciò che è, per un dioziliardo, distruggerai e screerai tutto? Giusto e Sbagliato, Bene e Male, POD e POC, Tutti e 9, Shorts, Boys e Beyonds

Partecipante del Salon:

Se le donne sono radicate nel punto di vista "Un giorno il mio principe verrà", allora in cosa sono radicati e cosa viene insegnato agli uomini a proposito dello scegliere una relazione o una compagna?

Gary:

Prima di tutto, all'uomo non si insegna a scegliere un rapporto. L'uomo è tenuto a scegliere il sesso, perché il suo compito è quello di fornire il seme della prossima generazione.

Partecipante del Salon:

E cosa mi dici del "Trovati una brava ragazza e sistemati"? Che cos'è?

Gary:

Sei degli anni 50?

Partecipante del Salon:

Sì!

Gary:

Okay, bene! Perché negli anni 50 era questo il punto di vista.

Partecipante del Salon:

Quindi, pensi che non esista più?

Gary:

So che non esiste. Sono cresciuto negli anni 50, e ho visto la gente seminare avena, sposarsi e avere figli.

Poi hanno divorziato. Figli, mogli e mariti erano tutti devastati; nessuno era felice. Dov'era il "vissero sempre felici e contenti?" Fortunatamente, non si verifica se non si è disposti a diventare pragmatici nelle proprie scelte.

Ho notato che tra quelli della mia età, la gente vorrebbe scegliere di avere una relazione grandiosa, ma non è disposta a guardare se la persona con la quale vuole relazionarsi intende la stessa cosa. Il femminismo pragmatico è riconoscere ciò che si vuole veramente avere ed essere disposti a crearlo anche se non combacia con la realtà di nessun altro.

Tutto ciò che è, per un dioziliardo, distruggerai e screerai tutto? Giusto e Sbagliato, Bene e Male, POD e POC, Tutti e 9, Shorts, Boys e Beyonds

Questa realtà MEST è stata creata con l'idea che sia qualcosa di profondamente giusto a riguardo. Si presume che tu sia sottoposta a questo e viva in ragione di questa realtà.

Quale stupidità stai usando per crearti come la concubina della realtà MEST, la realtà fisica e la follia psicologica che stai scegliendo? Tutto ciò che è, per un dioziliardo, distruggerai e screerai tutto? Giusto e Sbagliato, Bene e Male, POD e POC, Tutti e 9, Shorts, Boys e Beyonds

Quale stupidità stai usando per creare la sensazione di conflitto tra maschile e femminile che stai scegliendo? Tutto ciò che è, per un dioziliardo, distruggerai e screerai tutto? Giusto e Sbagliato, Bene e Male, POD e POC, Tutti e 9, Shorts, Boys e Beyonds.

LA GUERRA TRA UOMINI E DONNE

Una delle ragioni per le quali è stato creato il conflitto tra maschile e femminile o tra i sessi è quella di produrre gente senza potere. È un modo per mantenere tutti impotenti. Se tu fossi disposto ad essere tutto ciò che sei come uomo o come donna, nessuno sarebbe impotente. Ed essere impotenti non è nel miglior interesse di nessuno. Ma quanti di voi hanno notato che ci si sente impotenti di fronte a certi tipi di uomini o certi tipi di donne?

Quale stupidità stai usando per creare l'impotenza degli uomini e delle donne che stai scegliendo? Tutto ciò che è, per un dioziliardo, distruggerai e screerai tutto? Giusto e Sbagliato, Bene e Male, POD e POC, Tutti e 9, Shorts, Boys e Beyonds

Partecipante del Salon:
È questo conflitto a creare la guerra sul pianeta?

Gary:
Sì e di certo sta creando la guerra tra gli uomini e le donne. Le donne dicono agli uomini cose che li fanno sentire impotenti, e gli uomini dicono alle donne cose che le fanno sentire impotenti.

All'inizio del mio primo matrimonio, avevo un figlio di sei mesi e una moglie in casa, e un tizio che non vedevo da anni è venuto a farci visita. Mi disse che era ricercato dalla polizia per aver assunto la mafia messicana per uccidere il fratello in modo da poter ereditare tutti i soldi della famiglia. Poi mi invitò fuori a cena.

Ho realizzato immediatamente che dovevo sbarazzarmi di lui. Ho detto: "Non voglio uscire a cena, ma puoi usare la mia macchina." Sapevo che se gli avessi dato la mia macchina da 2,000 $ sarebbe andato via e dal mio punto di vista era molto meglio che avere in casa, con me, mia moglie e mio figlio, un tizio disposto a uccidere.

Mia moglie andò su tutte le furie. Mi disse: "Sei un vigliacco e un buono a nulla. Ti odio." Non riusciva a vedere dal mio punto di vista come si ottiene che un killer vada fuori da casa nostra senza essere uccisi. Io sono più pragmatico che conflittuale.

Tutto ciò che è, per un dioziliardo, distruggerai e screerai tutto? Giusto e Sbagliato, Bene e Male, POD e POC, Tutti e 9, Shorts, Boys e Beyonds.

CREARE E GENERARE LA TUA VITA

Partecipante del Salon:
Se dovessimo smettere di riferirci a noi stessi come donne o uomini e iniziassimo a vedere gli uomini e le donne come esseri infiniti, anche se non si comportano in questo modo, come cambierebbero le dinamiche?

Gary:
Beh, si può sempre fare riferimento a se stessi come una donna o un uomo. Non è un problema; non si tratta di eliminare il punto di riferimento. Si tratta di riconoscere che quest'altra persona è un essere infinito e guardare se questo essere infinito sta funzionando in un modo che espande la propria vita e la vostra. La maggior parte di voi sceglie persone che può controllare o persone che pensate possano controllarvi o gente che pensate possa farvi sentire o apparire meglio per qualche motivo.

Si sceglie uno stato operativo del vivere come se potesse creare e produrre ciò che desideriamo. Non è così. Uno stato operativo del vivere può istituire solo ciò che già esiste. Tutti gli stati operativi sono modi con i quali creiamo piloti automatici che sembrano stiano funzionando. Quando ci si trova in uno stato operativo, non si opera a livello consapevole. Si sta operando con il pilota automatico.

Partecipante del Salon:
Come si fa a sbarazzarsi di questi stati operativi? Quale domanda facciamo? Che cosa dobbiamo essere?

Gary:
Bisogna essere pragmatici.

Partecipante del Salon:
Che cosa è pragmatico? Non sono mai stata pragmatica in vita mia.

Gary:
Sì invece. È essere pratici. Sei sempre pratica nell'assicurarti di fare i soldi.

Partecipante del Salon:
Sì, questo è il posto nel quale non mi annoio. Amo i soldi, amo il mio corpo e amo la natura. Mi annoio con tutto il resto.

Gary:
Tu non stai creando e generando la tua vita. Stai vivendo e istituendo lo stato operativo della vita e del vivere che stai scegliendo. Hai già tutto gestito dal tuo punto di vista. È ovvio che siete annoiate: non state andando oltre, in direzione di una realtà diversa.

Partecipante del Salon:

    Okay. Come, quando, dove e cosa, per favore?

Gary:

    Non è cosa, dove, quando e come. È: "Non sceglierei questo per quale motivo?"

Partecipante del Salon:

    La sto facendo questa domanda!

Gary:

    Hai chiesto: Cosa posso scegliere al di là della noia?

Partecipante del Salon:

    Wow, questa non l'ho chiesta!

Gary:

    Sei annoiata, quindi scegli al di là della noia. Se sei in una brutta relazione, chiedi: Chi posso scegliere così da non annoiarmi più in questa relazione? Se sei annoiata nella tua vita, chiedi: "Cosa posso scegliere al di là della noia?"

Partecipante del Salon:

    Mi sono alleggerita un bel po', Gary!

Gary:

    Bene! Per questo vi ho dato il processo.

Partecipante del Salon:

    Grande, Gary, grazie!

Gary:

    Quale stupidità stai usando per creare lo stato operativo della vita e del vivere che stai scegliendo? Tutto ciò che è, per un dioziliardo, distruggerai e screerai tutto? Giusto e Sbagliato, Bene e Male, POD e POC, Tutti e 9, Shorts, Boys e Beyonds

Quando qualcosa continua a mostrarsi ancora e ancora, si va a: da quale stato operativo sto cercando di vivere?

Quando sei nel "Non funziona, non sono felice con lui, mi piacerebbe davvero qualcosa di diverso, ma io non riesco a scegliere qualcosa di diverso" bisogna rendersi conto che questo è uno stato operativo del vivere. Non è che non si possa scegliere qualcosa di diverso; è che non lo farai.

Quale stupidità stai usando per creare lo stato operativo della vita e del vivere che stai scegliendo? Tutto ciò che è, per un dioziliardo, distruggerai e screerai tutto? Giusto e Sbagliato, Bene e Male, POD e POC, Tutti e 9, Shorts, Boys e Beyonds

Lo stato operativo è quello di arrivare alla morte il prima possibile avendo un paio di storie nell'attesa.

Tutto ciò che è, per un dioziliardo, distruggerai e screerai tutto? Giusto e Sbagliato, Bene e Male, POD e POC, Tutti e 9, Shorts, Boys e Beyonds

IL TUO CORPO È DENTRO DI TE

Partecipante del Salon:
Parli di creare e generare le nostre vite e scegliere qualcosa di diverso, ma noi siamo sempre in un corpo femminile.

Gary:
Perché dici questo come se si trattasse di una limitazione insuperabile?

Tu dici: "Io sono in un corpo femminile." Sei in un corpo femminile, o è il corpo femminile a essere dentro di te? Voi non siete in un corpo. È il vostro corpo ad essere dentro di voi. È quello che avete creato in questa vita per avere qualcosa da fare. Ora, cosa avete scelto e come lo avete creato per ottenere quel dato risultato - questa è una parte che a me non serve sapere - solo tu lo sai.

Partecipante del Salon:
Qual è la differenza tra essere all'interno di questo corpo o che il corpo sia dentro di me?

Gary:
Siete esseri infiniti. Non ci sono bordi esterni a voi, ma ci sono bordi esterni al vostro corpo.

Partecipante del Salon:
Quindi, il mio corpo è dentro di me?

Gary:
Potresti essere un essere ancora più grande che non può annoiarsi, con il corpo o senza il corpo o qualsiasi altra cosa?

Partecipante del Salon:
Sì! Grazie!

Gary:
Quale stupidità stai usando per creare lo stato operativo della vita e del vivere che stai scegliendo? Tutto ciò che è, per un dioziliardo, distruggerai e screerai tutto? Giusto e Sbagliato, Bene e Male, POD e POC, Tutti e 9, Shorts, Boys e Beyonds

Questo è il processo che voglio facciate scorrere fino alla prossima chiamata. Avete bisogno di avere chiarezza a proposito dello spazio dal quale state operando. La maggior parte di voi non sta creando qualcosa di più grande. State operando da uno stato dal quale pensate di dover funzionare piuttosto di avere la scelta o la possibilità. State cercando di creare da un luogo, il corpo femminile, come se questa fosse l'unica scelta che c'è, invece di chiedere: Quale creazione avrei a mia disposizione qui se fossi disposta ad abbracciare la femmina e a non rifiutare il maschio? E non rifiutare il mio essere infinito?

Tutto ciò che è, per un dioziliardo, distruggerai e screerai tutto? Giusto e Sbagliato, Bene e Male, POD e POC, Tutti e 9, Shorts, Boys e Beyonds

Quanti di voi sono alla ricerca della vostra anima gemella, il vostro altro significativo, la vostra fiamma gemella, la vostra metà o la vostra energia corrispondente nel corpo maschile?

Partecipante del Salon:

Qualcuno che mi completi!

Gary:

Ecco! Proprio!

Tutto ciò che è, per un dioziliardo, distruggerai e screerai tutto? Giusto e Sbagliato, Bene e Male, POD e POC, Tutti e 9, Shorts, Boys e Beyonds

Un essere infinito ha bisogno di completamento? O è disposto ad avere rapporti sessuali o una relazione con qualcuno con cui ha scelto di relazionarsi?

Partecipante del Salon:

Assolutamente, in qualsiasi momento e in qualsiasi luogo.

Gary:

Continui a cercare di creare tutti questi stati operativi dai quali funzionare.

Quanti stati operativi di limitazione stai scegliendo? Tutto ciò che è, per un dioziliardo, distruggerai e screerai tutto? Giusto e Sbagliato, Bene e Male, POD e POC, Tutti e 9, Shorts, Boys e Beyonds

Partecipante del Salon:

Quali sono gli elementi di vero godimento dell'embodiment per una donna?

Gary:

Sbarazzarsi di tutti i giudizi a proposito dell'essere una donna o un uomo.

Partecipante del Salon:

In passato, hai parlato di tutte le decisioni, i giudizi, i calcoli e le conclusioni spinti nei nostri corpi. Ci puoi parlare di come questi elementi giocano qui?

Gary:

Quando tagli fuori la tua consapevolezza, ti rendi così stupida da non essere consapevole di ciò che le persone stanno proiettando sul tuo corpo, quelle cose si bloccano nel tuo corpo e ti fanno male. Devi voler essere consapevole di quello che sta succedendo. Devi avere la consapevolezza: "Questo tipo mi guarda con lussuria. Al mio corpo piace? Oh! Al mio corpo piace essere concupito. Interessante!" Almeno così il vostro corpo può godere della lussuria. Questo è essere pragmatica sull'essere una donna.

Riconosci la differenza tra quando qualcuno ti guarda con lussuria e il vostro corpo gode di questo e quando pensi di dover fare qualcosa al riguardo. La maggior parte delle persone guardano qualcuno e distolgono lo sguardo perché pensano che se guardano qualcuno per troppo tempo significa che devono fare qualcosa. No! Significa solo che stai guardando.

Ho trovato un modo per aggirare questo. Quando guardo una donna troppo a lungo e lei è a disagio, dico: "Wow, belle scarpe, bella borsa. Dove l'hai presa?" Con i ragazzi puoi dire: "Ti stai allenando? Si vede, complimenti!" Oppure "Wow, devi bere un sacco di birra!" Devi essere disposta a riconoscere quello che sta succedendo.

Partecipante del Salon:
Che cosa significa quando uomini e donne che non si conoscono si incrociano e guardano dall'altra parte? Stanno cercando di evitare il disagio?

Gary:
È conflitto.
Quale stupidità stai usando per creare la sensazione di conflitto tra maschio e femmina che stai scegliendo? Tutto ciò che è, per un dioziliardo, distruggerai e screerai tutto? Giusto e sbagliato, bene e male, POD e POC, tutti e nove, Shorts, Boys e Beyonds

Notate che ne parlo qui sia come maschile che come femminile. Questi sono gli elementi che definiscono quello che succede quando prendi sia un corpo maschile che uno femminile. Dovresti essere disposta a riconoscere, "sto indossando questo corpo, ma non significa che è questo tutto quello che sono."

"WOW, NON CI AVEVO MAI PENSATO"

Partecipante del Salon:
Attualmente, sto lavorando in un ambiente aziendale principalmente maschile e sono ancora nuova nell'azienda. Ho due manager maschi, in particolare, il cui compito sembra essere quello di rimarcare costantemente dove sono inadeguata nel mio ruolo. Mi sento come se stessi ricreando il rapporto che avevo con mio padre quando ero adolescente, il quale, tra l'altro, è cambiato in modo dinamico da quando ho iniziato questa roba folle chiamata Access Consciousness. Mi sento perplessa a questo punto. Cosa posso essere o fare di diverso per ottenere che questi signori diventino creta nelle mie mani?

Gary:
Devi capire che stanno cercando di porsi come insegnanti nei tuoi confronti. Se desideri che qualcuno ti tenga in alta considerazione, fai una domanda di cui conosci già la risposta. Poi dì: "Wow, non ci avevo mai pensato. È fantastico. Ti sono davvero grata."

Ti lasceranno stare e inizieranno a darti informazioni invece di cercare di correggerti. Il loro punto di vista è che devono formare una nuova leva affinché faccia un lavoro migliore. Non ha nulla a che fare con il tuo essere donna. Questo è il problema. Non gli hai mai fatto una domanda che provasse che sai di che cosa si sta parlando.

OGNI SCELTA CREA

Partecipante del Salon:
Sono cresciuta con un sacco di regole su ciò che è necessario che una donna sia in una relazione: devi essere sempre pronta per il tuo uomo. Devi essere carina, cucinare bene, tenere pulita la casa, tenere i vestiti in ordine e assicurarti che il tuo uomo sia soddisfatto. Devi usare le parole giuste, il giusto atteggiamento e le risposte giuste affinché lui sia a suo agio, se te lo vuoi tenere.

Gary:
A quanto pare sei cresciuta negli anni 50!

Partecipante del Salon:
Tutto questo rende noi donne molto dipendenti perché in qualche punto della storia ci è stato insegnato che non possiamo fare soldi, che l'unica cosa è avere un uomo e che ci vuole un sacco di lavoro per far funzionare il rapporto. Questo è dove mi sono tagliata fuori e ho divorziato da me stessa. Così, ho deciso di non aver più niente a che fare con le relazioni.

Gary:
Dunque, vediamo. È una decisione, un giudizio, una computazione o una conclusione? Sì, li hai fatti. Questo non è essere la pragmatista della realtà femminile.

Tutto ciò che è, per un dioziliardo, distruggerai e screerai tutto? Giusto e sbagliato, bene e male, POD e POC, tutti e nove, Shorts, Boys e Beyonds

Partecipante del Salon:
È per questo che sono qui a questa chiamata. Io ancora non voglio avere una relazione. Voglio essere me stessa e divertirmi. Non voglio prendermi cura di nessuno, compresi i miei figli. Ma voglio ripulire quest'area. Sono sicura che si aprirà un'autostrada che ora è chiusa, perché continuo a fare le cose per gli altri, piuttosto che mettere me stessa al primo posto. Ancora non so come fare a pensare innanzitutto a me e fare le cose innanzitutto per me.

Gary:
Prima di tutto, non si tratta di pensare a te per prima o di fare le cose mettendo te al primo posto. Puoi essere la prima nel Tutt'Uno? Certo che no. Si tratta di essere consapevoli del fatto che ogni scelta crea. Quando scegli, chiedi: Questo sarà un bene per me e per tutti gli altri?

Se stai cercando di essere la prima nel Tutt'Uno, sei in competizione. Ma in competizione con chi? Quante di voi sono in competizione con gli uomini invece di essere connesse con gli uomini?

Tutto ciò che è, per un dioziliardo, distruggerai e screerai tutto? Giusto e sbagliato, bene e male, POD e POC, tutti e nove, Shorts, Boys e Beyonds

Partecipante del Salon:
Come posso liberarmi del punto di vista che sono grassa e brutta? L'ho ripulito con POC e POD, ma è ancora attaccato. E cos'è la mia reazione di resistere a sentire "ti amo?"

Gary:

Se tu davvero sentissi "ti amo", dovresti ricevere e tu preferisci non ricevere. Preferisci aggrapparti.

Quale stupidità stai usando per creare la realtà fisiologica che stai scegliendo? Tutto ciò che è, per un dioziliardo, distruggerai e screerai tutto? Giusto e sbagliato, bene e male, POD e POC, tutti e nove, Shorts, Boys e Beyonds

Ecco un bel processo per chi ha una domanda sul corpo, proprio o altrui - perché avete scelto una realtà fisiologica. Voi l'avete creata, e adesso pensate di dovervela tenere. No, non c'è bisogno di tenerla. Avete scelta.

Quale attualizzazione fisica di una realtà fisiologica al di là di questa realtà fisica sono ora in grado di generare, creare e istituire? Tutto ciò che non permette a questo di mostrarsi, per un dioziliardo, distruggerai e screerai tutto? Giusto e sbagliato, bene e male, POD e POC, tutti e nove, Shorts, Boys e Beyonds

Allora, come va adesso?

Partecipante del Salon:

Fantastico. È davvero impressionante.

Gary:

Ottimo! Sono davvero grato a tutte voi signore qui. Vorrei portarvi in un luogo, dove potete avere voi come la gentilezza verso voi stesse che potete essere, perché avete questa idiozia di dover essere gentili con gli altri, e non con voi stesse. Dovete essere gentili con gli altri e con voi allo stesso tempo. Non per un motivo in particolare, solo perché vi rende la vita più facile, e questo è femminismo pragmatico.

Voglio che voi diventiate persone dalla femminilità pragmatica, non femministe, non scioviniste. Se odiate gli uomini, state essendo scioviniste verso gli uomini. Niente di tutto ciò è davvero necessario.

Voglio farla finita con questo luogo dove uomini e donne combattono uno contro l'altra. Allora, le donne non vorranno più che i loro uomini provino di essere coraggiosi, gli uomini non dovranno più dimostrare che le loro donne sono sbagliate e tutti potranno rendersi conto che in realtà hanno scelta. La guerra sarebbe una bella cosa da finire. Possiamo essere in grado di farlo tra tutti noi. Mille grazie a tutte.

2
Scegliere di Alterare la Realtà

Se fossi in grado di alterare la realtà - e non lo stessi scegliendo?

Gary:
Buongiorno signore.

ANIME GEMELLE E FIAMME GEMELLE

Oggi Dain ed io abbiamo fatto uno spettacolo su Radio Network Puja a proposito di anime gemelle e fiamme gemelle, cosa molto divertente perché la comunità metafisica considera le anime gemelle e le fiamme gemelle quanto di meglio possa accadere in questa realtà. La quantità di carica su di loro era veramente pazzesca. Oggi userò con voi i processi, che abbiamo usato nello show, perché penso possa essere di aiuto a tutti.

Quale stupidità stai usando per creare l'anima gemella, la fiamma gemella, il tuo altro significativo, la mitica creatura, il principe o la principessa, la persona perfetta e il completamento perfetto per te che stai scegliendo? Tutto ciò che non permette a questo di mostrarsi, per un dioziliardo, distruggerai e screerai tutto? Giusto e Sbagliato, Bene e Male, POD e POC, Tutti e Nove, Shorts, Boys e Beyonds

A quanto pare, quando eravate bambine, alcune di voi leggevano troppe storie di Cenerentola, Raperonzolo e tutte quelle creature che sareste dovute diventare, ma che non siete diventate perché non eravate così ripugnanti.

Quale stupidità stai usando per creare l'anima gemella, la fiamma gemella, il tuo altro significativo, la mitica creatura, il principe o la principessa, la persona perfetta e il completamento perfetto per te che stai scegliendo? Tutto ciò che non permette a questo di mostrarsi, per un dioziliardo, distruggerai e screerai tutto? Giusto e Sbagliato, Bene e Male, POD e POC, Tutti e Nove, Shorts, Boys e Beyonds

Questa è l'idea che lo scopo della relazione sia trovare la persona perfetta per voi. Un essere infinito può veramente avere un completamento – o ne ha parecchi?

Quanti di voi hanno avuto multipli tra i quali continuate a cercare di trovare quello giusto? Tutto ciò che è, per un dioziliardo, distruggerai e screerai tutto? Giusto e Sbagliato, Bene e Male, POD, POC, Tutti e Nove, Shorts, Boys e Beyonds

In realtà, siete alla ricerca di una persona perfetta che non esiste. Questo richiede che voi giudichiate voi stesse – o scegliate voi stesse?

Partecipante del Salon:
Giudichiamo.

Gary:
Ovunque ti sei giudicata per non aver ancora trovato la persona perfetta per te, distruggerai e screerai tutto? Giusto

e Sbagliato, Bene e Male, POD e POC, Tutti e Nove, Shorts, Boys e Beyonds

VIVERE DALL'AMARE – NON DALL'AMORE

Nella conversazione che ho avuto con Dain nello show di oggi, mi sono reso conto che il contrario dell'amore non è l'odio. Il contrario dell'amore è il giudizio. L'amore non ha bisogno dell'odio come suo opposto; richiede il giudizio come punto di vista oppositivo.

Le forze di opposizione della nostra vita sono: 1) amore e giudizio 2) prendersi cura e odio 3) stupidità e ricevere. Queste tre forze opposte creano confusione e non vi consentono di scegliere qualcosa che funziona per voi.

Partecipante del Salon:

Quando dici che l'amore e il giudizio sono forze di opposizione, intendi dire che siccome sto avendo l'amore nella mia vita, ho il giudizio? Ci puoi spiegare questo?

Gary:

L'amare - non l'amore - è ciò da cui vorremmo vivere. Finché state amando, non potete avere giudizi. Quando state veramente amando, avete gratitudine per ciò che la persona fa. Non giudicate l'altra persona o voi stesse.

Non cercate di vivere dall'amore. Vivete dall'amare. Se funzionate dall'amare, dal prendersi cura e dal ricevere, non funzionate dal giudizio. Per smettere di amare, devi giudicare; altrimenti, sei solo amorevole.

Gary:
   Quale stupidità stai usando per creare le forze di opposizione di amore e giudizio, prendersi cura e odio, stupidità e ricevere che stai scegliendo? Tutto ciò che è, per un dioziliardo, distruggerai e screerai tutto? Giusto e Sbagliato, Bene e Male, POD e POC, Tutti e Nove, Shorts, Boys e Beyonds
   Questo processo è un po' più intenso di quanto credevo. Facciamolo scorrere ancora.
   Quale stupidità stai usando per creare le forze di opposizione di amore e giudizio, prendersi cura e odio, stupidità e ricevere che stai scegliendo? Tutto ciò che è, per un dioziliardo, distruggerai e screerai tutto? Giusto e Sbagliato, Bene e Male, POD e POC, Tutti e Nove, Shorts, Boys e Beyonds

Partecipante del Salon:
   Non ho mai avuto una relazione senza giudizio.

Gary:
   È così per la maggior parte di voi, perché una relazione senza giudizio non è "normale" in questa realtà. Perché consideriamo una relazione con il giudizio più reale di una relazione senza giudizio? Sai perché? Perché una relazione con il giudizio è più intensa. Noi definiamo quell'intensità come amore e cerchiamo questo invece della gioia e della possibilità che l'amare è. Il vero amare è abbracciare la gioia e la possibilità, non il giudizio.

Partecipante del Salon:
   Ho un compagno che non mi giudica in base a ciò che i rapporti dovrebbero essere, secondo questa realtà, ma io

tendo a creare giudizi con lui per far sì che il nostro rapporto rientri in ciò che dovrebbe essere, secondo questa realtà.

Gary:

Bella questa. È ciò che tutti facciamo al fine di creare il senso di amore secondo questa realtà. Riguarda l'intensità del giudizio, non la consapevolezza delle possibilità che creiamo con i nostri partner.

Tutto ciò che hai fatto per creare questo in te e nel tuo partner, distruggerai e screerai tutto? Giusto e Sbagliato, Bene e Male, POD e POC, Tutti e Nove, Shorts, Boys e Beyonds.

L'amore è una conclusione; amare è un'azione. Devi smetterla di cercare di funzionare dall'amore e iniziare a funzionare dall'amare. Quando stai con qualcuno, guarda a ciò che sarebbe un atto d'amore oggi, un'azione amorevole. Chiedi: "Come posso esprimere il mio amore oggi?" è un'azione amorevole.

Riconosci che amare è una particella attiva nel mondo e che l'amore, come un giudizio, è per necessità, una particella completata nel mondo. Se sei nell'atto di amare, non puoi essere nell'atto di giudicare.

Se ami, stai operando dall'idea che hai completato tutto. Pensi: "Questo è abbastanza. È tutto quello che devo fare." Vedo molta gente fare così. Dicono: "Amo questa persona" e poi smettono di creare una relazione più grande. Smettono di essere nell'azione di amare. Hanno amato. Pertanto il rapporto è completo e non c'è bisogno di fare altro.

Quando ti completi - "Io amo lui" - è un affare concluso e nessuna creazione avviene da quel punto in avanti. Tutto quello che puoi avere è amore/odio. Non puoi avere gioia totale e possibilità.

E quando dici: "Amo questa persona" che cosa intendi, comunque? Una delle maggiori difficoltà è che l'amore ha 8.000 dioziliardi di definizioni.

Tutte le definizioni che hai circa l'amore, che non hanno nulla a che vedere con l'amare, distruggerai e screerai tutto? Giusto e Sbagliato, Bene e Male, POD e POC, Tutti e Nove, Shorts, Boys e Beyonds

Partecipante del Salon:

Spesso, quando parlo con la gente di relazioni, descrivono tutta una serie di cose che non funzionano. Io chiedo: "Qual è il valore di questo? Perché ti stai tenendo questa relazione?"

Loro dicono: "Ma io lo amo."

Io chiedo: "Che cosa vuol dire? Non capisco." Lo puoi spiegare?

Gary:

La maggior parte delle persone decidono che quando amano, tutto dovrebbe andare in una direzione, ma l'idea che quando si ama tutto dovrebbe andare in quella direzione è un giudizio. Non è una consapevolezza.

Quale consapevolezza ti stai perdendo per creare il giudizio che stai enfatizzando? Tutto ciò che è, per un dioziliardo, distruggerai e screerai tutto? Giusto e Sbagliato, Bene e Male, POD e POC, Tutti e Nove, Shorts, Boys e Beyonds

Devi iniziare a creare dal punto di vista pragmatico e chiedere: "Cosa mi piacerebbe creare?" Ti capita mai di guardare a questo, quando sei in un rapporto? Io non l'ho mai fatto. Badavo a: "Oh, voglio renderla felice. Voglio che lei sappia quanto la amo" il che significa "Mi manca che lei sappia quanto la amo." Tutto quello che stavo facendo era nutrire questa mancanza. Quante di voi hanno passato la vita cercando di riempire i buchi delle relazioni, invece di nutrire le possibilità delle relazioni?

Tutto ciò che è, per un dioziliardo, distruggerai e screerai tutto? Giusto e Sbagliato, Bene e Male, POD e POC, Tutti e Nove, Shorts, Boys e Beyonds

Partecipante del Salon:

A me sembra sempre che quando la gente dice: "Amo questa persona" ciò che realmente intende dire è: "Ho bisogno di qualcosa e mi aspetto di ottenerlo dalla persona dalla quale ho deciso di averne bisogno." Ma quando si parla di amare, ha l'energia di una effusione di gratitudine, piuttosto che la qualità del "dammi".

Partecipante del Salon:

Quello che hai appena detto a proposito di amore e amare era geniale. Grazie.

Gary:

Voglio ringraziare tutte voi per le vostre domande, perché con queste domande avete aperto la porta a un livello di possibilità che non sono mai esistite per le donne su questo pianeta. Per favore, sappiatelo. State aprendo una porta a maggiori possibilità per gli uomini e per le donne che non è mai esistita sul pianeta Terra, perché siete disposte a guardare queste cose e cambiare la stupidità dalla quale state funzionando. Questo è ciò che ho voluto creare con queste chiamate e questo è ciò che sta accadendo. Sono grato ad ognuna di voi per essere qui.

Partecipante del Salon:
   Grazie!

Gary:
   Quale stupidità stai usando per creare le forze di opposizione di amore e giudizio, prendersi cura e odio, stupidità e ricevere che stai scegliendo? Tutto ciò che è, per un dioziliardo, distruggerai e screerai tutto? Giusto e Sbagliato, Bene e Male, POD e POC, Tutti e Nove, Shorts, Boys e Beyonds

"COS'È QUESTO?"

Partecipante del Salon:
   Ho osservato i rapporti tra uomini e donne. Bisogna essere in due per ballare il tango, giusto? Quando ci sono i giudizi, che cosa importa che siano gli uomini o le donne a giudicare? Che significa se ho un rapporto con qualcuno e questo porta dei giudizi? Qual è il mio ruolo lì?

Gary:
   La maggior parte delle persone non capisce che deve creare da ciò che è e non da quello che pensano debba essere. Devi funzionare da "Cos'è questo?" E non "Che giudizio ho su questo?"
   Non si tratta di giudizi; si tratta di amare ciò che espande la vostra vita. Si tratta di relazioni pragmatiche. È un universo completamente diverso. Una relazione pragmatica è:
   + Cosa sta succedendo qui?
   + Come faccio a far sì che questo funzioni per me, per l'altra persona e per tutte le persone coinvolte?

Se non funzionate dalla relazione pragmatica, funzionate dalle relazioni giudicabili, che riguardano "lo amo" o "non lo amo." È come sfogliare i petali di una margherita dicendo "m'ama, non m'ama". Stacchi i petali uno a uno per arrivare a una conclusione sul fatto che lui ti ami o meno.

Come sarebbe avere una relazione amorevole, dove ci si prende cura e si riceve dall'altro - e non una relazione inconsapevole, di odio e di giudizio? Ma non è così che funziona questa realtà. Senza questo giudizio, l'odio e la stupidità, non avreste potuto mai innamorarvi. Non avreste potuto avere il trauma e il dramma e tutte le cose considerate i prodotti più preziosi di questa realtà.

Devi creare un rapporto pragmatico che funziona per te. Invece di farlo, tenti di creare relazioni basate sul punto di vista di qualcun altro.

Tutto quello che hai fatto per creare le relazioni basate sui punti di vista di altra gente e non sui tuoi, distruggerai e screerai tutto? Giusto e Sbagliato, Bene e Male, POD, POC, Tutti e Nove, Shorts, Boys e Beyonds

Tutte quante fate parecchio di questa roba!

Partecipante del Salon:

Sei ad un punto nella tua realtà dove non giudichi più - o sei immediatamente consapevole quando giudichi e così fai POD e POC?

Gary:

Per lo più, appena mi metto a giudicare ne sono immediatamente consapevole.

Qualche tempo fa stavo cercando di avere una relazione con qualcuno che era perfetto per me e ho fatto una domanda: "Questo rapporto funzionerà per lei?" e subito: "Wow, no!" perché quello che avrebbe funzionato per me e quello che avrebbe funzionato per lei erano due cose diverse. Questo è cercare una relazione pragmatica: "Funzionerà davvero per l'altra persona?" E non: "Funzionerà per me?"

Così è come si comporta la maggior parte di noi. Guardiamo alle relazioni in termini di "Posso far sì che funzioni per l'altra persona?" oppure "Come posso farlo funzionare per me?" come unici punti di vista. E se ci fosse un terzo punto di vista che potresti avere?

Tutto ciò che non ti permette di percepire, sapere, essere e ricevere i punti di vista estremamente pragmatici che permetterebbero che tutto funzioni per tutti, distruggerai e screerai tutto? Giusto e Sbagliato, Bene e Male, POD e POC, Tutti e Nove, Shorts, Boys e Beyonds

Partecipante del Salon:
Nell'arrivare a questo terzo punto di vista, credo che entrambe le parti dovrebbero fare domande per vedere che cosa funzionerebbe per loro, no?

Gary:
Solo una persona deve fare domande e quella persona deve essere disposta a guardare a:
- Cos'è questo?
- Cosa posso fare con questo?
- Posso cambiarlo?
- Come posso cambiarlo?

Ipotizziamo che tu decida di entrare in relazione con qualcuno. Quel qualcuno ha una famiglia. La famiglia è coinvolta nella relazione?

Partecipante del Salon:
   Sì.

Gary:
   La famiglia ha un punto di vista sulle relazioni? Oh sì! Proiettano e si aspettano certe cose da te in ragione delle tue relazioni?

Partecipante del Salon:
   Oh, sì.

Gary:
   Allora, hai davvero una vera scelta - o devi modificare le tue scelte in modo da includere altre persone nel vostro rapporto?

Partecipante del Salon:
   Quest'ultimo.

CREAZIONE FUTURA

Gary:
   Dovete essere disposte a riconoscere come ogni scelta creerà il futuro che vorreste creare. La maggior parte di noi non si preoccupa di creare il futuro perché questa non è una realtà per la gran parte delle persone su questo pianeta.
   Ho iniziato a leggere un libro sul rischio che si chiama Against the Gods (Contro gli Dei). Parla dell'idea che il rischio sia creato da certe cose e che ci siano probabilità che creeranno il futuro - piuttosto che possibilità che creeranno il futuro.

Probabilità è l'idea che sia possibile determinare matematicamente ciò che è più probabile che si verifichi in accordo con il punto di vista di tutti gli altri. È basata sul tuo giudizio e sul giudizio di tutti gli altri, piuttosto che sull'idea che scelta e possibilità possano davvero alterare la realtà.

Bisogna riconoscere che la scelta letteralmente crea delle possibilità. Come sarebbe se fossi in grado di alterare la realtà - e non lo stessi scegliendo?

Quanti luoghi hai scelto per evitare la creazione basata sulla scelta di possibilità in favore della probabilità di ciò con cui tutti gli altri si allineeranno, saranno d'accordo e accetteranno? Tutto ciò che è, per un dioziliardo, distruggerai e screerai tutto? Giusto e Sbagliato, Bene e Male, POD e POC, Tutti e Nove, Shorts, Boys e Beyonds

Se stai scegliendo dalle possibilità, puoi vedere che potrebbe esserci una diversa creazione che non è mai esistita. Sto chiedendo a voi, signore, di essere disposte a creare oltre le limitazioni di questa realtà.

"Qual è la possibilità di un futuro diverso qui?" è un punto di vista che non si verifica mai nelle relazioni, nel sesso o nella copula, o nella vostra vita. Ecco un processo nuovo di zecca che non ho mai usato con nessuno. Voi siete le prime.

Quale stupidità stai usando per creare le probabilità dell'attualizzazione futura che stai scegliendo? Tutto ciò che è, per un dioziliardo, distruggerai e screerai tutto? Giusto e Sbagliato, Bene e Male, POD e POC, Tutti e Nove, Shorts, Boys e Beyonds.

IL TUO PUNTO DI VISTA CREA LA TUA REALTÀ

Facciamo scelte senza renderci conto di quanto queste scelte creano il nostro futuro in tutti i sensi. Ogni scelta che facciamo crea. Ho parlato a lungo su come la scelta è creazione. La scelta non è una giustezza o una sbagliatezza, ma una creazione. È l'elemento creativo di tutte le cose sul pianeta Terra. Ogni scelta che fai crea qualcosa. Il tuo punto di vista crea la tua realtà; la tua realtà non crea il tuo punto di vista. Hai mai scelto di avere una relazione con qualcuno che non andava bene per te?

Partecipante del Salon:
Quando parli di queste cose, quello che viene su a me è l'energia dello spazio che non sono stata disposta a scegliere. Io non scelgo dallo spazio perché non ho un motivo, una giustificazione o un indizio di quello che si andrà a creare.

Gary:
Sì, perché stai provando a cercare la probabilità.

Partecipante del Salon:
Sì, wow! Grazie.

Gary:
Tu, come donna, non sei niente di meno di un uomo. Sei solo diversa da un uomo. Non in senso buono, non in senso cattivo, solo diversa. Hai pari scelte. In realtà, tu hai più scelte rispetto agli uomini perché un uomo, al fine di dimostrare di essere un uomo, deve dimostrare che non è effeminato e non è gay. So che non ha senso per te, ma è

vero. Avevo una signora nel mio ufficio l'altro giorno che mi ha detto: "Dain è gay, vero?"

E io: "No, non lo è. Cosa ti fa pensare che sia gay?"

Ha detto: "Quando mi sono tagliata il dito, ci ha messo un cerotto ed è stato così gentile e amorevole. Non può essere etero, perché un uomo etero ci avrebbe sbattuto su il cerotto e avrebbe detto -Beh, come va?-"

Se un uomo è premuroso, è gay? No. Questo è un totale giudizio, una decisione e, sfortunatamente, non è vero. Fidatevi, ci sono un sacco di uomini che sarebbero più che felici se Dain fosse gay, ma non lo è. Voi, come donne, se non siete perfettamente gentili e premurose, non venite considerate femmine. È semplicemente folle.

RENDERE OGNI SCELTA UNA FONTE DI POSSIBILITÀ

Partecipante del Salon:
Stai dicendo che, come donna, riconoscere che ho più scelta è riconoscere che ogni scelta è una creazione che aprirà nuove porte per me?

Gary:
Sì, ogni scelta aprirà le porte alle possibilità. Ogni scelta crea possibilità multiple. Ogni possibilità e scelta crea una serie di possibilità. Ogni volta che scegli, si crea una serie di possibilità.

Solo immaginando l'idea, si crea scelta e dieci possibilità si aprono. Quindi, si sceglie di nuovo e altre dieci possibilità si aprono. All'inizio, una scelta crea una serie di possibilità e, in seguito, un'altra serie di possibilità lega insieme due delle scelte che avete creato come possibilità. Ecco come si iniziano a creare le ragnatele del futuro da attualizzare, per portare nella realtà l'esistenza di una possibilità differente.

Quando inizi a percepire quei luoghi, dove le molteplicità sono connesse una all'altra ogni volta che si crea una scelta, vedi cosa contribuisce a creare una linea di diversa possibilità in direzione di un futuro che, forse, non sarebbe mai esistito per te o per chiunque altro.

Partecipante del Salon:

Grazie, è stato illuminante. Quando hai detto che, quando si fa una scelta, dieci possibilità si presentano e tu scegli una di quelle dieci possibilità e queste si legano insieme, c'è stata come una forte energia. Qualunque cosa sia, non sono disposta a sapere che cosa sia questo e cosa sia la ragnatela. Mi piace far finta di non sapere quello che so.

Gary:

Proviamo questo:

Quale stupidità stai usando per creare la mancanza di consapevolezza della rete di possibilità, che la scelta che fai crea, che stai scegliendo? Tutto ciò che è, per un dioziliardo, distruggerai e screerai tutto? Giusto e Sbagliato, Bene e Male, POD e POC, Tutti e Nove, Shorts, Boys e Beyonds

Ogni scelta crea una serie multipla di possibilità. Noi continuiamo a tentare di arrivare alla conclusione, pensando che questo consoliderà la scelta che facciamo e creerà un punto di vista "corretto", per ottenere un risultato che desideriamo.

Tutte voi avete fatto l'esperienza di entrare in relazione con qualcuno, assumere un punto di vista fisso e vederlo cadere a pezzi. Perché pensate che sia crollato? È crollato perché non eravate disponibili a creare e generare al di là della scelta "Io lo amo."

Quando trovi una cosiddetta anima gemella o vedi qualcuno come il tuo "altro significativo", crei da uno strano punto di vista, che non ha nulla a che fare con te e non sei più in grado di creare ciò che è possibile.

Questo è il luogo in cui si effettua la scelta che termina la creazione. Non fare alcuna scelta come fine della creazione. Fai ogni scelta come fonte di possibilità.

Quale stupidità stai usando per creare l'anima gemella, la fiamma gemella, il tuo altro significativo, la creatura mitica, il principe e la principessa, la persona perfetta per te e il perfetto completamento per te che stai scegliendo? Tutto ciò che è, per un dioziliardo, distruggerai e screerai tutto? Giusto e Sbagliato, Bene e Male, POD e POC, Tutti e Nove, Shorts, Boys e Beyonds

Quale stupidità stai usando per creare il sangue, il sudore e le lacrime della relazione che stai scegliendo? Tutto ciò che è, per un dioziliardo, distruggerai e screerai tutto? Giusto e Sbagliato, Bene e Male, POD e POC, Tutti e Nove, Shorts, Boys e Beyonds

Molte di voi si sono rese sbagliate per l'aver scelto di non avere una relazione. Come sarebbe se la scelta di non avere una relazione fosse la cosa più intelligente che tu abbia mai scelto per te stessa?

Quale stupidità stai usando per creare la sbagliatezza del non scegliere una relazione che stai scegliendo? Tutto ciò che è, per un dioziliardo, distruggerai e screerai tutto? Giusto e Sbagliato, Bene e Male, POD e POC, Tutti e Nove, Shorts, Boys e Beyonds

Tu hai il punto di vista di essere sbagliata nel non avere una relazione perché tua madre o le tue sorelle o le tue amiche ti hanno sempre incoraggiata ad avere una cattiva relazione. Tu non vuoi veramente una relazione e per questo continui a scegliere cattive relazioni. Se veramente avessi voluto una relazione, ne avresti creata una buona.

Se davvero non vuoi una relazione, non c'è niente di sbagliato in questo. Non sei sbagliata se non vuoi un rapporto!

La relazione è un concetto; non è una realtà. Non hai bisogno di qualcuno che ti completi. Tu sei completa come anima in te stessa. Non hai bisogno di una relazione, famiglia, figli, un gruppo o nessuna di queste cose per completarti. Tu sei un'entità completa, un essere in sé. "Sii fedele a te stesso" (citazione da Shakespeare).

Tutto quello che hai fatto per renderti non vera, vuoi distruggere e screare? Giusto e sbagliato, bene e male, POD e POC, Tutti e Nove, Shorts, Boys e Beyonds

QUINDI, CHE COS'È LA RELAZIONE?

Partecipante del Salon:
Posso chiederti cosa significa relazione per te?

Gary:
Relazione è un pragmatico vivere insieme che espande entrambe le vostre realtà e i programmi di entrambi. Il

rapporto è un posto dove si può vivere comodamente insieme senza giudizio. È un posto dove si può vivere insieme nelle possibilità, non nelle necessità di: "Non stai ripulendo la tua parte", "Tu non stai facendo la tua parte", "Non stai condividendo." La condivisione è un concetto che crea uno spazio dove giudicare qualcuno, non dove si vive con qualcuno.

Nel momento in cui si va a giudizio, voi, in qualità di essere, cessate di esistere. Un essere e il giudizio non possono esistere nello stesso universo. L'essere è un elemento di gratitudine; un giudizio è un elemento di distruzione. Non ci possono essere gratitudine e distruzione nello stesso universo. Una cosa è creazione; l'altra è distruzione.

Partecipante del Salon:

È come se volessi sbarazzarmi della parola relazione. Voglio chiamarla in qualche altro modo. Non voglio avere una "relazione".

Gary:

"Non voglio avere una relazione" significa che non ti manca una relazione, significa che hai un sacco di relazioni e la maggior parte sono brutte.

Partecipante del Salon:

Sì.

Gary:

Allora, perché sono brutte?

Partecipante del Salon:

Non mi sto mostrando. Non sto essendo tutto ciò che sono in nessuna delle mie relazioni.

Gary:

Perché non stai essendo tutto ciò che sei nei tuoi rapporti?

Partecipante del Salon:

Non sono ricevuta dalle altre persone o non riescono a capirmi.

Gary:

Perché ti aspetti che ti capiscano? Come sarebbe se fossi disposta ad avere tutto ciò che è possibile per te, senza la necessità di avere qualcun altro?

Partecipante del Salon:

Sarebbe fantastico.

Gary:

Sì, sarebbe creare qualcosa di completamente diverso. Devi essere disposta a guardare a una possibilità diversa.

Quale stupidità stai usando per creare la mancanza di una realtà relazionale totalmente pragmatica che stai scegliendo? Tutto ciò che è, per un dioziliardo, distruggerai e screerai tutto? Giusto e Sbagliato, Bene e Male, POD e POC, Tutti e Nove, Shorts, Boys e Beyonds

Voglio che tutte voi mettiate questo in loop e lo ascoltiate per almeno trenta giorni. Se farete così, ripulirà quell'area e cancellerà i punti bloccati in modo che possiate andare avanti verso altre possibilità con maggiore facilità. Mettete questo processo sul vostro computer e fatelo andare a volume basso più e più volte mentre state dormendo. È un po' come la programmazione subliminale – a parte il fatto che è deprogrammazione subliminale.

Quale stupidità stai usando per creare la mancanza di una realtà relazionale totalmente pragmatica che stai scegliendo? Tutto ciò che è, per un dioziliardo, distruggerai e screerai tutto? Giusto e Sbagliato, Bene e Male, POD e POC, Tutti e Nove, Shorts, Boys e Beyonds

Quale stupidità stai usando per creare la fiamma gemella, l'anima gemella, l'altro significativo, la creatura mitica, il principe e la principessa, la persona perfetta per te e il completamento perfetto per te che stai scegliendo? Tutto ciò che è, per un dioziliardo, distruggerai e screerai tutto? Giusto e Sbagliato, Bene e Male, POD e POC, Tutti e Nove, Shorts, Boys e Beyonds

COPULAZIONE PER SCELTA

Sto per dire qualcosa che può essere parecchio offensivo per molte di voi. La maggior parte di voi è alla ricerca di una relazione e ciò che il vostro corpo in realtà vuole è una grande quantità di copulazione. Il vostro corpo preferirebbe copulare piuttosto che avere una relazione, ma si è stabilito che essere donna richiede relazione, non copulazione.

Tutto ciò che è, per un dioziliardo, distruggerai e screerai tutto? Giusto e Sbagliato, Bene e Male, POD e POC, Tutti e Nove, Shorts, Boys e Beyonds

Partecipante del Salon:
Perché resisto così tanto alla copulazione?

Gary:
   Hai resistito?

Partecipante del Salon:
   Sì.

Gary:
   Perché se fossi stata disposta ad avere parecchia copulazione, non saresti stata considerata una femmina. In questa realtà, il desiderio di copulazione è una caratteristica maschile, non una caratteristica femminile.
   Tutto ciò che hai determinato e deciso a tale proposito, vuoi distruggere e screare tutto? Giusto e Sbagliato, Bene e Male, POD e POC, Tutti e Nove, Shorts, Boys e Beyonds

Partecipante del Salon:
   Ho una domanda sulla copulazione. Ho avuto il desiderio di copulare per tutta la vita, fino a quando sono arrivata ad Access Consciousness e mi sono resa conto che non era una necessità, ma una scelta e quel tipo di voglia è svanito. Ho perso l'interesse.

Gary:
   Accoppiamento per scelta, piuttosto che necessità di copulazione. Quanto più si inizia a capire che le persone utilizzano il giudizio per creare accoppiamento, più c'è la sensazione che in qualche modo ci si perda qualcosa se si va direttamente alla copulazione e lo si fa senza giudizio.

Partecipante del Salon:
   Non capisco.

Gary:

Diciamo che hai un uomo nella tua vita, con il quale desideri copulare, e non lo stai giudicando. Se lui sta usando il giudizio per farselo diventare duro, non potrà ottenere un'erezione perché non stai giudicando abbastanza la sbagliatezza di quello che state facendo, per far sì che sia sessualmente eccitato. Quindi, hai una scelta: quanto giudizio devi mettere, nel suo universo, per farglielo diventare duro o quanto controllo devi usare per farlo eccitare così tanto da non potersi fermare?

Tutto ciò che è venuto su o lasciato giù vuoi distruggere e screare tutto? Giusto e Sbagliato, Bene e Male, POD e POC, Tutti e Nove, Shorts, Boys e Beyonds

Il giudizio è un sistema di controllo. Lo capite tutte? Hai una scelta. Puoi lasciare che la persona giudichi, puoi creare giudizio per lui, oppure puoi creare un controllo sufficiente a far sì che il suo giudizio non sia posizionato in modo tale da superare la tua richiesta del suo corpo - non lui, il suo corpo.

Partecipante del Salon:

Di che tipo di controllo stai parlando qui?

Gary:

Dovete essere disposte a guardarlo in faccia e chiedere: "Che cosa ci vorrebbe per controllare questo ragazzo, in modo che sia così assurdamente eccitato, da non avere altra scelta che darmi tutto quello che voglio in qualsiasi momento lo voglio?"

Vi è un particolare tipo di energia che dovete essere. Richiede che l'uomo sia disponibile che lo voglia o no.

Dovete disabilitare il suo sistema del desiderio, piuttosto che bervi quello che vi renderebbe desiderabili. Alle donne è stato detto che non sono autorizzate ad avere questo livello di controllo né non dovrebbero averlo.

Ovunque ti sei bevuta che non dovresti avere quel controllo, che non dovresti fare quel controllo, non puoi avere quel controllo, non hai idea di cosa sia il controllo e anche se ce l'avessi, non lo sceglieresti perché sarebbe così poco femminile, vuoi distruggere e screare tutto? Giusto e Sbagliato, Bene e Male, POD e POC, Tutti e Nove, Shorts, Boys e Beyonds

Partecipante del Salon:
È questo ciò che è stato giudicato come dominio ed è per questo che ne siamo escluse?

Gary:
Sì, avete provato a non essere la specie dominante perché vi è stato detto che sono gli uomini la specie dominante. È proprio vero? C'è davvero una specie dominante? O c'è un momento in cui ognuno di noi deve essere dominante in base alle proprie esigenze, desideri e richieste?

Tutto ciò che non ti permette di scegliere questo vuoi distruggere e screare tutto? Giusto e Sbagliato, Bene e Male, POD, POC, Tutti e Nove, Shorts, Boys e Beyonds

SEXUALNESS TOTALE

Ad esempio, le donne là fuori che pensano che sarebbe divertente fare qualche gioco gay, per favore, siate disposte a farlo se questo è ciò che il vostro corpo dice che può funzionare per voi. Non potete avere il punto di vista "C'è il gay e c'è l'etero." Questo è un giudizio e, se si hanno dei giudizi, non si può essere amorevole, il che significa che non si può avere la cura amorevole.

Dovete capire che c'è un intero mondo a vostra disposizione come creature di non giudizio. Sexualness totale è una realtà omnisessuale, che sarebbe "Non ho nessuna vera sessualità. Non ho alcun punto di vista. Potrei fare qualsiasi cosa." Si potrebbe anche dire che è pan-sessualità, il che significa che si fa tutto. L'androginia non è omnisessuale. Non è omnisessualità, perché sarebbe un giudizio.

Si tratta di essere l'energia sessuale che voi e il vostro corpo siete e che riguarda l'essere. È una scelta; è quello che si sceglie di ricevere.

Tutto ciò che è, per un dioziliardo, vuoi distruggere e screare tutto? Giusto e Sbagliato, Bene e Male, POD e POC, Tutti e Nove, Shorts, Boys e Beyonds

Partecipante del Salon:

Cosa ci vorrebbe per smettere di giudicare duramente le donne che lasciano che i loro coniugi o partner prendano decisioni e che stanno sempre con ciò che gli uomini pensano sia giusto, senza considerare la propria consapevolezza o desideri? Che contributo posso essere per cambiare questo? E un essere infinito sceglierebbe questo per quale motivo? Pensi che sia un giudizio?

Gary:

No cara, non è un giudizio; si tratta di una presa di coscienza. Ti voglio bene e tu sei consapevole. È da pazzi divorziare da te stessa per rendere il tuo partner felice. È questo che ti fa felice? Se lo è, diventa più di questo. Se non lo è, allora fai qualcosa di diverso.

Tutto ciò che è, per un dioziliardo, vuoi distruggere e screare tutto? Giusto e Sbagliato, Bene e Male, POD e POC, Tutti e Nove, Shorts, Boys e Beyonds

IL TUO CORPO HA UN PUNTO DI VISTA

Partecipante del Salon:

Perché, come un essere infinito, ho una doppia personalità, il me spirituale e il me fisico?

Gary:

Non è una doppia personalità. È solo che il tuo corpo ha un punto di vista e tu un altro. Non sei disposta a vedere che il tuo corpo ha un punto di vista diverso dal tuo. Il tuo corpo è dentro di te; non sei all'interno del tuo corpo. Quindi, non è una doppia personalità. È che il corpo sperimenta la vita da un punto di vista fisiologico e tu la stai sperimentando da un punto di vista psicologico. Qui ci sono un paio di processi da mettere in loop per tutte voi:

Quale stupidità stai usando per creare la mancanza di realtà fisiologica che stai scegliendo? Tutto ciò che è, per un dioziliardo, vuoi distruggere e screare tutto? Giusto e Sbagliato, Bene e Male, POD e POC, Tutti e Nove, Shorts, Boys e Beyonds

Quale attualizzazione fisica di una realtà fisiologica totalmente diversa sono ora in grado di creare, generare e istituire? Tutto ciò che non permette a questo di mostrarsi, per un dioziliardo, vuoi distruggere e screare tutto? Giusto e Sbagliato, Bene e Male, POD e POC, Tutti e Nove, Shorts, Boys e Beyonds

Partecipante del Salon:

Mi piacerebbe rigenerare il mio sistema riproduttivo per la salute del corpo e per un sesso più piacevole. Che domanda posso fare?

Gary:

Perché stai scegliendo la salute del corpo e sesso più piacevole? Perché non vai a qualcosa che creerebbe una vita più gioiosa e più divertente per te? Questa è una domanda.

Cosa posso essere, fare, avere, creare e generare oggi che creerà più divertimento, facilità, sesso e piacere nella mia vita per tutta l'eternità? Tutto ciò che non permette a questo di mostrarsi, per un dioziliardo, vuoi distruggere e screare tutto? Giusto e Sbagliato, Bene e Male, POD e POC, Tutti e Nove, Shorts, Boys e Beyonds.

SESSO E RICEVERE

Partecipante del Salon:

È perché divorziamo da parti di noi stesse che perdiamo interesse per il sesso?

Gary:

È perché si perde parte del ricevere. Il sesso può avvenire solo quando si sta completamente ricevendo.

Quale parte del ricevere stai diminuendo con una tale intensità da eliminare il sesso e la gioia della copulazione che potresti scegliere? Tutto ciò che è, per un dioziliardo, vuoi distruggere e screare tutto? Giusto e Sbagliato, Bene e Male, POD e POC, Tutti e Nove, Shorts, Boys e Beyonds

Partecipante del Salon:

È una scelta che sto facendo, non volendo o desiderando di fare sesso?

Gary:

Sì, è una scelta e di solito è basata sul luogo in cui si è deciso o concluso che, se si fa sesso con una persona in particolare, necessariamente si avrà una relazione monogama. Monogamo significa uno. Se vi trovate in una relazione monogama, c'è solo uno nel rapporto, che è l'altra persona, non voi. Voi volete una relazione poligama nella quale essere incluse.

RELAZIONI ABUSANTI

Partecipante del Salon:

Per favore, parlaci di come riconoscere quando un rapporto diventa abusante, soprattutto quando l'abuso è così sottile da non poterlo riconoscere come abuso.

Gary:

All'incirca tutte le relazioni abusanti sono così. Quando arrivi alla conclusione di amare qualcuno, non ti fai alcuna domanda su ciò che sta facendo.

Quando qualcuno vi critica, non è amare. È una conclusione, non una possibilità. Devi entrare nella consapevolezza ed essere disposta a fare domande. Ero in una relazione nella quale sono stato giudicato ogni giorno. Sono anche andato da un ipnotista per smettere di ritrarmi ogni volta che questa persona mi toccava. Ogni volta che comunicava con me, mi ritraevo. Non sapevo perché mi stavo ritraendo.

Fu solo dopo la fine della relazione che ho capito che non ero io che mi ritraevo; era il mio corpo che si ritraeva dall'abuso. Devi essere molto chiara su dove sei stata abusata in una relazione. Quando pensi di non voler più fare sesso o usi i giudizi dell'altra persona per creare desiderio sessuale, ti trovi in un rapporto abusante. Quando è più divertente stare con altre persone, piuttosto che stare con tuo marito o il tuo partner, ti trovi in un rapporto abusante. Stai entrando in un rapporto abusante quando pensi che l'altra persona sia più intelligente di te. Nessuno è più intelligente o più consapevole di te. Mai. Mai. Mai. Per favore, renditene conto.

Partecipante del Salon:
A volte, quando tocco il mio partner o lui mi tocca, sento un'intensa sensazione dolorosa nelle mani, nelle braccia e nel corpo.

Gary:
È dolore? O è un livello di intensità o consapevolezza che non vuoi avere? Sei consapevole del dolore nel suo corpo? Vuoi avere questa consapevolezza?

Stai cercando di evitare la consapevolezza, è per questo che la chiami dolore. Ogni volta che si etichetta qualcosa come dolore o sofferenza, come un problema, o come un trauma o un dramma, si sta cercando di evitarlo. Invece di evitarlo, è necessario chiedersi:

- Che cosa è questo?
- Cosa posso fare con questo?
- Posso cambiarlo?
- Come posso cambiarlo?

Questo è il posto dove andare. Come sarebbe se sapessi che l'unico modo per cambiare questo è fare sesso con lui? Saresti disposta a farlo?

Partecipante del Salon:

Sarebbe un prendersi cura di me?

Gary:

Che cosa ha a che fare questo con il Regno di Me e il Regno di Noi?

Partecipante del Salon:

Che differenza c'è tra il Regno di Me e il Regno di Noi?

Gary:

Il Regno di Me e il Regno di Noi sono universi totalmente differenti. Il Regno di Me è dove si cerca di arrivare a una conclusione. Il Regno di Noi è la consapevolezza di come ogni cosa interagirà con un'altra cosa.

Partecipante del Salon:

È quello che sto facendo con il tentativo di occuparmi di tutto ciò?

Gary:

Stai facendo il Regno di Me. Stai dicendo che sei l'unica persona che esiste nell'universo e la Terra ruota intorno a te. Sta funzionando per te? Puoi scegliere qualcos'altro.

GUARIGIONE SESSUALE

Partecipante del Salon:
  Possiamo parlare di più sul Regno di noi abbinato al sesso?

Gary:
  Molte di voi non vogliono saperlo, ma siete guaritrici sessuali. Se ti sei sentita più leggera quando l'ho detto, sei una guaritrice sessuale. Inizierete a sentirvi meglio se lo riconoscerete.
  Se non riconosci di essere una guaritrice sessuale, inizi a usare questa cosa come un'arma contro di te per creare dolore. Devi rendertene conto. Se non lo riconosci, invece di scegliere un rapporto con qualcuno col quale le cose andranno meglio, sceglierete sempre un uomo che ha bisogno di una guarigione sessuale ed escluderai te stessa dalla computazione della tua realtà.

Partecipante del Salon:
  Stai dicendo che se riconosci di essere una guaritrice sessuale, allora non sceglierai qualcuno da curare?

Gary:
  Sì.

Partecipante del Salon:
  Come funziona?

Gary:
  Il tuo giudizio è che non dovresti essere una guaritrice sessuale. Quando non si riconosce di essere un guaritore

sessuale, quelle che troverete attraenti saranno persone che hanno bisogno di guarigione sessuale. Tenderai a scegliere di fare sesso con qualcuno, piuttosto che guardare a cos'altro è possibile. Se sei una guaritrice sessuale e non lo riconosci, finirai col ritrovarti sempre con qualcuno che ti usa e prende da te, invece che con qualcuno con cui scegli di stare. Se realizzi di esserlo, puoi chiedere:

- Questa persona ha bisogno di guarigione sessuale?
- È questa l'unica scelta che ho?

Partecipante del Salon:
Diciamo che io realizzi di essere una guaritrice sessuale e che incontri qualcuno con il quale potenzialmente vorrei fare sesso. Chiedo: "Questa persona richiede guarigione sessuale?" Se ottengo un sì, chiedo, "Cos'altro è possibile?" È possibile fare sesso con quella persona senza dargli la guarigione sessuale che richiede?

Gary:
No. Il modo in cui hai fatto la domanda era la frase ambigua che hai tentato di metterci. La domanda che non hai fatto è: "Ho voglia di fare questo?"

Ecco un esempio di come porre domande funziona in modo sottile. Una signora mi ha chiamato e mi ha detto: "Posso farti conoscere Obama."

Ho detto no.

Ha detto: "Si tratta solo di questa certa quantità di denaro."

Ho detto no.

Ha chiesto: "Perché?"

E io: "Non ho i soldi per farlo."

Ha detto: "Ti presto io i soldi se vuoi."

E io: "Non è questo il punto."

Ha chiesto: "Se lo incontri, questo cambierà il mondo?"

Ho ottenuto un sì e ho detto: "Va bene, lo farò." Dopo aver pagato, sono andato ad Austin con l'idea di incontrare il presidente Obama. Il nostro aereo era in ritardo di tre ore, e non abbiamo fatto in tempo a vederlo.

Ho detto: "Oh, questa era l'energia della quale ero consapevole dall'inizio, ma non me ne sono reso conto quando sono andato alle domande. Questo incontro cambierà il mondo? È ok che paghi questi soldi?" Non ho chiesto: "Sarò effettivamente in grado di arrivare?" È stato davvero un no fin dall'inizio, ma non l'ho notato perché non ero disposto a fare delle domande in più.

Questa è la ragione per cui si deve porre la domanda: "Se faccio sesso con questa persona, questo lo guarirà?" Potrebbe averne bisogno, ma non vuol dire che sia disposto a riceverlo. La maggior parte delle persone con cui fate sesso vi riceve davvero - o semplicemente prendono da voi? Pensano che voi li guarirete e quindi non contribuiscono. Dovete capire che avere la possibilità e il bisogno di guarire sessualmente gli altri non significa necessariamente che loro saranno disposti a ricevervi.

"BUON SESSO" VS. SESSO ESPANSIVO

Partecipante del Salon:

Dopo il sesso, mio marito salta dappertutto e io voglio soltanto tornare a letto.

Gary:

Per lui il sesso è generativo, mentre per te è un completamento. Sei più come un uomo. Quanta adrenalina usi per creare l'orgasmo sessuale? Un sacco, un po' o megatonnellate?

Partecipante del Salon:

Mi viene megatonnellate, ma non ha alcun senso.

Gary:

Tutto ciò che è, per un dioziliardo, vuoi distruggere e screare? Giusto e Sbagliato, Bene e Male, POC e POD, Tutti e 9, Shorts, Boys e Beyonds

Non ha senso perché non si tratta di senso logico. La maggior parte delle persone creano l'orgasmo con la creazione di una pompa di adrenalina. A quanto pare tuo marito non crea una pompa di adrenalina per creare l'orgasmo. Si sta espandendo ed è sempre più presente nella sua vita. Sesso e copulazione è il regalo che puoi essere, se vuoi esserlo, ma, se stai "tentando" di soddisfare i suoi bisogni o fare qualcosa in particolare, il modo più semplice per raggiungere "l'orgasmo" è attraverso la creazione di una pompa di adrenalina, che è uno sforzo che esaurisce il tuo corpo. Questo è ciò che la maggior parte delle persone hanno imparato essere "buon sesso."

L'adrenalina è la più grande fonte per la creazione di contrazione. È il modo con il quale si presuppone tu entri nella modalità "lotta o fuggi". Se ti contrai, ti ritrai in te stesso in modo da essere pronta a combattere con chiunque. E, se utilizzi la contrazione per creare l'orgasmo, non sei con il tuo partner. Ti separi dal tuo partner e non stai più espandendo lui o te nel sesso. Ti contrai al fine di creare il completamento come se il sesso in sé dovesse essere un completamento. Quando fai così, alla fine del sesso, piuttosto che sentirti tutta ricaricata e pronta per andare al lavoro, sei esausta e ti addormenti. La maggior parte degli uomini hanno imparato che questo è quello che dovrebbero fare guardando film porno. Gli è stato insegnato che se si contraggono, creano l'orgasmo, e poi si addormentano, cosa che fa infuriare la maggior parte delle donne. Invece, se si funziona da un luogo di espansione per raggiungere l'orgasmo, il risultato finale è che si è pronti per andare al lavoro, si è pronti ad alzarsi e giocare.

Tutto ciò che è, per un dioziliardo, vuoi distruggere e screare? Giusto e Sbagliato, Bene e Male, POD e POC, Tutti e Nove, Shorts, Boys e Beyonds

Partecipante del Salon:

Ci puoi parlare di più dell'elemento espansivo del sesso, Gary?

Gary:

L'elemento espansivo del sesso è il riconoscere che lo scopo del sesso non sta nel creare l'adrenalina che provoca l'orgasmo, ma creare la qualità orgasmica della vita e del vivere, che riguarda la gioia e la scelta di possibilità.

Non solo devi prenderci gusto tu ma devi anche far sì che ci prenda gusto il tuo partner. E se stessi cercando di portare il tuo partner in un luogo di maggiore possibilità attraverso il sesso? Sesso e copulazione dovrebbero riguardare la creazione di maggiori possibilità, non l'ottenere il completamento.

Quello che si ottiene con la pompa di adrenalina è stato venduto dai francesi come il meglio che si può ottenere.

Partecipante del Salon:
Quando faccio confronti o giudizi, sembra che non stia riconoscendo di essere una guaritrice.

Gary:
Se non si sta riconoscendo la consapevolezza totale, si faranno confronti per provare e creare consapevolezza in altri. Come sarebbe se tu fossi totalmente consapevole e nella domanda invece di arrivare alle conclusioni o al giudizio? Stai tentando di costringerti a ricevere quando arrivi a quel luogo di confronto. Un sacco di gente fa questo nel sesso e nella copulazione così come nelle relazioni. Cercano di forzare la consapevolezza attraverso il confronto e cercano di usare la forza per ottenere che l'altra persona riceva. È necessario porre la domanda: Che cosa può ricevere questa persona di quello che ho da offrire?

Dovete essere disposti a permettere alla vostra coscienza di permeare la realtà. Nel libro di Dain *Sii te stesso cambia il mondo* si parla di come, quando state essendo voi stesse, permeate lo spazio e cambiate tutti attorno a voi. E se lo faceste anche per il sesso e l'accoppiamento, le relazioni e tutto il resto della vostra vita? Come sarebbe se foste permeate di voi e steste essendo voi stesse in una realtà diversa?

Partecipante del Salon:
Ho avuto momenti di quella permeazione ed erano deliziosi.

Gary:

Posso farti una domanda? Perché non vivere la vita deliziosa per tutto il tempo?

Partecipante del Salon:

Mi viene su il giudizio. Il giudizio mi impedisce di vivere una vita deliziosa.

Gary:

I giudizi sono solo giudizi. Scegli la deliziosità, sia che qualcun altro la scelga o meno. Scegli la delizia di vivere invece dei giudizi delle altre persone, perché la delizia del vivere e la permeabilità della consapevolezza vanno oltre i giudizi e creano possibilità. È una scelta che uno deve fare, non è un posto dove vivere. Se funzionate dal giudizio, andate nel luogo dove si deve vivere, non nella scelta di possibilità.

Tutto ciò che è, per un dioziliardo, vuoi distruggere e screare? Giusto e Sbagliato, Bene e Male, POD e POC, Tutti e Nove, Shorts, Boys e Beyonds

Grazie signore, siete fenomenali. Mi piacerebbe davvero che capiate quanto siete fenomenali, perché essendolo potete cambiare il mondo. Ci sentiamo la prossima settimana. Ciao!

3
Comprendere Chi Sei Veramente

Hai scelto un corpo di donna.
Questo significa che sei una donna? Oppure sei un essere infinito con un corpo di donna?
Se sei un essere infinito con un corpo di donna, non dovresti potertene avvantaggiare come di un'arma e di uno strumento?

CAMBIARE VS. FARE QUALCOSA DI DIVERSO

Gary:

Buongiorno signore. Vorrei iniziare parlando della differenza tra cambiare e fare qualcosa di diverso, perché purtroppo la maggior parte delle donne, quando hanno una relazione, cercano di aggiustare o cambiare quello che non funziona con il loro uomo, piuttosto che fare qualcosa di completamente diverso.

Un giorno Dain stava parlando di una sua situazione. Ha chiesto: "Cosa devo fare per cambiare questo?"

Ho detto: "Perché disturbarsi a cambiarla? Non funziona. Fai qualcosa di diverso."

Dain disse: "Tu non fai così. Aggiusti le cose che non funzionano."

E io: "Cosa?!"

Questa conversazione ha cambiato del tutto Access Consciousness, perché stavo funzionando dal presupposto che la gente volesse qualcosa di diverso, non che volessero aggiustare o cambiare qualcosa che non stava funzionando.

Come femmine di questa specie, siete state abituate ad avere delle bambole, a cambiargli i vestiti e a renderle diverse. Ebbene, non sono diverse. Hanno solo vestiti diversi.

Le donne hanno imparato a cercare il cambiamento, non la diversità. Quando avete un problema con un compagno, voi cercate di convincerlo a cambiare. Non fate mai la domanda che può effettivamente creare quello che volete, che è: "Cosa posso fare o essere di diverso che renderebbe questo una realtà differente?" Si tratta di funzionare da un luogo diverso.

Partecipante del Salon:
Qual è la differenza tra la definizione di cambiamento e la definizione di diversità?

Gary:
Cambia posizione sulla sedia.

Partecipante del Salon:
Per me questo significa movimento.

Gary:

Il cambiamento è movimento. Diversità riguarda una possibilità diversa, una realtà diversa, una scelta diversa e una domanda diversa.

Se desideri creare una realtà diversa con qualcuno, devi essere o fare qualsiasi cosa tu debba essere o fare di diverso, al fine di creare una realtà diversa. Quindi, con una relazione in particolare, chiedi: "Cosa posso essere o fare di diverso per creare una realtà diversa?"

Non si tratta di convincerlo a cambiare per essere felice. Se avete l'idea di dover convincere qualcuno a cambiare, state cercando di renderlo felice, o state cercando di renderlo triste, o state cercando di fargli affrontare qualcosa. No, tu non vuoi che cambi; desideri creare una realtà diversa - una possibilità diversa.

Partecipante del Salon:

Nell'ultima chiamata, quando hai parlato di controllare un uomo per ottenere quello che vuoi, hai detto che è un'energia che sei. Ci puoi parlare di quello che vuoi dire con questo?

Gary:

Devi essere disposta a fare e ad essere diversa, non diversamente. Diversamente sta ancora cercando di cambiare qualcosa. Dovete essere disposte a essere o fare qualsiasi cosa per essere abbastanza diverse per ottenere quello che state chiedendo.

Potete chiedere: "Cosa posso essere o fare oggi di diverso che creerebbe una realtà diversa qui con quest'uomo, dove ho il controllo, ho quello che sto chiedendo, dove ottengo quello che mi piacerebbe davvero avere?"

IL CONFRONTO NON FUNZIONA

Partecipante del Salon:
Per favore, mi puoi aiutare a cambiare massivamente qualunque cosa mi mantiene esitante e mi fa ritrarre dal confronto? Mi piacerebbe essere felicemente me e ampliare quello che sono, piuttosto che ritrarmi o contrarmi dalla paura. A volte mi sento quasi paralizzata.

Gary:
Non sei brava nel confronto perché non sei disposta ad essere una stronza infernale e non sei disposta a vedere come si può scegliere qualcosa di diverso che non richieda il confronto.

Il confronto non funziona, tesoro. Richiede di entrare in modalità lotta o fuggi. Ritrarsi dal confronto è tutto ciò che il confronto è. Non hai paura; non sei paralizzata, va bene?

Usa la domanda: Cosa posso essere o fare di diverso che renderebbe tutto questo una realtà diversa?

LE DONNE VOGLIONO COPIOSE QUANTITÀ DI SESSO

Partecipante del Salon:
La scorsa settimana hai detto che la maggior parte delle donne in realtà non vogliono una relazione; vogliono grandi

quantità di sesso. Ho detto: "Wow. Sì! Suona così vero." Come funziona pragmaticamente, dal momento che non è quello che ci è stato detto?

Gary:
Perché ti stai bevendo tutte le cose che ti hanno detto?

Partecipante del Salon:
Questa è un'ottima domanda. Ora che ho realizzato che mi piacerebbe avere un sacco di sesso e non un rapporto, come si fa?

Gary:
Il modo più semplice è quello di trovare un uomo che ha almeno 20 anni meno di te. Farà sesso con te e te ne sarà grato, perché le ragazze della sua età non vogliono fare sesso con lui. Vogliono sposarsi. Dopo aver fatto sesso con lui, ad esempio, dì: "Wow, è stato fantastico. Spero di potermi divertire ancora con te."

Lui dirà: "Davvero?" E sarà disponibile quando lo chiamerai.

Puoi anche chiedere: "Che cosa potrei essere o fare di diverso che creerebbe e produrrebbe abbondanti quantità di sesso senza impegno?"

Partecipante del Salon:
Stai suggerendo di dire apertamente che si sta cercando rapporti sessuali e non relazioni?

Gary:
No. Mai essere onesti con un uomo. Ma che problemi avete, gente?

Partecipante del Salon:
È per questo che sto chiedendo. Sono cose nuove per me.

Gary:
Sì, capisco. Vi è stato insegnato che l'onestà è la miglior politica. No. La menzogna è la miglior politica. Dite quello che vogliono sentirsi dire. Non ditegli quello che pensate dovrebbero sentire.

Se dite quello che pensate dovrebbero sentire, state dicendo il vostro punto di vista, la vostra verità, la vostra realtà. Ogni volta che dite loro la vostra verità e la vostra realtà, devono scappare. Non hanno nessuno spazio per questo. Se dite loro quello che vogliono sentirsi dire, hanno spazio e riconoscono che potrebbero avere una possibilità diversa o fare una scelta diversa con voi.

Bisogna essere consapevoli di ciò che la gente sceglierà. Per questo si fa la domanda: Che cosa sono in grado di ascoltare queste persone?

Non chiedere: "Cosa voglio?" Questa non è una domanda. "Cosa vorrei da questo tizio?" non è una domanda. Chiedi invece:

- Sarà divertente?
- Sarà facile?
- Funzionerà per me?

Queste sono domande. Ma invece di fare vere domande, continuiamo a insistere a cercare qualcuno che realizzi qualche fantasia o qualche scena ideale che abbiamo a riguardo.

Quale stupidità stai usando per creare l'ideale romantico utopico di romanticismo, sesso, accoppiamento e rapporto che stai scegliendo? Tutto ciò che è, per un dioziliardo, distruggerai e screerai tutto? Giusto e Sbagliato, Bene e Male, POD e POC, Tutti e 9, Shorts, Boys e Beyonds

Una scena ideale è un'idea che deve essere portata a compimento. Devi crearla attraverso il giudizio per renderla tale. Se hai ideali utopici, stai giudicando. Perché utilizzare il giudizio come fonte di creazione di un rapporto? Perché questo è normale sul pianeta Terra. Non funziona, ma è normale.

GIUDIZI E CONCLUSIONI

Partecipante del Salon:

Come fai a rompere il gioco di conclusioni nella tua testa durante il sesso?

Gary:

Quale stupidità stai usando per creare le conclusioni che stai scegliendo? Tutto ciò che è, per un dioziliardo, distruggerai e screerai tutto? Giusto e Sbagliato, Bene e Male, POD e POC, Tutti e 9, Shorts, Boys e Beyonds

Questa mattina mi sono svegliato con un giudizio sul sesso. Ho chiesto: "Cosa diavolo è questo?" Poi mi sono ricordato di aver mostrato a una donna una foto del mio nipotino di nove mesi. Era nudo, strisciava sul pavimento con i testicoli penzoloni. L'ha trovato orribile. Era ancora nella mia testa quanto per lei fosse orribile mostrare una foto di questo bambino nudo con i testicoli penzoloni.

Lei non è molto interessata agli uomini, quindi forse era già qualcosa di difficile da accettare. Ma il fatto è che qualcuno può entrare nella mia testa con un punto di vista e, se io non riconosco che il punto di vista in realtà non è il mio, continuo a cercare di pensare che sia mio e continuo a cercare di arrivare a una conclusione.

Quale stupidità stai usando per creare la conclusione della conclusione che la conclusione che stai scegliendo è una creazione della conclusione che dovresti concludere, che stai scegliendo? Tutto ciò che è, per un dioziliardo, distruggerai e screerai tutto? Giusto e Sbagliato, Bene e Male, POD e POC, Tutti e 9, Shorts, Boys e Beyonds

Se tu dovessi concludere questo, è un giudizio o una scelta? È un giudizio.

"HAI MAI PROVATO QUESTO? LO ADORO!"

Partecipante del Salon:
Quando si hanno partner che giudicano te o loro stessi a letto, come si fa a trovare lo spazio dentro di sé per chiedere loro di fare quello che si vorrebbe?

Gary:
Prima di tutto, non devi chiedere quello che vorresti. Devi dire: "Hai mai provato questo? L'adoro!" La maggior parte degli uomini cerca di fare quello che pensa possa farti piacere. È stato insegnato loro che fare questo per una donna è ciò che li rende preziosi e reali. È il loro lavoro. Tutto quello che devi fare è chiedere: "Hai mai provato questo?" Se dicono di sì, basta dire: "Accidenti, adoro quando me lo fanno." Questa è manipolazione senza richiesta.

Se chiedete a un uomo di usare la lingua e lui dice: "Non mi piace leccare una donna" non andrete da nessuna parte, perché è giunto a una conclusione. Ovviamente, se chiedete a un uomo di leccarvi e lui dice che non gli piace, potete sempre sbarazzarvi di lui.

Partecipante del Salon:
Mi sento a disagio a farlo io a un uomo. L'ho fatto un paio di volte, ma non mi è piaciuto. Mi sento come se fossi sporca.

Gary:
È stata considerata una sbagliatezza per anni. Fare sesso orale a un uomo è stata considerata la peggior cosa che si possa fare. Tuttavia molte donne lo trovano piacevole, perché effettivamente è una delle poche cose che alcuni uomini si permettono di ricevere.

Purtroppo, però, circa l'ottanta per cento degli uomini non si permette di ricevere quando una donna gli fa del sesso orale. E anche voi non lo ricevete quando lo fanno a voi.

Quale stupidità stai usando per creare la fellatio e il cunnilingus che stai scegliendo? Tutto ciò che è, per un dioziliardo, distruggerai e screerai tutto? Giusto e Sbagliato, Bene e Male, POD e POC, Tutti e 9, Shorts, Boys e Beyonds

Signore, in quante vite siete state uomini e avete avuto una donna che, nel farvi sesso orale, stava soffocando, vomitando o sputando e voi avete deciso che era una delle cose più disgustose che si possa far fare a chiunque?

Tutto ciò che è, per un dioziliardo, distruggerai e screerai tutto? Giusto e Sbagliato, Bene e Male, POD e POC, Tutti e 9, Shorts, Boys e Beyonds

Devi fare la scelta di essere inconsapevole di ciò che la tua scelta crea. Comunque stia andando, dovete averci creato qualcosa intorno che ha una buona dose di carica.

ECCITARE GLI UOMINI

Partecipante del Salon:
Nell'ultima chiamata, hai parlato di come utilizzare il controllo per eccitare sessualmente un uomo. Hai anche detto che molte persone usano il giudizio per creare eccitazione sessuale. Puoi parlarci ancora dell'attivare gli uomini sessualmente, utilizzando il controllo piuttosto che il giudizio?

Gary:
Gli uomini amano essere controllati. Le donne dicono: "Tesoro, puoi fare questo per me?" Questo è ciò che sono stati addestrati a fare tutta la loro vita. Ma bisogna essere selettivi su cosa si chiede agli uomini di fare. E non li si chiama "caro". Chiamateli "lover" ("amante" n.d.t.) Quando lo fate, cominciano a consegnarvi quello che volete perché li state eccitando sessualmente controllando il modo in cui date loro ciò che vogliono.

Dovete trattare un uomo come se fosse uno stallone. Dovete andare a vedere come sono allevati gli stalloni. I gestori portano uno stallone da una cavalla che non lo vuole. Poi lo portano da un'altra cavalla e lei non lo vuole e poi da un'altra ancora, finché una cavalla e lo stallone sono tutti eccitati. Poi prendono lo stallone e la cavalla che è disponibile. Nel momento in cui lo portano alla cavalla disponibile, lui diventa improvvisamente eretto. È pronto a partire.

Bisogna vedere l'uomo come uno stallone. Devi stuzzicarlo. Portate il vostro uomo fuori, camminate per strada e dite: "Ti piacerebbe fare sesso con quella ragazza? Sembra un bel tipo. Sembra carina. Sembra sexy". Il tempo di fare 150 metri e lui sarà pronto per andare a letto. Tutto quello che devi fare è portarlo a casa e usarlo.

Partecipante del Salon:
Puoi parlarci un po' di più sul controllare l'eccitazione dell'uomo senza giudizio?

Gary:
Il più potente afrodisiaco per la maggior parte delle persone è qualcuno che li guarda senza giudizio. Tuttavia, ci sono uomini che hanno bisogno di essere giudicati per essere in grado di decollare. Avevo un amico che, senza il giudizio della donna che determinasse quello che doveva fare, non era in grado di ottenere un'erezione. Per lui, il giudizio era una fonte di eccitazione sessuale.

Per alcune persone, il giudizio è un afrodisiaco. Devi essere disposta a guardare l'uomo col quale stai e chiedere "Di quale giudizio ha bisogno questo ragazzo per eccitarsi? Quale giudizio posso dargli che glielo farebbe diventare più duro di una roccia?" Qui è dove devi riconoscere di essere la persona operativa nella relazione o nel sesso. Sei tu quella che crea ciò che accade. La maggior parte delle donne non vogliono pensare che sono in controllo, al comando, che sono l'aggressore.

So che tante donne, dopo essersi sposate, si chiedono: "Perché mio marito non mi cerca più?"

Io chiedo: "Ti ha mai davvero cercata, in primo luogo?"

E loro: "Beh, non esattamente."

Io chiedo: "E allora perché presumi lo farà adesso?"

E loro: "Perché dovrebbe."

Che domanda è "Perché dovrebbe?" Non è una domanda! "Cosa ci vorrebbe per far eccitare il ragazzo alla grande?" è una domanda. Devi guardare la persona con la quale stai e vedere che cosa ci vuole per accenderlo.

LE DONNE SONO LE CREATURE PIÙ COMPETITIVE DEL PIANETA

Partecipante del Salon:

Ci puoi spiegare quella che sembra essere un particolare tipo di competitività che si crea tra le donne quando gli uomini sono in giro?

Gary:

Voi, come donne, siete più competitive rispetto agli uomini. Le donne sono le creature più competitive del pianeta. Perché? In parte perché sono geneticamente spinte a competere per il maschio migliore, in modo da poter avere la miglior prole per creare l'espansione della specie. Gli uomini sono solo i donatori di sperma. Le donne scelgono sempre gli uomini migliori. Nel regno animale, i partners vengono scelti non dai maschi, ma dalle femmine.

Quando ci sono uomini nei paraggi, le donne si fanno ancora più competitive tra loro. Non ho mai visto eccezioni.

Ho visto donne comunicare tra loro, essere cordiali, gentili e amorevoli le une con le altre, ma non appena ci sono uomini in giro, tutto cambia e c'è una forte concorrenza. È così che funziona.

Non c'è niente che tu possa fare a riguardo, tranne riconoscerlo e poi arrivare a scegliere: va bene, voglio uscire con queste donne quando si comportano così? L'altra cosa che si può fare quando c'è un uomo nei paraggi è iniziare a parlare alle donne come gruppo e chiamarle "signore". Quando lo fai, dovranno cambiare il loro atteggiamento di fronte all'uomo per provare che sono delle signore. Si chiama controllare il gruppo senza controllo.

PROGRAMMAZIONE MASCHILE E FEMMINILE

Partecipante del Salon:
Quali domande posso fare che sblocchino tutta la programmazione maschile e la vulnerabilità che ho riguardo all'essere una femmina?

Gary:
La realtà è che abbiamo scelto il lato maschile o il lato femminile a seconda dell'esperienza che abbiamo fatto nel mondo come donna o uomo. Sei stata maschio in alcune vite; sei stata femmina in altre vite. A volte, la programmazione maschile entra in gioco quando sei con certe persone e la programmazione femminile entra in gioco quando sei con altre persone. Così, diverse persone stimolano la tua programmazione maschile o femminile. Se eliminassi tutta

la programmazione, saresti in un luogo dove si può creare nel momento, per il gusto di farlo.

Quale stupidità stai usando per evitare di essere la donna che potresti veramente scegliere? Tutto ciò che è, per un dioziliardo, distruggerai e screerai tutto? Giusto e Sbagliato, Bene e Male, POD e POC, Tutti e 9, Shorts, Boys e Beyonds

Hai scelto un corpo di donna. Vuol dire che sei una donna? Oppure sei un essere infinito con il corpo di una donna? Se sei un essere infinito con il corpo di una donna, allora non dovresti avvantaggiarti di ciò che nel tuo corpo è un'arma e uno strumento? Tendi a non usare le armi e gli strumenti perché hai deciso, hai concluso e giudicato cosa vuol dire essere donna, quello che dovresti essere e quello che non dovresti essere come donna.

Quale giudizio hai dell'essere una donna? Tutto ciò che è, per un dioziliardo, distruggerai e screerai tutto? Giusto e Sbagliato, Bene e Male, POD e POC, Tutti e 9, Shorts, Boys e Beyonds

Quale giudizio hai di te, essendo una donna? Tutto ciò che è, per un dioziliardo, distruggerai e screerai tutto? Giusto e Sbagliato, Bene e Male, POD e POC, Tutti e 9, Shorts, Boys e Beyonds

Quale giudizio hai del sesso, essendo una donna? Tutto ciò che è, per un dioziliardo, distruggerai e screerai tutto? Giusto e Sbagliato, Bene e Male, POD e POC, Tutti e 9, Shorts, Boys e Beyonds

Quale giudizio hai di te con il sesso, essendo una donna? Tutto ciò che è, per un dioziliardo, distruggerai e screerai tutto? Giusto e Sbagliato, Bene e Male, POD e POC, Tutti e 9, Shorts, Boys e Beyonds

Partecipante del Salon:

Ho capito di essere un essere infinito nel corpo di una donna, ma c'è comunque una separazione per me tra i due.

Gary:

Hai definito l'essere infinito come qualcosa che ha una sessualità, una sexualness oppure un corpo? Oppure hai definito l'essere infinito come privo di corpo? Se non disponi di un corpo, non puoi avere una relazione. E non puoi nemmeno avere un rapporto con te, perché questo significa che non c'è un te. Nessun corpo implica che non c'è neppure un te.

DI CHI È QUESTO GIUDIZIO?

Partecipante del Salon:

Ho sempre pensato di essere restrittiva nel sesso finché non ho realizzato di aver sempre scelto partner restrittivi e di essere stata consapevole della loro contrazione.

Gary:

Quante volte ritieni che il giudizio sia il tuo? Se senti un giudizio, se sei consapevole di un giudizio, automaticamente ritieni che sia tuo. Non vai nella domanda e non chiedi:
- Di chi è questo giudizio?
- Cosa faccio qui?
- Cosa voglio fare qui?
- A cosa assomiglia?
- Quali scelte ho qui?

Ecco perché è così importante fare domande: la domanda crea possibilità e la scelta crea potenziale. Quando il potenziale interseca la possibilità, una nuova realtà può essere creata.

Quale scelta e quale domanda non stai facendo che creerebbe una nuova realtà riguardo al sesso, alla copulazione e al giudizio? Tutto ciò che è, per un dioziliardo, distruggerai e screerai tutto? Giusto e Sbagliato, Bene e Male, POD e POC, Tutti e 9, Shorts, Boys e Beyonds

Tu crei una domanda, che crea un certo numero di possibilità. Ogni volta che intersechi una nuova possibilità, crei nuove scelte. Quando poi scegli qualcosa, sulla base di quella nuova possibilità che hai creato con la domanda che hai fatto, in quel momento puoi creare una nuova realtà. La domanda crea multiple possibilità.

Ti è stato insegnato a giungere a delle conclusioni: "Un uomo è bla bla bla." È davvero questo un uomo? No.

Quale giudizio hai degli uomini? Tutto ciò che è, per un dioziliardo, distruggerai e screerai tutto? Giusto e Sbagliato, Bene e Male, POD e POC, Tutti e 9, Shorts, Boys e Beyonds

Quale giudizio hai di te riguardo agli uomini? Tutto ciò che è, per un dioziliardo, distruggerai e screerai tutto? Giusto e Sbagliato, Bene e Male, POD e POC, Tutti e 9, Shorts, Boys e Beyonds

Quale giudizio hai del sesso con gli uomini? Tutto ciò che è, per un dioziliardo, distruggerai e screerai tutto? Giusto e Sbagliato, Bene e Male, POD e POC, Tutti e 9, Shorts, Boys e Beyonds

Quale giudizio hai di te riguardo al sesso con gli uomini? Tutto ciò che è, per un dioziliardo, distruggerai e screerai tutto? Giusto e Sbagliato, Bene e Male, POD e POC, Tutti e 9, Shorts, Boys e Beyonds

Adesso capisco perché il sesso e la copulazione sono così difficili per la razza umana. Tutti si comportano come se lo stessero facendo e nessuno lo sta facendo. La maggioranza delle persone dichiara di fare sesso, ma non sta facendo sesso. È tutta una finta.

DOLORE E INTENSITÀ

Partecipante del Salon:
Mentre stavi facendo scorrere i processi sul giudizio, tutte le risposte mi davano dolore. Come ne esco?

Gary:
Quale stupidità stai usando per creare l'intensità come dolore che stai scegliendo? Tutto ciò che è, per un dioziliardo, distruggerai e screerai tutto? Giusto e Sbagliato, Bene e Male, POD e POC, Tutti e 9, Shorts, Boys e Beyonds

Tendiamo ad avere questo strano punto di vista che se qualcosa è intenso, è dolore. È l'idea che l'intensità sia uguale al dolore. Cerchiamo di crearla così, ma l'intensità non deve essere per forza dolorosa. Probabilmente non ti rendi conto che sei intensamente consapevole. L'intensa consapevolezza è dolorosa? Sì. Perché? Perché tu l'hai definita come dolore. Non perché è dolore.

Tutto quello che avete definito come dolore e che in realtà non lo è, distruggerai e screerai tutto? Giusto e Sbagliato, Bene e Male, POD e POC, Tutti e 9, Shorts, Boys e Beyonds

Un enorme numero di persone vedono tutto ciò che è intenso come doloroso. Perché questa dovrebbe essere una cosa vitale o di valore?

Volete sapere perché? Il modo in cui mantenete l'intensità di un problema e di un dolore è non guardare a ciò che è e cercare di guardare a ciò che avete deciso che è. Questa è una conclusione. State cercando di giungere a una conclusione su ciò che è e parlate della vostra conclusione piuttosto che guardare a ciò che è che potrebbe essere diverso. Vuoi cambiarlo, ma non sei disposta a fare qualcosa di diverso. Cerchi di cambiare il dolore in modo che sia meno doloroso, piuttosto che fare qualcosa di diverso che potrebbe creare una realtà diversa, nella quale il dolore non dovrebbe esistere. Non cercare di cambiarla. Tu vuoi una realtà diversa. Cambiarla la rende meno di ciò che è; non si tratta di far sì che qualcosa di diverso si mostri nella vostra vita. Non sei in grado di creare una realtà che è diversa da quel punto di vista. Invece, chiedi: "Cosa posso fare o essere di diverso qui che creerebbe una realtà diversa?"

Questa domanda renderà la tua vita molto più facile. La maggior parte delle persone non si rende conto che questo gli renderà la vita più facile e quindi non lo scelgono.

Devi essere disposta ad avere la consapevolezza di ciò che stai scegliendo. Chiediti:

- Cosa sto facendo qui?
- Cosa posso scegliere per essere diversa?

Così ti liberi dell'idea di star facendo qualcosa di diverso quando tutto quello che stai facendo è cambiare qualcosa.

Partecipante del Salon:

Se si è disposte ad avere sempre più intensità, cosa crea questo?

Gary:

Crea sempre più possibilità. L'intensità è una domanda, non una conclusione.

Partecipante del Salon:

Che cosa è l'intensità? Non credo di avere intensità.

Gary:

Tu sei molto intensa. Chiedi a queste persone se pensano che tu sia una spina nel sedere. Quando crei un'intensità fino al punto in cui diventa doloroso, può essere doloroso per gli altri o può essere doloroso per te. L'intensità è uno dei modi in cui ti assicuri di non dover perdere nulla. Questo è il processo sulle probabilità che abbiamo fatto l'ultima volta.

Quale stupidità stai usando per creare la struttura probabile del futuro, piuttosto che i sistemi di possibilità del futuro che potresti scegliere? Tutto ciò che è, per un dioziliardo, distruggerai e screerai tutto? Giusto e Sbagliato, Bene e Male, POD e POC, Tutti e 9, Shorts, Boys e Beyonds

Molto di quello che succede nel mondo riguarda l'evitare la perdita. Quando si ha una relazione, si vuole evitare la perdita. Se tu avessi il punto di vista di poter perdere questa persona all'istante, lui vorrebbe stare con te per sempre. Quando si ha il punto di vista di non voler perdere le persone, si tenta di trattenerle intensamente, cosa che li allontana. È così che le donne si cacciano nei guai. Esigono le cose invece di sceglierle.

Se crei una forte necessità di un uomo, lo farai scappare via. Se dici: "Non stai facendo sesso con me e io voglio che tu faccia sesso con me", lui se ne andrà. Avrà meno voglia di fare sesso, non di più.

CREARE UNA RICHIESTA PER IL CORPO DELL'UOMO

Partecipante del Salon:
È diverso da quello che hai detto riguardo alla creazione di un'esigenza per il corpo di un uomo?

Gary:
Sì. Creare un'esigenza per il corpo di un uomo e metterla nel suo universo è: "Oh, mi piace il modo in cui ti muovi. Mi piace come sei fatto. Potresti toglierti i vestiti così ti guardo meglio?" Oppure è fargli fare qualcosa che tu ammiri particolarmente. Ho notato che diverse donne ammirano diverse parti del corpo maschile. Ad alcune piacciono le gambe. Ad altre il sedere. Ad alcune piacciono i bicipiti. Ad altre i tricipiti. Alcune donne apprezzano altre parti ancora. Devi chiedere di vedere la parte che ti piace. Conoscevo una donna che amava vedere il suo amante voltarsi verso destra, ma non verso sinistra. Così, quando lui era lì, gli metteva qualcosa a destra e diceva: "Potresti prendermelo, per favore?" Lui lo faceva e lei commentava: "Mi piace quando fai così. È così sexy. Posso pensare solo al sesso quando te lo vedo fare." Quell'uomo era eccitato tutto il tempo. Ecco come si crea un'esigenza per il suo corpo, invece di un'esigenza per lui di cambiare per adattarsi a ciò che voi desiderate.

Partecipante del Salon:
Quando si dice a un ragazzo giovane: "Ehi, grazie per il sesso fantastico" lui lo riceve completamente. Quando si dice la stessa cosa a un uomo più grande, non lo riceve.

Perché un uomo più grande dovrebbe fare così? Perché non riceve nello stesso modo in cui riceve un ragazzo giovane?

Gary:

Il ragazzo giovane lo guarda dal punto di vista di: "Wow. Devo essere bravo." L'uomo più grande pensa: "Oh mio Dio. Non mi starò mica impegnando in qualcosa di serio senza rendermene conto?" Gli uomini più grandi danno per scontato che se si fa loro un complimento, significa che devono fare qualcosa o gli è richiesto qualcosa, che lo vogliano o no.

Partecipante del Salon:

Con un ragazzo giovane, è come se tu stessi giocando a frisbee. Qual è un altro modo per dire "Grazie per il sesso fantastico" quando lo si sta salutando?

Gary:

Dici "È stato fantastico. Sono davvero grata che tu sia così giovane." Lui penserà "Wow. Sono ancora uno stallone" che è ciò con cui la maggior parte degli uomini ha difficoltà.

Partecipante del Salon:

Mi rendo conto di avere tanti giudizi sugli uomini.

Gary:

Non stai davvero guardando ciò che è di fronte a te. Stai guardando attraverso il filtro di giudizio che sei stata allenata ad avere. Quante di voi donne si accorge di essere stata allenata a non apprezzare gli uomini? A tua madre piacevano gli uomini? Alle tue zie piacevano gli uomini?

A tua nonna piacevano gli uomini? O tutte loro avevano la sensazione che apprezzare gli uomini fosse sbagliato?

Alla maggior parte delle donne gli uomini non piacciono. Puoi capire se a una donna piace un uomo quando le piace l'odore delle diverse parti del corpo di lui.

Partecipante del Salon:

Mi piace molto l'odore delle diverse parti del corpo degli uomini... beh, della maggior parte degli uomini.

Gary:

Quelli dei quali ti piace l'odore sono quelli con i quali vorresti uscire. Non gli altri.

Partecipante del Salon:

Vuol dire che mi piacciono veramente gli uomini?

Gary:

Sfortunatamente sì, è così. Mi dispiace.

Partecipante del Salon:

È qui che passo per puttana?

Gary:

Lo spero. Le zoccole si divertono molto più delle vergini timorose. Non che pensi ce ne sia nessuna in questa chiamata, comunque.

Partecipante del Salon:

Probabilmente dovrei fare un po' di sesso, perché sia questo il caso.

Gary:

No, non c'è bisogno di fare sesso per essere una puttana. E potete fare tutto il sesso che volete se siete disposte a sceglierlo.

Partecipante del Salon:

Il senso dell'olfatto è un'altra forma di consapevolezza? O si tratta di un giudizio? Sono sensibile a certi odori. Se il mio amante non si fa la doccia, non sopporto l'odore. Vuol dire che odio gli uomini? Posso cambiare questo?

Gary:

L'olfatto è parte della consapevolezza. Bisogna essere pragmatici. Portalo sotto la doccia con te prima di fare sesso.

"MI TRASFORMO IN UNA SCOLARETTA RIDACCHIANTE"

Partecipante del Salon:

Ogni volta che ho attorno un ragazzo col quale mi piacerebbe fare sesso, mi sembra di trasformarmi in una scolaretta stupidina.

Gary:

Quando si tratta di fare sesso con un uomo, chiediti: Con chi sarebbe facile farlo e da chi potrei imparare?

Se ti trasformi in una scolaretta stupidina in presenza di uomini, probabilmente stai scegliendo quello che avresti scelto quando eri una ragazzina. Quanti di quegli uomini si sono rivelati essere qualcuno che davvero vorresti conoscere?

Quale stupidità stai usando per creare la scolaretta stupidina che stai scegliendo? Tutto ciò che è, per un dioziliardo, distruggerai e screerai tutto? Giusto e Sbagliato, Bene e Male, POD e POC, Tutti e 9, Shorts, Boys e Beyonds

NON SEI RESPONSABILE DI QUELLO CHE LA GENTE SCEGLIE

Partecipante del Salon:
Ci puoi parlare di come si sceglie e si crea qualcosa? Ad esempio, se qualcuno è cattivo o crudele, chiedo: "Come sto scegliendo e creando questo?" Vado dove sto facendo tutto sbagliato.

Gary:
Stai cercando di cambiare quella realtà, quindi sei alla ricerca di quello che hai fatto di sbagliato per provare a cambiare il fatto che qualcun altro è cattivo. No. Quella persona è cattiva. Questo è tutto. Stai provando a cercare la ragione e la giustificazione delle cose come se conoscendo il motivo per cui si sono verificate, non si verificheranno di nuovo.

Invece di fare questo, chiedi: Cosa potrei essere o fare di diverso che creerebbe una realtà diversa?

Partecipante del Salon:
Quando qualcuno mi sta denigrando o giudicando, io vado in reazione. Vado in "Io ho creato questo."

Gary:

Non l'hai creato. Stai cercato di assumerti la responsabilità di tutto e tutti nella tua intera vita. La buona notizia è che sei una dea – solo che sei una pessima dea, perché invece di giudicare loro, giudichi te stessa. Potresti anche lasciar perdere e diventare un essere infinito che riconosce di non essere responsabile di tutto ciò che la gente sceglie. Tutto è scelta. La scelta è la fonte ultima di tutta la creazione. Ogni scelta che fai crea qualcosa. Perché mai sceglieresti di ritenere di essere responsabile di tutto ciò che avviene?

Nota che non hai una risposta. Ma andrai là fuori e cercherai di trovare una ragione per cui tu sei responsabile di tutto, cosa che è una creazione.

Quale stupidità sto usando per creare la stupidità di me che sto scegliendo? Tutto ciò che è, per un dioziliardo, distruggerai e screerai tutto? Giusto e Sbagliato, Bene e Male, POD e POC, Tutti e 9, Shorts, Boys e Beyonds

Partecipante del Salon:

Potresti espandere il concetto di gentilezza e come posso permettere a me stessa di essere gentile verso di me e verso gli altri, senza essere ferita e senza fare la figura della scema?

Gary:

Qui c'è un problema. Stai creando dei cavilli. Sei alla ricerca di tutte le ragioni per cui le persone non ti stanno capendo e per le quali penseranno che sei scema e stupida. Pensi che si chiederanno perché ti scelgono e perché continuano a sceglierti. Questo è ciò che fai quando non sei disposta ad essere nella totale allowance.

Non stai facendo qualcosa di diverso. Devi chiedere: "Che cosa posso essere o fare oggi di diverso per permettere a me di essere gentile con me stessa e con tutti quelli che tocco con totale facilità?"

Consiglio vivamente di procurarti il CD dei Dieci Comandamenti. È la chiave per la tua libertà.

ABBASSARE LE BARRIERE AL RICEVERE

Partecipante del Salon:
Ci puoi parlare di come abbassare le barriere per ricevere le persone e il possibile rifiuto?

Gary:
Se sei preoccupata di ricevere un rifiuto, attirerai qualcuno che ti rifiuterà, perché hai un grande segno sulla fronte che dice: "Rifiutami." È come quando da ragazzini si metteva un cartello 'Prendetemi a calci' sulla schiena di qualcuno. Tutti prendevano a calci quella persona e lo trovavano anche terribilmente divertente. Se ti rendi conto che ti stai mettendo il cartello "Rifiutami" sulla schiena, forse potresti trovare divertente il fatto che le persone ti rifiutano, invece di considerarlo una sbagliatezza. Devi avere un po' più di volontà di essere vulnerabile. Essere vulnerabili è essere come la ferita aperta, il che significa non alzare barriere a niente e a nessuno.

L'anno scorso, dopo aver fatto un grande evento con Ricky Williams, ci sono stati alcuni orribili articoli di giornale su di me. Uno diceva che ero il carismatico, ricco, malvagio creatore di un culto che si proponeva di dare a uomini e donne orgasmi pieni. Ho detto: "Per quale ragione questo non sarebbe di vostro interesse?" Sono stato diffamato dalla stampa a livello nazionale. L'unica brutta notizia è che ogni volta che mi giudicano, mi entrano in cassa altri 5.000 dollari. Dovrei aver incassato circa mezzo milione di dollari fino ad adesso, dopo le cose che hanno pubblicato su di me. Per me va bene. Per avere successo in qualsiasi cosa, dovete essere disposte ad essere diffamate. Dovete essere disposte a essere fatte a pezzi. Dovete essere disposte a ricevere il giudizio.

Tutta la stampa in questo momento è per il sensazionalismo. Tutto quello che chiedo alla consapevolezza del mondo è di mettere una campana di vetro sulla stampa, così che se useranno solo il sensazionalismo, la loro carriera morirà. Quando inizieranno a riportare vere notizie, potranno avere nuovamente credibilità nel mondo.

Partecipante del Salon:

Quando incontro qualcuno, devo immediatamente attingere a quello che i miei amici e la mia famiglia penseranno di me e di questa persona. Accade istantaneamente. È uno schiaffo in faccia di giudizio. Come posso rimanere nella domanda con questo?

Gary:

Chiedi: Quale energia, spazio e consapevolezza posso essere, per essere la puttanella che sono veramente?

Le puttane non portano i fidanzati a casa per incontrare i genitori o gli amici. Usano i fidanzati e li lasciano andare. Non lo dico come giudizio. Dovete essere disposte ad essere la puttanella che siete veramente se volete poter fare la scelta di stare con qualcuno ed essere presenti con lui, invece di cercare di giungere a una conclusione. Se inizierete a far scorrere questa domanda, uscirete dal giudizio.

Partecipante del Salon:

Come funziona quando entrambe le persone che stanno copulando sono guaritori sessuali ed entrambi stanno ricevendo?

Gary:

Decisamente troppo divertente per te.

Partecipante del Salon:

Se entrambe le persone sono guaritori sessuali e una è aperta a ricevere ma l'altra no, cosa succede?

Gary:

Significa che ti annoi e vorresti tornartene a casa. La mancanza di ricezione dell'altra persona ti spegne. Quando qualcuno non è disposto a ricevere, l'eccitazione viene meno nel tuo e nel suo corpo. Quando uno è veramente disposto a ricevere, il tuo corpo si eccita di più, non di meno.

Partecipante del Salon:

Se sei con qualcuno che non sta ricevendo, ma la possibilità c'è, cosa si può chiedere per ottenere che l'altro sia più ricevente?

Gary:

Chiedi: Posso bendarti? Ti posso legare? Posso solleticarti con una piuma?

La maggior parte degli uomini non sanno come ricevere. Proprio non sanno come farlo. Legarli e non lasciargli altra scelta che ricevere è un ottimo metodo. Procurati alcune cravatte di seta, una benda e una bella piuma di struzzo.

L'ALTRA PERSONA PUÒ RICEVERE QUELLO DI CUI SEI CAPACE?

Partecipante del Salon:
Hai detto che quando eri più giovane, facevi sesso con quattro donne al giorno. Quali elementi funzionavano così bene con le donne che volevano fare solo sesso con te e non una relazione?

Gary:
Prima di tutto, fumavo. Mi fumavo due canne prima di andare a letto con ogni donna. Quindi, non sentivo né i suoi giudizi né i suoi bisogni. Non lo consiglio più. Ma questo è quello che ho dovuto fare per non essere consapevole dei loro bisogni. Non ero disposto a impegnarmi, ma non ero non impegnato con loro. Non dicevo che sarei diventato il loro fidanzato, ma neanche che non lo sarei diventato. Ho sempre avuto il punto di vista "Vediamo cosa succede adesso" perché ogni volta che mi impegnavo con qualcuna, succedeva qualcosa di terribile.

Una signora si trasferì da me. La notte che si trasferì, passai la mano dieci centimetri circa sopra di lei e saette luminose si sprigionarono, dal suo corpo, verso la mia mano. Si è alzata la mattina dopo e se ne è andata. Non mi ha mai più rivolto la parola. L'avevo spaventata, ma non l'avevo capito. Non sapevo che si potevano fare magie con le persone alle quali tenevi e che amavi. All'epoca non ero disponibile ad esserne consapevole.

Dopo quella volta, non volevo creare più quell'universo. Sono sempre stato disposto a fare un passo indietro e aspettare di vedere chi avrebbe potuto ricevere quello che ero in grado di dare, piuttosto che darlo a chi non era in grado di ricevermi. Questa è una delle cose che si fanno, se si desidera creare quel tipo di relazione. Fai un passo indietro e aspetti di vedere se qualcuno può ricevere ciò di cui sei capace. Non cercare di dare quello di cui sei capace a chi non è in grado di riceverlo.

Questo è difficile per la maggior parte delle donne. In realtà, le donne sono molto più aggressive rispetto agli uomini, ma non lo riconoscono. Pensano di dover essere timide e riservate. Le donne possono essere tranquille, ma in realtà "timide e riservate" non sono caratteristiche femminili.

"Timido e riservato" è un tratto maschile. Gli uomini cercano di essere timidi e riservati perché hanno il punto di vista di dover essere alti, belli, oscuri e silenziosi. Ma la maggior parte degli uomini non sono alti, oscuri e belli. Sono solo timidi. Gli uomini hanno meno fiducia in se stessi rispetto alle donne.

I SUSSURRI DEL CAMBIAMENTO

Partecipante del Salon:

C'è qualcosa nel vento che sussurra cambiamento e che non riesco a capire. Hai parlato in precedenza del tocco di piuma della coscienza. Cosa c'è al di là che può ora essere portato alla consapevolezza?

Gary:

Sta cominciando a entrare nell'esistenza, per questo si tratta di un sussurro di cambiamento che sta accadendo. Non può essere definito. Ciò che non è definibile è anche qualcosa che non può limitarvi. Ogni definizione vi limita. La definizione è una prigione. Nessuna definizione è nessuna prigione. Continuate a chiedere piuttosto che cercare la conclusione che darà un senso di sostanza a questa realtà.

Partecipante del Salon:

Puoi parlare di più dei sussurri delle possibilità del futuro?

Gary:

I sussurri del futuro sono l'energia che senti riguardo a ciò che sta per presentarsi nella tua vita. Cerchi di consolidare l'energia per renderla solida e reale, pensando che se la rendi solida e reale si potrà realizzare. Il fatto è che hai già fatto le scelte che hanno creato questi sussurri del futuro. Devi seguire quei sussurri e lasciare che ti mostrino che cosa hanno intenzione di attualizzare. Se non lo fai, sarai in un costante stato di giudizio di quello che stai facendo, invece di essere disposta a ricevere ciò che hai già creato.

Partecipante del Salon:

Come posso fare?

Gary:

Non è un come. Si tratta di un riconoscimento di: Cosa è questa cosa che mi punzecchia ai bordi esterni della mia consapevolezza e della mia realtà? L'unico modo nel quale posso descrivere questi sussurri del futuro è paragonarli a un bacio o una carezza di una possibilità diversa.

Partecipante del Salon:

A volte ho la sensazione di dover fare qualcosa quando ho questi sussurri.

Gary:

Devi semplicemente fare la domanda: Adesso o più tardi?

Partecipante del Salon:

Per avere più chiarezza su cosa fare?

Gary:

La chiarezza non riguarda il cosa fare. Ovviamente l'avete già creato o non avreste i sussurri del futuro. Sta già venendo in esistenza. Voi ragazze cercate di saltare alla conclusione di dover fare qualcosa per farlo accadere. Hai già fatto quello che lo farà accadere. Non sai che cosa hai fatto. È quel luogo dell'essere. Dovete essere disposte a essere nell'imperdonabile spazio di non conclusione. Preferisci giungere a una conclusione perché se lo fai allora puoi fermarti, invece di metterti in discussione e continuare a creare le possibilità. Le domande creano possibilità. La scelta crea potenziale. Quando un potenziale interseca una possibilità, una nuova realtà può essere creata. Questo è ciò che sono i sussurri del futuro - quei luoghi dove il potenziale e la possibilità si intersecano nell'universo. Allora arrivi a creare ciò che occorre.

Partecipante del Salon:

Spesso sono consapevole dei sussurri del futuro. Poi vado nel "Però non si è ancora mostrato."

Gary:

Tu vai nella conclusione, che è il motivo per il quale vi ho dato quel processo sulla conclusione. Avete l'idea che quando arrivi alla conclusione, x, y e z devono verificarsi. Conclusione non è più domanda. Se uscite dalla domanda, i sussurri del futuro muoiono, si disintegrano, se ne vanno. Questo è il motivo per il quale dovreste usare i quattro elementi di scelta, domanda, possibilità e contributo.

Quale energia, spazio e consapevolezza posso essere per essere fuori dal controllo, dalla definizione, dalla limitazione, fuori dalla forma, struttura e significato, fuori dalla linearità e fuori dalla concentricità per tutta l'eternità, soprattutto per quanto riguarda il sesso, la copulazione e la relazione? Tutto ciò che non permette a questo di mostrarsi, per un dioziliardo, distruggerai e screerai tutto? Giusto e Sbagliato, Bene e Male, POD e POC, Tutti e 9, Shorts, Boys e Beyonds

È un contributo alla tua vita arrivare a una conclusione? No. Distrugge ogni possibilità, scelta e domanda. Se arrivi a una conclusione, fermi tutto quello che stai cercando di creare come futuro. Devi andare nella scelta e possibilità ogni momento.

Se vuoi creare un futuro, devi scegliere qualcosa di diverso. Il diverso crea lo spazio. Il cambiamento crea conclusione e contrazione.

Va bene, signore, questo è tutto per stasera. Alla prossima!

4
Creare una Relazione che Funziona per Te

Bisogna andare oltre il punto di vista di questa realtà su ciò che una relazione è per creare qualcosa che funziona davvero per voi.

Gary:
    Buongiorno, signore. Cominciamo con alcune domande.

STRUTTURE DI PROBABILITÀ VS. STRUTTURE DI POSSIBILITÀ.

Partecipante del Salon:
    Quando so che un uomo mi sta mentendo, voglio farglielo notare. Mi arriva l'energia della menzogna e voglio fargli ammettere le sue responsabilità. So che questo è controllo.

Gary:
    No. Questa è stronzaggine. Ora, tu hai il diritto di essere una stronza se vuoi esserlo e, se vuoi far scappare un

uomo, questo è il modo giusto. Se sai che sta mentendo, lo puoi beccare nel bel mezzo di una grande bugia e lo puoi distruggere, gettarlo nella polvere e ucciderlo, se vuoi. Ma se ti vuoi tenere quest'uomo, fai in modo di mantenere il contegno, il che significa riconoscere la bugia solo a te stessa.

Non dirgli mai in faccia che sai che sta mentendo. Guardalo dolcemente, sorridigli e digli: "Oh, tesoro."

Quando lo fai, lui si sentirà colpevole più di quanto tu possa immaginare e otterrai un regalo entro tre giorni. Fate così quando siete alla ricerca di un regalo, perché gli uomini non sono le creature più sveglie del pianeta. Tutto quello che dovete fare è dire: "Guarda! Hai visto che bello? Mi piacerebbe proprio averlo. Vorrei potermelo permettere. Oh, beh." E poi passare oltre.

Quando state cercando di capire cosa fare con gli uomini, state cercando di capire quali sono le strutture di probabilità. Se pensate che ci sia una probabilità che lui stia mentendo, allora state vivendo nel giudizio, non nella possibilità.

Le probabilità sono quello che facciamo per evitare, eliminare o fermare il rischio. Le probabilità sono che perderete. È l'idea che ci sia sempre un rischio, sempre un pericolo e sempre qualcosa che andrà a finire male. Quindi, passiamo la vita cercando di evitare rischi di vario genere e, nel processo, eliminiamo la possibilità e la scelta. Parecchie delle domande che sono state fatte durante queste chiamate riguardano la probabilità di perdere qualcosa o la probabilità di avere un problema. Ecco un processo per voi:

Quale stupidità stai usando per creare le strutture di probabilità di perdere nella relazione, piuttosto che creare sistemi di possibilità che funzionerebbero per te che stai scegliendo? Tutto ciò che è, per un dioziliardo, distruggerai e screerai tutto? Giusto e Sbagliato, Bene e Male, POD e POC, Tutti e 9, Shorts, Boys e Beyonds

Funziona anche per i soldi. Cerchiamo di tenerci stretto quello che abbiamo ottenuto per paura di perderlo, di non avere altro e non avere altre scelte. Tutto questo non ha nulla a che fare con la vera scelta, la vera possibilità o la vera domanda. Abbiamo bisogno di essere in un luogo dove c'è la vera possibilità e scelta e chiedere: "Cos'altro è possibile?" invece di: "Quali sono le probabilità che perderò qui?"

LA PROBABILITÀ DI PERDERE

Partecipante del Salon:
Da circa un anno, nella mia relazione attuale, sono entrata in un'energia di insicurezza sui problemi di tradimento da parte di un uomo. Da allora, ho avuto una costante energia di dubbio. Che cos'è?

Gary:
Questa è la probabilità di perdere. Andiamo nell'idea che la probabilità è una relazione che funziona o la probabilità è una relazione che non funziona. Questa è il metro di misurazione delle cose che la gente utilizza. Bisogna andare oltre il punto di vista di questa realtà su ciò che è un rapporto al fine di creare qualcosa che funziona davvero per voi. In questo momento, le persone stanno creando più relazioni che non funzionano che relazioni che funzionano. Perché? Perché sono sempre alla ricerca della probabilità che ci possa essere un problema, la probabilità che ci sarà una perdita, la

probabilità che vada a finire male, la probabilità che ci possa essere una menzogna o un tradimento. Creiamo strutture di probabilità perché ci beviamo l'idea che si può pesare e misurare tutto e che, se si pesa e misura con sufficiente precisione, non si perde.

Questo è il motivo per cui tante persone, una volta che hanno una relazione, si sposano così da vivere felici e contenti, come se lo scopo del rapporto fosse quello di vivere felici e contenti.

Qual è il vero scopo della relazione? Aumentare il livello di comfort e di possibilità. Questo è quello che dovrebbe essere. Ma la maggior parte delle persone lo vede come un modo per aumentare la propria capacità di sopravvivenza. Smetti di guardare al rapporto dal punto di vista della sopravvivenza e spostati nel prosperare. Chiedi:

+ Cos'altro è possibile ora che abbiamo questo rapporto?
+ Che cosa possiamo effettivamente creare che non abbiamo ancora creato?

Quando lo fai, si crea una possibilità completamente diversa e un universo completamente diverso.

Quale stupidità stai usando per creare le strutture di probabilità della relazione in modo da non perdere, piuttosto che i sistemi di possibilità che ti permetterebbero di scegliere che stai scegliendo? Tutto ciò che è, per un dioziliardo, distruggerai e screerai tutto? Giusto e Sbagliato, Bene e Male, POD e POC, Tutti e 9, Shorts, Boys e Beyonds

Partecipante del Salon:
Puoi dire un po' di più su ciò che si intende per perdere?

Gary:

Perdere è quando siete alla ricerca di ciò che è sbagliato con le persone o di ciò che stanno facendo di sbagliato. Oppure vi state chiedendo come vi mentiranno. Tutti mentono. Le persone mentono a se stesse più di quanto non facciano con chiunque altro. Tendono a mentire meno agli altri che a loro stessi. La tale persona mentirà? Certo. Perché le persone hanno idee su se stesse che non sono necessariamente vere.

Avevo un amico che pensava di essere una persona pulita e ordinata. A dire il vero, era uno zotico. Ma per i suoi standard era pulito e ordinato. Vedeva se stesso come pulito e ordinato perché teneva tutto organizzato. Ma la sua casa era sporca. Organizzato voleva dire pulito per lui. Realtà diverse.

Una volta i miei camerieri si sono licenziati perché non sistemavo tutti i giocattoli dei miei figli. Mi hanno detto: "Casa sua è troppo sporca per noi, ce ne andiamo."

Ho chiesto: "Che vuol dire che è sporca? Ho passato l'aspirapolvere solo ieri."

E loro: "Ma è sporco."

"Cosa c'è di sporco?"

"Tutti i giocattoli sul pavimento."

Quello era disordine. Non era sporco. Le persone hanno i propri standard di quello che chiamano disordinato o sporco, o quello che chiamano bene o male, o quello che pensano sia appropriato o inappropriato in una relazione e non sono in grado di vedere qualcosa di diverso. Così, quando si va a vivere con qualcuno, si deve riconoscere che è imperativo funzionare da un luogo di "Cosa posso creare e generare oggi?" e non "Cosa voglio cambiare di questa persona con la quale sto?" Solo ciò che si crea e genera può modificare il modo in cui si vive insieme. Non si può far cambiare nessuno.

"POSSO AGGIUSTARLO"

Ho conosciuto un sacco di donne che si sono scelte uomini e hanno detto: "Oh bene. Ha qualcosa di buono. Direi che lo posso sistemare." Cosa? Perché dovresti voler comprare un rudere? Hai intenzione di trasferirti in una casa che ha bisogno di un nuovo pavimento e una verniciata? La gente fa questa cosa pazzesca di pensare di poter sistemare le persone e trasformarle in qualcosa di buono.

La mia ex moglie diceva sempre: "Quando ho incontrato Gary, si vestiva come un poveraccio." Mi sono sempre chiesto che cosa intendesse dire. In sostanza stava dicendo che non mi vestivo bene. La verità è che quando l'ho incontrata non avevo soldi. Ero appena uscito da una relazione, mi facevo il culo per guadagnare, stavo facendo tutto il possibile per prendermi cura di mio figlio e rispettare le scadenze. Non spendevo soldi in vestiti. Non mi compravo vestiti da otto anni. Quindi, non ero al passo con i tempi in quanto a stile.

Dal suo punto di vista, se non eri alla moda non c'era motivo di essere vivo. Così, appena abbiamo fatto i soldi, ha iniziato ad aggiornare il mio guardaroba. Ha aggiornato il suo tre volte più in fretta, ma comunque il mio è stato aggiornato. Mi avrebbe comprato le cose così non l'avrei messa in imbarazzo perché ero un tale disastro.

Se trattate il vostro uomo come un disastro, a un certo punto si ribellerà perché a nessun uomo piace che gli venga costantemente ricordato di fronte agli altri che era peggiore quando lo avete incontrato. Troppe donne lo fanno. Queste donne in realtà non amano gli uomini.

Volete aggiornare il modo in cui si veste? Ma certo. Funzionerà? Probabilmente no. Devi essere disposta a stare con la persona con cui stai, non cercare di trasformarlo in ciò che pensi che dovrebbe essere. Se non sei felice con la persona che hai scelto, se non si veste abbastanza bene per te, scaricalo e cercatene un altro invece di cercare di aggiustare questo.

I ragazzi non hanno l'illusione di poter aggiustare una donna. Sanno già di essere carne morta a riguardo. Non importa quanto abbiano buon gusto, non acchiapperanno mai da una donna che sceglierà di salire al loro livello. Devi cogliere la differenza di funzionamento tra uomini e donne.

Quale stupidità stai usando per creare le strutture di probabilità di relazione per evitare di perdere, piuttosto che i sistemi di possibilità che ti permettono di essere la scelta? Tutto ciò che è, per un dioziliardo, distruggerai e screerai tutto? Giusto e sbagliato, Bene e Male, POD e POC, Tutti e 9, Shorts, Boys e Beyonds

LA POSSIBILITÀ DI AVERE SUCCESSO

Partecipante del Salon:
Potresti parlarci degli elementi del successo?

Gary:
Questo è un altro luogo in cui si tenta di andare nelle strutture di probabilità. In sostanza, si ha l'idea della

probabilità di successo, piuttosto che della possibilità di successo. Quando parti dalla possibilità di successo, resti sempre nella domanda.

Se resti costantemente in uno spazio di domanda con la tua relazione, è possibile cambiare il modo in cui funzionano le cose. Non sarai mai in grado di arrivare a una conclusione sul fatto che qualcosa funziona o non funziona. Chiederai: Cosa posso fare o essere di diverso oggi che permetterebbe a questo di cambiare subito?

Quando si inizia a funzionare da quello spazio di domanda invece di concludere, si arriva al punto in cui si è sul bordo creativo della possibilità e si è capaci di fare qualcosa che prima non è mai esistito qui.

Quello che hai come un punto di riferimento per le relazioni è tutto quello che hai visto fare dagli altri. Funziona? No. Ma è l'unica cosa che hai come punto di riferimento. Devi essere disposto a creare un rapporto che non si adatta a questa realtà. Ecco qualcosa che hai bisogno di mettere in loop:

Quale attualizzazione fisica di un rapporto al di là di questa realtà sei ora in grado di generare, creare e istituire? Tutto ciò che è, per un dioziliardo, distruggerai e screerai tutto? Giusto e Sbagliato, Bene e Male, POD e POC, Tutti e 9, Shorts, Boys e Beyonds

Fatelo scorrere per almeno dieci giorni e vedete cosa inizia a presentarsi. Si deve arrivare al punto in cui si inizia a riconoscere che ci sono diverse possibilità.

Quale stupidità stai usando per creare le strutture di probabilità della relazione per evitare di perdere piuttosto che i sistemi di possibilità che ti permettono di essere la scelta? Tutto ciò che è, per un dioziliardo, distruggerai e screerai tutto? Giusto e Sbagliato, Bene e Male, POD e POC, Tutti e 9, Shorts, Boys e Beyonds

VIVERE IN INCREMENTI DI DIECI SECONDI

Con ogni relazione, hai dieci secondi da vivere. Se vivi la tua vita in incrementi di dieci secondi, non arriverai a nessuna conclusione o giudizio perché ogni dieci secondi creerai qualcosa di nuovo. È necessario vivere in quei dieci secondi piuttosto che cercare di arrivare a una conclusione che si basa sulle strutture di probabilità che tu possa bilanciare le cose e che, se è una buona relazione, alla fine sarà meglio piuttosto che peggio. Già questo non va d'accordo con la struttura del vostro rapporto, in primo luogo perché non si tratta di creare possibilità. Si tratta di creare una struttura basata sulla conclusione che a lungo andare funzionerà o che, alla fine, sarà la scelta migliore. Queste sono cose riguardo alle quali continuiamo a giungere a una conclusione e che non ci danno una vera scelta.

Partecipante del Salon:
Come faccio a cancellare il mio disagio in presenza di uomini e donne? È iniziato da adolescente quando i miei genitori decisero come sarebbe stata la mia vita professionale. Tutto ciò è stato deciso senza il mio consenso. Questa chiamata sta ribaltando le fondamenta di chi sono veramente. Ora non credo che nessuna delle mie scelte sia veramente mia.

Gary:

Hai capito che tutto ciò che hai mai considerato vero o reale è una bugia o un impianto. Quindi, se tutto è una bugia o un impianto, da dove cominci? Inizia con:
- Cosa mi piacerebbe oggi?
- In questi dieci secondi, cosa sceglierei?

Questo è lo spazio da dove inizi a funzionare per imparare a fidarti di te. Il motivo per cui diffidi degli uomini e il motivo per cui diffidi delle donne è perché non ti fidi di te. Se ti fidassi di te, sapresti chi è affidabile e chi non lo è, e avresti una possibilità diversa.

RICEVERE QUELLO CHE DESIDERI IN UNA RELAZIONE

Partecipante del Salon:

Hai parlato di come il novanta per cento delle donne odiano gli uomini e il novanta per cento degli uomini odiano le donne, ma tutti vorrebbero possederne uno. Senti la possibilità che questo possa cambiare con queste chiamate?

Gary:

Sì. È il motivo per il quale sto facendo queste chiamate. Mi piacerebbe vedere andar via questo costante stato di rabbia, furia e odio dal quale la gente funziona, in modo da imparare ad avere un punto di riferimento, per essere ciò che si desidera essere e ricevere ciò che si desidera, in una relazione.

Partecipante del Salon:

È appreso? O è un elemento basilare per gli esseri e le loro preferenze?

Gary:

Tutto ciò che riguarda la relazione si apprende. Ed è tutto appreso male. Siete stati educati da persone stupide su rapporti stupidi, così che il vostro rapporto sarà stupido come il loro, il che convalida l'idea che i loro rapporti non siano stupidi. La gente ti istruisce e ti trascina verso rapporti pessimi come i loro, perché se hai un rapporto altrettanto brutto, questo prova che il loro è buono abbastanza. La probabilità è che se anche il vostro rapporto è brutto, allora la loro relazione non è così male come quello che pensavano.

Partecipante del Salon:

Io non ho una relazione. Mi sembra più che altro una faticaccia e sono molto felice per conto mio. Non escludo un rapporto, ma nemmeno lo includo.

Gary:

Quello che stai descrivendo è il momento in cui si è effettivamente disposti a ricevere un rapporto che può funzionare per noi. Tu sei perfettamente felice di non essere in una relazione. A questo punto, se arrivasse una relazione che funziona per te, te ne accorgeresti? Questa è la domanda che devi farti. Quando si è indipendenti, quando si hanno abbastanza soldi e le cose stanno andando bene, sei fuori dell'universo del bisogno e ti trovi nel luogo del "Cos'altro è possibile?"

Sei nell'universo della domanda, capace di creare un rapporto che potrebbe funzionare per te, che potrebbe essere divertente per te, che potrebbe espandere le tue priorità, la tua realtà e le tue possibilità. Non hai intenzione di entrarci dalla smania. Ci capiti dentro per caso. Troverai qualcuno che è felice di uscire con te e ti apprezza. Purtroppo, se sei come la maggior parte delle donne, dirai: "È solo un amico." No, lui è una possibilità, non un amico.

La maggior parte delle donne, non appena trovano un ragazzo a cui piace parlare e uscire con loro, dice: "Se vuole uscire con me, è chiaramente uno sfigato." Cosa? Ti piace uscire con te stessa? Questa è la domanda. Se ti piace uscire con te stessa, hai il luogo dove è possibile scegliere qualcosa di diverso.

SCELTE LIMITANTI

Partecipante del Salon:
Sono sconcertata dalle scelte limitanti che faccio, che mi tengono lontana dalla mia potenza.

Gary:
Ancora una volta, questa è la struttura di probabilità. Svaluti ciò che è davvero potente in te e nelle tue scelte e crei scelte limitanti come un modo di funzionare all'interno delle strutture di probabilità, per essere sicura di non perdere.

Quale stupidità stai usando per creare le strutture di probabilità della relazione per evitare di perdere, piuttosto che i sistemi di possibilità che ti permetterebbero di essere la scelta? Tutto ciò che è, per un dioziliardo, distruggerai e screerai tutto? Giusto e Sbagliato, Bene e Male, POD e POC, Tutti e 9, Shorts, Boys e Beyonds

Partecipante del Salon:

Ero in un parco alcuni giorni fa e un tizio mi stava guardando. Sentivo che avrebbe provato ad approcciarmi e il mio corpo e il mio essere sentivano che era schifoso. Ho iniziato a fare POD e POC al suo avvicinamento e lui non si è avvicinato. Quale strumento pragmatico possiamo usare per scoraggiare un ragazzo particolarmente insistente?

Gary:

Il POD e POC era la cosa perfetta. Eri consapevole e sapevi esattamente cosa ci voleva.

Stavo parlando con una signora che avrebbe voluto sposarsi. Le ho chiesto: "Che tipo di uomini stai trovando?"

Mi ha detto: "Tutto quello che trovo sono questi squallidoni che girano per i bar."

Ho chiesto: "Che cosa vai a fare in un bar se vuoi sposarti?"

"Be', come faccio a trovare un uomo se non vado nei bar?"

Le ho detto: "Vai per il tè del pomeriggio all'albergo più elegante della tua zona e siediti con un libro. Metti un bel vestito, che mostri un po' di scollatura e un bel paio di tacchi alti. Incrocia le gambe e, mentre stai seduta lì, dondola il piede su e giù per un po'.

Questo incuriosirà il ragazzo. Quando si avvicina e ti chiede cosa stai leggendo, dì: "Oh, sto leggendo questo libro interessante." Portati un libro che ti piace, qualcosa che ti interessa, ma non un romanzo d'amore. Se porti un romanzo d'amore, il tipo si spegnerà perché penserà che stai cercando una relazione.

Non portare Cinquanta sfumature di grigio pensando di poter tirar fuori un uomo da lì. La gioia del business potrebbe attirare un uomo molto ricco. Ti dirà: "Ti interessano gli affari?" E tu rispondi: "Sì, mi piace il business. Trovo gli uomini d'affari molto sexy." Non aver paura di usare la parola sexy, se sei interessata.

Se non sei interessata a lui, sii gentile, parla con lui e quando dice: "Ti piacerebbe andare fuori per un drink qualche volta?" dì: "Oh grazie mille, caro, ma io non esco a bere un drink. Passo direttamente al matrimonio e ho bisogno di una garanzia di 500.000 euro in anticipo." L'attimo dopo lo sentirai sgommare a tutta velocità. Una signora mi ha detto: "Devi insegnare il primo soccorso se hai intenzione di dire così alla gente." L'ha detto a un tipo che è quasi svenuto. Quindi, il ragazzo potrebbe avere un attacco di cuore. Ma se è abbastanza vecchio per avere un attacco di cuore, è abbastanza vecchio per portarti a casa e... non importa. Ecco cosa fare.

NON C'È NIENTE DA COMBATTERE

Partecipante del Salon:
Ho molta più pace e facilità nella vita da quando sono diventata più consapevole della lotta con gli uomini e continuo a scegliere di lasciare andare. Le mie barriere sono abbassate. Sono molto più gentile. Ma sono ancora un po' confusa. Puoi aiutarmi? Qualche tempo fa ti ho detto che ci sono stati alcuni uomini sul lavoro che si comportavano da bulli. Mi sentivo come se fossi in modalità amazzone, armata di tutto punto. Li polverizzavo.

Penso tu abbia detto qualcosa come "Perché dovresti renderti sbagliata per questo? È esattamente ciò che ti serve creare in quel momento. Perché hai smesso? Non era sexy, tra l'altro?" Puoi spiegarti ulteriormente alla luce di quanto stiamo dicendo? È più gentile per noi non essere delle guerriere?

Gary:

Questa è una supposizione - che sia più gentile non essere una guerriera. A volte essere una guerriera è esattamente ciò che è necessario in quel momento. Dovete essere disposte ad essere, fare, avere, creare e generare qualsiasi cosa sia necessaria per avere scelta totale.

Quale stupidità stai usando per non creare mai l'essere, fare, avere, creare, generare e istituire qualsiasi cosa sia richiesta che stai scegliendo? Tutto ciò che è, per un dioziliardo, distruggerai e screerai tutto? Giusto e Sbagliato, Bene e Male, POD e POC, Tutti e 9, Shorts, Boys e Beyonds

Partecipante del Salon:

Hai anche detto che quando non combatto è lo stesso che combattere, perché parto dal presupposto di essere superiore.

Gary:

Dubito di aver detto questo. Penso di averti fatto una domanda: Ti senti superiore quando fai così? È così che ti rendi superiore abbastanza da non essere inferiore? Se stai cercando di dimostrare che non sei inferiore, creerai la superiorità piuttosto che la scelta. Scelta significa che, volendo, si può tirare fuori la spada e tagliare teste oppure no, come si desidera, come gentilmente si sceglie di fare. A volte tagliare una gola è una cosa molto buona, molto gentile da fare. Alcune persone se lo meritano.

Partecipante del Salon:

Quando sono nell'interessante punto di vista, non c'è nulla da combattere.

Gary:

Questo è il punto. Non c'è niente da combattere. Quindi, se non stai combattendo, quali altre scelte hai?

Partecipante del Salon:

Hai anche detto che non sono disposta a uccidere, che sono sexy quando sono cattiva e che continuo a fare la patetica e che odi quando faccio la patetica.

Gary:

Quando si sta facendo la persona superiore, quando si sta facendo la persona che non accetterà più la tale cosa, quando si sta facendo "Non si scherza con me" è più sexy di "Buuuuu, povera me. Nessuno mi ama; tutti mi odiano. Sarà meglio che vada a nascondermi." Questo non è molto eccitante. Quando fai la patetica, è la volta che non stai essendo te.

FUNZIONARE DALLA SCELTA TOTALE

Partecipante del Salon:

A cosa assomigliano la gentilezza e la cattiveria?

Gary:

Sei gentile o cattiva a seconda del momento, a seconda delle necessità, del desiderio, delle necessità delle persone con le quali sei. Sei comunque come scegli di essere, perché stai funzionando dalla scelta totale.

Quale stupidità stai usando per non creare mai l'essere, fare, avere, creare, generare e istituire a volontà qualsiasi cosa sia richiesta che stai scegliendo? Tutto ciò che è, per un dioziliardo, distruggerai e screerai tutto? Giusto e Sbagliato, Bene e Male, POD e POC, Tutti e 9, Shorts, Boys e Beyonds

Partecipante del Salon:
È qui che trovi un piccolissimo pezzo di bontà in un uomo e lo porti fuori?

Gary:
Non proprio. Devi iniziare a guardare sia il male che il bene nelle persone e riconoscere che avrai qualsiasi cosa avrai quando l'avrai, invece di cercare di tirar fuori solo il bene o la gentilezza. Dovete essere disposte ad avere la persona con la quale state. In caso contrario, non prendetevi nemmeno il disturbo.

LA TUA RELAZIONE CREA PIÙ COMFORT?

Partecipante del Salon:
Ho chiesto: "Verità, mi piacerebbe una relazione nella mia vita?" e ho ottenuto un sì. Poi, quando ho chiesto: "Verità, avere una relazione espanderebbe i miei programmi?" Ho ricevuto un no.

Gary:
Le relazioni non riguardano necessariamente l'espandere i programmi. In questa realtà, tutti vi raccontano che una relazione espanderà i vostri obiettivi. Purtroppo, la maggior

parte delle persone si relazionano da un luogo molto contratto che li confina e limita tutto quello che stanno scegliendo.

Partecipante del Salon:
Hai parlato di come un rapporto può essere grandioso se si crea un maggiore comfort. Ci puoi parlare di come appare un rapporto così?

Gary:
La maggior parte delle persone entra in un rapporto con l'idea di ricavarne qualcosa. Pensano che gli fornirà qualcosa che desiderano o farà qualcosa per la loro vita. O che saranno innamorati per sempre o che vivranno felici e contenti.

Se entri in un rapporto perché è comodo, si può aprire un universo completamente diverso.

Anni fa, quando vivevo con dei compagni di stanza, venivano delle persone a colloquio per diventare compagni di stanza. Gli dicevo quant'era l'affitto e poi dicevo: "Parlami di te."

Dicevano: "Sono molto pulito e ordinato, sono felice di condividere il mio cibo con gli altri e mi prendo cura delle cose."

Ho notato che le persone che mi dicevano quelle cose non erano pulite e ordinate, non si prendevano cura delle cose, mangiavano tutto il mio cibo e si incazzavano se io mangiavo il loro.

Quello che succedeva è che quando arrivavano a casa mia per essere intervistati, si guardavano intorno per vedere che cosa dovevano essere. Vedevano che casa mia era pulita e ordinata e quindi dicevano: "Sono molto pulito e ordinato." Questo è ciò che succede nei rapporti. Le persone si guardano intorno per vedere cosa devono essere affinché li vogliate nella vostra vita.

Quello che si dovrebbe fare, se si vuole davvero sapere a cosa si va incontro in un rapporto, è andare a casa della persona e vedere come vive. Se puoi passeggiare là dentro e vivere con tutto quello che ha e starci bene, hai una buona possibilità di creare una relazione.

Se odi il suo modo di decorare la casa, se odi il suo modo di tenerla, il modo in cui gestisce il cibo, il suo modo di tenere la credenza, se odi tutto ciò, allora non starai comoda nella relazione.

La maggior parte di noi non fa alcuna ricerca per scoprire che cosa funzionerà per noi. Hai mai vissuto con qualcuno e notato che le cose che cominciano a irritarti erano cose che l'altro ha sempre fatto e che pensavi ti sarebbero andate bene, perché lo amavi tanto? Hai mai notato? Erano cose che non ritenevate fossero così male quando vi siete messi insieme, ma allo stesso tempo non erano cose con le quali ti sentivi molto a tuo agio. Ecco perché è necessario cominciare a chiedersi: Se mi metto in una relazione, con chi sarebbe comodo per me vivere?

Partecipante del Salon:
Come gioca l'allowance in tutto questo?

Gary:
Quando vivi con qualcuno, vuoi comfort più di quanto tu voglia allowance. Se sei comoda nella relazione, avrai sempre allowance. Se non sei comoda, non avrai mai allowance.

Non puoi utilizzare l'allowance come modo per superare ciò che non ti piace. Non è questa l'allowance. L'allowance è "interessante punto di vista." Se capisci che il modo in cui una persona vive è qualcosa con la quale puoi vivere, allora non sarà mai un problema.

Dain ed io condividiamo una casa. Non "viviamo insieme" perché non siamo una coppia, anche se un sacco di gente lo pensa. Alla nostra festa di Natale, un vicino di casa ci ha chiesto: "Voi ragazzi siete sposati?"

Io ho risposto: "No, siamo solo due uomini etero che condividono una casa e un business e fanno molte cose insieme."

Dain ha la sua stanza e la decora come gli pare. Sembra che sia io a decorare il resto della casa. Non c'è altro motivo, se non che è più facile per lui. Lui sta bene con le cose che scelgo di tenere in casa. Di tanto in tanto, mi dice: "Quell'oggetto è proprio brutto" e io dico: "Ok" e me ne sbarazzo. Perché? Perché è comodo vivere con lui. Ha ottomila apparecchi che fanno ogni genere di cose. Abbiamo una macchina per i margarita, una macchina per il caffè espresso e un frullatore supertecnologico. Tutto quello che devo fare è capire in che credenza devo metterli quando li uso.

È comodo vivere con lui perché gli piace che le cose siano pulite e organizzate, almeno all'esterno. Se c'è casino nei cassetti o nell'armadio, per lui va bene. Va bene anche per me. Fino a quando l'effetto visivo è buono, ciò che c'è nell'armadio non mi preoccupa, non ci penso.

Quando ho incontrato Dain per la prima volta, aveva il suo appartamento. Sono andato a casa sua e ci stavo comodo. Che cos'è stare comodo con qualcosa? È l'energia che le persone creano nella loro vita, impregnata nei loro mobili e nelle cose. Usano le cose intorno a loro per creare un senso di pace nella loro vita. Se sei comoda con la persona con cui stai, è molto più probabile che abbiate una relazione fantastica.

QUANDO ENTRA IN GIOCO L'ALLOWANCE

Vuoi vedere bontà e gentilezza nella persona. Vuoi sapere cosa gli interessa e cosa non gli interessa. L'allowance entra in gioco quando scopri che all'altro piace qualcosa che a te non piace. Ad esempio, a Dain piace il tiro con l'arco e abbiamo allestito il garage come un tiro a segno. Abbiamo messo tutt'attorno sagome alle quali lui potesse mirare. È stato molto divertente per me perché lui si divertiva come un matto. Non ho mai avuto alcun interesse nel tiro con l'arco, ma ero contento che lui si stesse divertendo. È lì che entra in gioco l'allowance per le differenze. Riconosci le cose che piacciono all'altra persona, che non sono necessariamente quelle che piacciono a te e sei contenta per lui. Hai la generosità di spirito di essere felice che l'altro abbia qualcosa di così importante e interessante per lui.

Partecipante del Salon:
Oggi ho capito che la vera gentilezza è un'allowance totale.

Gary:
Sì. La vera gentilezza è un'allowance totale. Ma è anche di più. La vera gentilezza è anche la volontà di essere di più, di avere di più. È il riconoscimento che devi essere gentile

con te stesso, non solo con gli altri. La maggior parte delle persone cercano di essere gentili con gli altri e alcune persone lo sono anche con se stessi. Se ti alzi la mattina, ti guardi allo specchio e giudichi te o il tuo corpo, sei gentile? No, ma la maggior parte delle persone lo fa. Dicono cose come: "Sto diventando vecchio. Sono così molliccio, così appesantito." Cosa ha a che fare questo con la creazione? Dovete chiedere: "Ah! Che cosa ci vorrebbe per cambiare questo?"

Ho scoperto che ci sono momenti in cui mi guardo e sembro un quarantenne e dieci minuti più tardi mi sento un settantenne. Come diavolo succede? Significa che abbiamo qualcosa a che fare con la creazione dei nostri corpi? Sì, certo!

LE DONNE UMANOIDI VOGLIONO CONQUISTARE IL MONDO

Partecipante del Salon:
Puoi parlare del corpo femminile umanoide, di come goderne veramente e utilizzarlo a nostro vantaggio?

Gary:
Prima di tutto devi capire che, come donna umanoide, vuoi conquistare il mondo. Quindi, il tuo corpo sarà progettato in modo tale da poter conquistare chiunque - se sei disposta a permettere a te stessa di avere un corpo femminile umanoide. Chiedi: "Chi posso conquistare con questo corpo?" Poi guardati intorno e vedi chi è disposto a darti tutto se stesso. Ci sono sempre uomini che daranno tutto se stessi per voi, se siete disposti a conquistarli.

Partecipante del Salon:
Cosa intendi con conquistarli?

Gary:
Essere un conquistatore è controllare senza controllare, invitare a una possibilità diversa senza chiedere e creare al di là dei limiti dei conquistati. Questa è la ragione per la quale vuoi sapere chi puoi conquistare oggi. Fare la domanda: "Chi posso conquistare con questo corpo?" inizierà a mostrarti il tipo di persona che sarebbe disposto a far parte della tua vita. Non significa che è la persona che tu desideri. Può significare che è il tipo di persona con la quale molto probabilmente avresti successo.

Conquistare significa che hai lo spazio dominante, ma non devi dominare le scelte della persona. Un conquistatore arriva e ti permette di essere quello che sei, ma cambierà le basi di come funziona il tutto.

Le donne umanoidi vogliono conquistare il mondo. Vogliono governare il mondo. Questo è quello che, come donne umanoidi, desiderate fare. Le donne umanoidi non sono deboli, patetici cumuli di detriti che vogliono stare un passo indietro e non fare nulla. Se siete disposte a conquistare, è possibile creare qualcosa di più grande.

Le donne umane, d'altro canto, vogliono dettare legge, ma non vogliono conquistare. Vogliono poter castrare gli uomini.

Hai mai avuto un uomo o una donna nella tua vita che hai totalmente dominato? Ti è piaciuto? No, perché sono stati accondiscendenti. Hanno accondisceso o si sono arresi. Questo non è conquistare.

Ti prego di riconoscere che tu hai la capacità di comandare, ma essere un vero leader non è comandare. Le persone che comandano fanno richieste. Richiedono agli altri di acconsentire a loro. Acconsentire è rinunciare, arrendersi, alzare bandiera bianca. Tu, come donna umanoide, ti incazzerai sempre quando qualcuno si adeguerà a te, perché non ti piacciono le persone che si rassegnano. Non ti piace neppure la gente che ti combatte, ma non vuoi che le persone si arrendano, perché se si arrendono troppo facilmente non hanno alcun valore. La loro volontà di non cedere li rende preziosi.

Partecipante del Salon:

Se le donne umane vogliono castrare gli uomini, cosa vogliono fare gli uomini umani con le donne?

Gary:

Gli uomini umani trascurano e invalidano le donne. Creano le donne come polarità opposte. In questo modo creano l'attrazione verso il sesso opposto. La realtà umana riguarda il giudizio verso l'altro sesso. Gli uomini umani dicono: "Donne: non si può vivere con loro e neanche senza di loro."

Partecipante del Salon:

Conoscere, percepire, essere e ricevere, sempre di più ogni giorno, è stato sorprendente. La sfida più grande è la capacità di verbalizzare cognitivamente il sapere che ho e di non comportarmi con superiorità. Che cosa ci vorrebbe per rafforzare questa capacità?

Gary:
   Silenzio. Devi essere disposto a non dire alla gente o a verbalizzare cognitivamente ciò di cui sei a conoscenza. Devi avere la consapevolezza per te e per nessun altro. Solo per me, solo per gioco, senza parlarne neanche un poco.

COME APPROCCIARE UN UOMO

Partecipante del Salon:
   Se si vuole discutere di qualcosa con un uomo, come lo si avvicina?

Gary:
   Se si vuole discutere di qualcosa con un uomo, si dice: "Tesoro, ho pensato..."
   Mai avvicinare un uomo con "Dobbiamo fare un discorso" o "Vorrei parlarti" perché l'uomo si spaventa a morte. "Tesoro, dobbiamo fare un discorso" significa "Sto per tagliarti le palle. Hai torto e la pagherai per questo."
   Se inizi con "Ho pensato questo. Che cosa ne pensi?" è possibile creare una discussione. Hai modo di creare la discussione.
   Non sparare il colpo di avvertimento, che è: "Dobbiamo fare due chiacchiere." Gli uomini hanno segnali diversi rispetto alle donne. Per un uomo, quello è il segnale che sta per iniziare la lotta, quindi alza bandiera bianca. Dovrai arrenderti perché sei l'uomo e hai torto. È così che funziona nel mondo degli uomini. Devi saperlo, se vuoi creare qualcosa, che funziona con un uomo col quale vuoi veramente stare.

Dain è il mio uomo. Entrambi facciamo "Stavo pensando..." così che l'altro non debba alzare bandiera bianca. Non uscitevene col vostro uomo con un commento del tipo: "Dobbiamo parlare." Passate dalla porta sul retro. Buttate là un "Tesoro, stavo pensando a questo. Cosa ne pensi? Come ti senti a riguardo?"

Un altro buon stratagemma è: "Stavo pensando a questo, ma mi sento come se mancasse qualcosa. Riesci a vedere qualcosa che a me sfugge?" In questo modo, l'uomo si impegna a cercare qualcosa invece di opporsi. La maggior parte delle persone cercano di confrontarsi nelle relazioni, pensando che il confronto è il modo migliore per far sì che l'altro sia onesto. Non ottieni mai l'onestà col confronto. Ottieni la lotta. Il dialogo si fa con: "Io penso... e tu che ne pensi?" Se si crea un confronto, il povero ragazzo deve necessariamente combatterti, non ci sono due modi di vedere la cosa.

I SOGNI, INCUBI, REQUISITI E NECESSITÀ DELLA TUA VITA

Partecipante del Salon:
Ho una vita sessuale molto veloce con il mio amante convivente. Dice che sono troppo esigente e che richiedo troppo tempo e carezze per avere un orgasmo esterno. Ora sto quasi evitando il sesso. Che cosa posso fare per cambiare questo e avere ancora sesso orgasmico?

Gary:
Sbarazzati di lui. È un idiota. Trovati un nuovo amante. Vuoi un uomo che desideri nutrire il tuo corpo e la tua anima.

Partecipante del Salon:

Che cosa posso fare per avere un orgasmo solo con la penetrazione?

Gary:

Questo è abbastanza improbabile. I corpi femminili non sono progettati per avere l'orgasmo dalla sola penetrazione. La maggior parte degli orgasmi si verifica dal clitoride, non dall'interno della vagina, che non è molto sensibile. Ci sono un paio di punti sensibili, ma non l'insieme. Il tuo corpo è stato progettato in questo modo così da poter resistere al parto e buttare fuori una palla da bowling dalla vagina.

Devi trovare un uomo che sa come trattare bene una donna. Non ci sono molti uomini che studiano i corpi delle donne. Devi fargli delle domande prima di andare a letto con lui. Chiedi: "Qual è la parte del sesso che preferisci?" Se non risponde: "Leccare la fica" è probabile che non sarà mai un grande amante perché di base il suo modo di fare sesso è "Io lo infilo dentro e lei sarà felice." E questo non è un buon modo per fare felice una donna.

Partecipante del Salon:

Lui lavora quattordici ore al giorno. Io lavoro dodici ore al giorno, ho figli e una casa da mandare avanti. Lui vuole che smetta quello che sto facendo per andare a letto quando gli va, cosa che scelgo di non fare. Il mio corpo non si sta godendo il suo tocco. Non è nutrimento.

Gary:

Il tuo corpo non sta godendo del suo tocco perché è giudicante. Sta giudicando che non stai facendo bene, mentre lui sì. Quando ti trovi in relazione con persone giudicanti, la tendenza per il tuo corpo è di ritirarsi da loro e non voler essere toccato.

Trova qualcun altro nella tua vita. Quest'uomo non intende darti quello che cerchi. Se lui non è interessato a nutrire il tuo corpo e vuole portarti a letto quando gli va, tutto quello che fa è essere una primadonna controllante.

Quale attualizzazione fisica di amante, amico e compagno di vita sei ora in grado di generare, creare e istituire? Tutto ciò che non permette a questo di mostrarsi, per un dioziliardo, distruggerai e screerai tutto? Giusto e Sbagliato, Bene e Male, POD e POC, Tutti e 9, Shorts, Boys e Beyonds.

Quale stupidità stai usando per creare i sogni, gli incubi, i bisogni, i desideri e le necessità della tua vita che stai scegliendo? Tutto ciò che è, per un dioziliardo, distruggerai e screerai tutto? Giusto e Sbagliato, Bene e Male, POD e POC, Tutti e 9, Shorts, Boys e Beyonds

Avete i vostri sogni riguardo a come dovrebbero essere le cose. Avete i vostri incubi su come le cose appaiono. Avete i vostri bisogni e pensate: "Una volta soddisfatto questo, andrà tutto bene." Avete le cose che desiderate dalle persone, che raramente fanno. Poi ci sono le necessità. Queste sono le cose che pensate di dover fare, che non avete voglia di fare, ma vi immaginate di dover fare perché vi è sempre stato detto così.

Partecipante del Salon:
Si tratta solo di chiedere: "Che cosa devo essere qui?"

Gary:

Questo è dove il bisogno diventa una necessità. Dove le cose non si presentano nel modo che tu desideri. Dove stai creando un sogno, un incubo, un bisogno, un desiderio o una necessità. Queste sono tutte cose che facciamo nella nostra vita, come se dovessero funzionare.

Mia figlia Grace venne a casa nostra a trovarci col suo bambino e io pensavo: "Sarà un lavoraccio. Lei non pulirà nulla né farà nulla."

Poi mi sono preso cura del bambino per cinque ore. So che il semplice fatto che la ragazza si alzi dal letto è un miracolo. Avere un bambino... è sorprendente come voi donne riusciate a farlo. Non so come lei faccia. Non ha nessuno che si prenda cura di lei mentre lei si prende sempre cura del bambino. Tutto ad un tratto, tutte le cose per le quali pensavo di essere arrabbiato se ne sono andate, perché ho avuto chiarezza su quello che era. Potresti voler far scorrere: Quale energia, spazio e consapevolezza posso essere che mi darebbe totale chiarezza e facilità con questo per tutta l'eternità?

Partecipante del Salon:

È come se la realtà di un'altra persona si imponesse sulla tua. Ma se chiedo di che cosa hanno bisogno, non diventa più facile?

Gary:

Mi sono reso conto di quello di cui lei aveva bisogno quando ho fatto per un po' il suo lavoro. Mi sono reso conto di quello che stava determinando il suo bisogno di sentire che qualcuno era disposto a prendersi cura di lei.

Da quanto sono stato disposto a prendermi cura di lei, in maniera migliore, sono stato anche disposto ad essere lì per lei, in modi di cui nemmeno lei sapeva di avere bisogno.

Se chiedi: "Quale energia, spazio e consapevolezza posso essere che mi darebbe totale chiarezza e facilità con questo per tutta l'eternità?" inizierai a lasciar andare la tensione dove c'è confusione. C'è una disuguaglianza tra quello che riceviamo e quello che pensiamo e tra ciò che sentiamo e ciò che effettivamente accade. Abbiamo posti strani dove cerchiamo di rendere ciò che è disuguale uguale a qualcosa in modo da poter arrivare a una conclusione, piuttosto che rendersi conto che la disuguaglianza è la differenza tra l'essere noi e il non essere noi.

Quante disuguaglianze hai, tra ciò che saresti e ciò che pensi sia richiesto da te e ciò che è stato preteso da te, che non capisci? Tutto ciò che è, per un dioziliardo, distruggerai e screerai tutto? Giusto e Sbagliato, Bene e Male, POD e POC, Tutti e 9, Shorts, Boys e Beyonds

Quale stupidità stai usando per creare i sogni, gli incubi, i bisogni, i desideri e le necessità della tua vita che stai scegliendo? Tutto ciò che è, per un dioziliardo, distruggerai e screerai tutto? Giusto e sbagliato, Bene e Male, POD e POC, Tutti e 9, Shorts, Boys e Beyonds

COS'È POSSIBILE QUI CHE NON HO ANCORA CONSIDERATO?

Partecipante del Salon:
Stai parlando di uno stato operativo del funzionare?

Gary:

Tu vuoi essere l'essere che ti permette di essere tutto ciò che sei e di funzionare all'interno delle strutture di questa realtà, senza essere l'effetto di queste strutture. Questo ha più a che fare con le strutture di probabilità di ogni altra cosa.

Se stai cercando di evitare una lotta, stai cercando le strutture di probabilità della lotta e cercando di evitarle, invece di chiedere: "Che cos'altro è possibile qui che non ho nemmeno considerato?" Se davvero vuoi cambiare qualcosa, fai la domanda. Riguarda quello che non hai ancora guardato. Questo è ciò che è successo con Grace.

Quando mi sono preso cura del bambino, mi sono reso conto che lei se ne stava prendendo cura 24/7 senza alcun aiuto. Non c'è nessuno lì per lei e ha bisogno di sentire che qualcuno si prenda cura di lei. Ha bisogno di sentirsi nutrita; ha bisogno di sentire che lei può avere un po' di tempo libero senza dover essere costantemente attiva. Così, ho fatto quanto possibile per prendermi cura del bambino. Continuerò a farlo perché capisco quanto sia necessario per lei.

Quale stupidità stai usando per creare i sogni, gli incubi, i bisogni, i desideri e le necessità della tua vita che stai scegliendo? Tutto ciò che è, per un dioziliardo, distruggerai e screerai tutto? Giusto e Sbagliato, Bene e Male, POD e POC, Tutti e 9, Shorts, Boys e Beyonds

Partecipante del Salon:

Questo processo cancellerà anche la fantasia che un uomo si prenderà cura di te?

Gary:

Lo spero. C'è un luogo da qualche parte in cui la gente pensa: "Un giorno il mio principe verrà." Ho visto gente farlo per sempre. Non ritengo che qualcuno si prenderà mai cura di noi. Abbiamo bisogno di prenderci cura di tutto ciò di cui bisogna prendersi cura per noi stessi.

Due miei amici stanno per sposarsi. Lui ha sempre avuto il punto di vista che qualcuno si prenderà cura di lui. Lei ha il punto di vista che qualcuno si prenderà cura di lei. Non so come funzionerà questo rapporto, se entrambi sono alla ricerca di qualcuno che si prenda cura di loro. Sarà interessante vedere cosa accade. E sono molto felice per loro che stanno così bene insieme.

COSA VUOI VERAMENTE?

Partecipante del Salon:

Nella mia vita adulta, mi sono sempre presa cura di me stessa. Non ho mai avuto bisogno che qualcuno lo facesse per me. Ora è qualcosa che vorrei invitare nella mia vita. Sarebbe bello avere qualcuno che mi aiuti in giardino e lavi i piatti quando non ne ho voglia.

Gary:

Questo si chiama cameriera e giardiniere. Puoi assumerli. Che cos'è che vuoi veramente?

Partecipante del Salon:

Un compagno.

Gary:

Vuoi davvero un partner? Capisco che sia quello che pensi di volere.

Partecipante del Salon:

Come si fa a capire quello che si vuole?

Gary:

È qui che devi chiedere:
- Se fossi con qualcuno, a cosa assomiglierebbe la mia vita?
- A cosa mi piacerebbe che assomigliasse la mia vita tra cinque anni?
- Tra dieci anni?
- Cosa vorrei che fosse la mia vita?
- Cosa mi piacerebbe che fosse la mia vita tra cinque anni?
- Tra dieci anni?
- A cosa vorrei che assomigliasse la mia vita?

Non si tratta dell'immagine di ciò che sarà. Si tratta della consapevolezza dell'energia di ciò che sarà.

Guardatevi intorno e trovate qualcuno che ha quello che vorreste avere con un'altra persona. Avete mai visto una relazione come quella che vorreste avere? No. Allora si tratta di crearne una voi stesse. Inizia con: "A cosa vorrei che assomigliasse la mia vita con un partner?"

Guadagni abbastanza soldi. Puoi permetterti di assumere un partner. Sei disposta a pagare per un toy-boy? Sei già arrivata alla conclusione che non sarebbe molto divertente, invece di chiedere: "Cosa mi piacerebbe creare e generare qui?"

Questa è probabilmente l'ambito più folle del pianeta Terra. È per questo che stiamo facendo queste chiamate.

Quale stupidità stai usando per creare la totale inconsapevolezza della consapevolezza di ciò che potresti scegliere, che desideri scegliere, che se lo scegli creerebbe una relazione che sarebbe di tua scelta? Tutto ciò che è, per un dioziliardo, distruggerai e screerai tutto? Giusto e Sbagliato, Bene e Male, POD e POC, Tutti e 9, Shorts, Boys e Beyonds

Ho osservato le relazioni che pensavo mi sarebbe piaciuto avere. Ho visto alcune persone che hanno ottimi rapporti che funzionano per loro, ma non sono relazioni che vorrei. Noi non guardiamo mai dal punto di vista di: Quale potrebbe essere un rapporto fantastico per me?

Alla fine, ho realizzato che avrei voluto avere nella mia vita qualcuno disposto a lasciarmi viaggiare in tutto il mondo e senza punti di vista sul fatto che io torni o no. Quante persone sarebbero disposte a farlo? Probabilmente nessuna. Dovrebbe essere qualcuno che mi permetta di avere totale libertà di essere e fare tutto quello che voglio. Sfortunatamente l'unica persona adatta è Dain, che non va bene sessualmente, semplicemente perché non va.

Partecipante del Salon:

Se la metti in questo modo, come si fa a evitare di arrivare alla conclusione che non si troverà mai una relazione?

Gary:

Perché ti importa? Se arrivi alla conclusione che non avrai mai una relazione, è esattamente quello che succederà. Non avrai mai una relazione. Importa?

Continuiamo a cercare di rendere importanti cose che potrebbero non importare affatto. Perché la relazione

funzioni, deve permettere ad ogni persona di essere totalmente se stessa e creare diverse possibilità. Dovete sapere che cosa desiderate creare nella vostra vita. Vi è chiaro cosa vorreste che fosse la vostra vita tra cinque anni? Iniziate con:
- Cosa mi piacerebbe che fosse la mia vita tra cinque anni?
- Tra dieci anni?
- Tra venti anni?
- Mi piacerebbe davvero che ci fosse qualcuno con me in questo viaggio?

Ho scoperto che non mi importa molto se c'è qualcuno o meno con me in questo viaggio. Ho realizzato che ci andrò, che ci sia qualcuno o no. Così, ora ho persone che vogliono fare cose diverse con me in momenti diversi. Questo in un certo senso soddisfa il bisogno di relazione, perché ho una relazione in quei dieci secondi.

Questo è un modo per incorporare relazione con gli altri senza sentire il bisogno di un rapporto. Inoltre, hai l'opportunità di creare qualcosa di diverso.

Chiedi: "Se dovessi avere una relazione, cosa mi piacerebbe che fosse?" Ho visto ben poche relazioni che ho pensato fossero grandiose. Ho amici che hanno una relazione fantastica in tutti i sensi, tranne che non hanno mai fatto sesso. Ho amici che hanno una fantastica relazione sessuale e litigano tutto il tempo. Ho amici che hanno tutto ciò vogliono, ma non sono felici della loro vita. Non è eccitante. Hanno tutto sistemato. La loro vita è prevedibile. Un sacco di gente pensa che una relazione prevedibile è il tipo di relazione che vorrebbero avere. Una relazione mutevole sarebbe più vicino a ciò che vorrei come tipo di relazione - dove è possibile un costante stato di cambiamento.

La mia seconda moglie era mutevole, ma non era disposta ad avere una realtà finanziaria che comprendesse l'avere soldi. Era disposta solo ad avere una realtà finanziaria nella quale spendeva soldi. Questo è stato il killer della relazione, perché io non potevo vivere senza soldi e senz'altra scelta che andare a lavorare. C'era la necessità di dover lavorare continuamente perché, ogni volta che mi giravo, avevamo finito i soldi. Non mi piaceva vivere sempre al limite. A lei non importava. Andava bene per lei.

Quindi, inizia a guardare:
- Cosa vorrei che fosse la mia vita tra cinque anni, dieci anni, vent'anni?
- Che cosa vorrei che succedesse nella mia vita?
- C'è qualcuno al mondo con il quale sarebbe divertente farlo o esserlo?

Non includere nemmeno l'idea di relazione. Chiedi quello a cosa vorresti che assomigliasse la tua vita. Se quello che stai chiedendo di creare include una relazione, allora ne otterrai una. Se non puoi includere una relazione, allora non ne otterrai una. La relazione creerà quello che ti piacerebbe avere. L'altra persona non verrà lì e si prenderà cura di te o di qualsiasi altra cosa. Si tratta di creare tu ciò che vorresti davvero avere.

Una realtà completamente diversa può iniziare a mostrarsi per te.

Poi chiedi: Che cosa devo essere o fare oggi per creare al più presto quella realtà?

La cosa che so su di te, H, è che ti piacerebbe avere qualcosa di comodo e facile, qualcosa che provveda i soldi sufficienti per te per fare quello che vuoi. L'hai più o meno capito ora. Quindi, se dovessi avere una relazione, dovrebbe essere con qualcuno che è sulla tua stessa lunghezza d'onda, qualcuno che non si aspetti che sia tu quella che dà all'altro. Se si aspetta che sia tu a dare a lui, sarete pieni di risentimento. Tu non vuoi dover provvedere a tutto. Bisogna essere chiari con se stessi riguardo ciò che non funzionerà per noi. Non si tratta di essere buoni o cattivi. Si tratta del modo in cui desideriamo creare la nostra vita e le nostre relazioni. Se si inizia a essere chiari su questo, tutto inizierà ad essere più facile e a funzionare.

Ricordate, siete alla ricerca del comfort, siete alla ricerca della facilità e siete alla ricerca di tutto ciò che fa funzionare la vostra vita. Iniziate chiedendo:

- Cosa vorrei che fosse la mia vita tra cinque anni?
- Tra dieci anni?
- Tra venti anni?

Se iniziate a guardare da lì e sentite l'energia di cosa sarebbe, otterrete gli elementi di ciò che desiderate creare. Se questi elementi includono anche una relazione, sarete in grado di crearla.

Grazie a tutti per aver partecipato a questa chiamata.

5
Scelta Pragmatica

*Devi guardare la scelta pragmatica di cui disponi
in ogni momento.
Se inizi a guardare la scelta pragmatica, una
differente possibilità può presentarsi.*

Gary:
   Salve, signore. Cominciamo con alcune domande.

CERCARE IL CONFORTO E LA RASSICURAZIONE AL DI FUORI DI TE

Partecipante del Salon:
   Trovo che stare con un uomo che mi sostiene sia molto confortante e rassicurante. Il mio ragazzo attuale non mi sostiene abbastanza. Oscillo tra ripetermi che è un mio bisogno stupido e non dovrei imporre a lui di soddisfarlo e la sensazione che essere sostenuta mi fornisca un'energia di nutrimento. Che cosa sta succedendo qui e che energia sto inseguendo veramente?

Gary:

Quello che stai veramente inseguendo è la prima cosa che hai detto: "Lo trovo confortante e rassicurante."

Quale stupidità stai usando per creare il comfort e la rassicurazione che stai scegliendo? Tutto ciò che è, per un dioziliardo, distruggerai e screerai tutto? Giusto e Sbagliato, Bene e Male, POD e POC, Tutti e 9, Shorts, Boys e Beyonds

Se sei totalmente presente come te e hai completamente te, avere il conforto e la rassicurazione che ottieni dal sostegno non è una necessità. Sfortunatamente, questo significa che troverai un uomo che vuole sostenerti tutto il tempo, il che sarà davvero fastidioso.

Ci sono persone che usano il cibo come comfort. Alcuni usano il sesso come comfort. Altri fanno uso di alcol come comfort. Ci sono quelli che usano lo shopping. Ci sono un sacco di modi per creare comfort e rassicurazione, in tante direzioni diverse. Questo è il motivo per cui tratto questo particolare argomento.

Partecipante del Salon:

Il sostegno e il prendersi cura sono simili al comfort e alla rassicurazione?

Gary:

Sostegno e prendersi cura sono parte del comfort e della rassicurazione. Le donne si rassicurano l'un l'altra condividendo, andando in bagno insieme, andando a far shopping insieme. Ci sono circa venticinque altre cose che fanno insieme. Quel senso di vicinanza è quello di cui le persone sono alla ricerca in quanto a comfort e rassicurazione. Se siete veramente disposte ad avere voi stesse, l'essere, nella sua totalità, non avrete bisogno di nulla al di fuori di voi per confortarvi o rassicurarvi. Sarete confortate e rassicurate per il solo fatto di essere. Questa è l'idea.

Cosa ci vorrebbe per arrivare al punto in cui abbiamo conforto e rassicurazione sulla base dell'essere e non su quello che dobbiamo fare o su qualsiasi delle altre follie che la gente pensa siano necessarie?

Partecipante del Salon:
Che cos'è il sostegno?

Gary:
Sostegno è un titolo e una scelta. Si può essere una persona di sostegno. Ciò significa che puoi essere o un sospensorio o un reggiseno. Quale parte del tuo corpo vuoi sorreggere con il tuo sostegno? O preferisci invece potenziarla? Il supporto è un punto di riferimento per non abbracciare la possibilità del potenziare; scegli invece di essere di sostegno per qualcuno.

Si può usare il passato come comfort e rassicurazione. Si possono usare i punti di riferimento, la vostra famiglia, i vostri figli. Ci sono mille cose utilizzabili. La gente dice: "È così confortante avere la mia famiglia intorno." Non proprio. Richiede molto più lavoro.

Si usa il lavoro come comfort. Ci sono persone che sono confortate dall'avere troppo da fare. Ci sono persone che si confortano con i farmaci. Ci sono persone che traggono conforto dal tipo di vestiti che hanno indosso. Hanno vestiti confortevoli. È un po' come cercare qualcosa che prenderà il posto di ciò che mamma o papà avrebbero dovuto essere per te e che non hanno potuto essere. Oppure, se sono state persone confortanti, è un luogo dove vieni rassicurata e confortata nel modo in cui loro l'hanno fatto con te.

Partecipante del Salon:

È come se stessi sempre cercando fuori di me qualcosa piuttosto che essere me.

Gary:

Esattamente. Si tratta di questo. Quando sei alla ricerca di comfort e rassicurazione al di fuori di te, non arrivi mai a essere abbastanza presente per chiederti:

- Voglio davvero questo?
- È davvero necessario?
- Mi importa davvero?
- È davvero quello che mi serve?

Avete luoghi in cui avete creato comfort e rassicurazione, come se questo significasse sicurezza. La gente cerca sicurezza. È l'idea di avere un posto solido in cui stare, piuttosto che una solidità dell'essere che ti consente di stare sempre e ovunque senza l'idea di non poter essere o non poter mantenere la tua posizione.

Ognuno sta cercando di crearsi una posizione. Questo è un mondo posizionale. Cerchiamo sempre di trovare dove apparteniamo, ciò che ci appartiene e a chi apparteniamo. Qual è la cosa giusta da avere? Qual è la cosa giusta da fare? Chi è la persona giusta con cui parlare? Chi è la persona giusta con cui stare? Tutte queste cose sono la gerarchia posizionale che creiamo per determinare un punto di vista fisso che ci dia la comodità e la sicurezza di avere una realtà solida e sicura. Comfort e rassicurazione sono parte dell'universo di certezza che crea la sensazione di avere un luogo in cui puoi stare invece di essere lo spazio che sei, un luogo in cui sei sempre te e non hai mai la necessità di cambiare.

Parlavo con qualcuno l'altro giorno e mi diceva: "Questa donna è pazzesca. È come se fosse una persona quando è con i figli, un'altra persona quando è con i genitori e un'altra persona quando è in classe. È un'altra persona quando è con me e un'altra quando fa scorrere i processi."

Ho detto: "Sì. Benvenuto nel mondo."

E lui: "Cosa vuoi dire?"

Ho detto: "Deve continuamente adeguare se stessa perché, dal suo punto di vista, essere chi è non è sufficiente."

Partecipante del Salon:

Hai parlato della stupidità con la quale riportiamo indietro le cose del passato. È relativa alla zona di comfort?

Gary:

Sì, si sta sempre cercando di riportare il senso di comfort che si aveva a un certo punto in precedenza. La gente chiede: "E il mio passato? E la mia storia?" Queste sono cose che si ripetono negli universi delle persone. La validità della storia. La cosa giusta da fare. La necessità di avere indietro il proprio senso di sé. La necessità di avere indietro il proprio me.

Quale stupidità stai usando per creare il comfort e la rassicurazione che stai scegliendo? Tutto ciò che è, per un dioziliardo, distruggerai e screerai tutto? Giusto e Sbagliato, Bene e Male, POD e POC, Tutti e 9, Shorts, Boys e Beyonds

Partecipante del Salon:

Il comfort e la rassicurazione sono energie - o sono solo modi di pensare?

Gary:

Sono per lo più modi di pensare, perché ci è stato insegnato che la vita dovrebbe riguardare il comfort e il nutrimento. Se si pone la domanda: "Questa persona può fornirmi il comfort, il nutrimento o la rassicurazione che desidero?" si otterrà un no. Non ti può fornire ciò che desideri. Può fornire solo ciò che lui desidera. Questo è tutto quello che può vedere.

Voi ragazze dite: "Voglio essere sostenuta e sarà meraviglioso." Ma se hai un uomo che ti sostiene e lo fa secondo il tuo punto di vista, è probabilmente un uomo femminilizzato, un uomo così sensibile che piange ogni volta che fate sesso. Finirai per dire: "È troppo noioso. Non ne posso più."

"È DAVVERO CARINO, TESORO"

Tu sei l'unica che può sapere ciò che è confortante e rassicurante per te. Sei l'unica. Nessun altro può saperlo. Devi scoprire se la persona, alla quale stai chiedendo di fornirti rassicurazione e comfort, può darteli nel modo che desideri. Se lui non te li fornisce nel modo che desideri, ci sarà una tendenza per te ad andare nel giudizio della persona. Nel momento in cui vai nel giudizio, stai uccidendo il rapporto.

Tuttavia, quando ti dà cinque minuti di quello che vuoi, prova a dire: "È stato proprio bello, tesoro. Mi ha fatto sentire così bene. Grazie. Ti sono molto grata" e la prossima volta potresti ottenerne sei di minuti. E dopo quei sei minuti, se dici: "È proprio meraviglioso. Mi piace quando mi sostieni" potresti ottenere sette minuti la volta successiva.

Ma se vai nel: "Non mi sostieni abbastanza!" otterrai tre minuti dal quel momento in poi. Dovete imparare a creare una situazione che incoraggia il ragazzo, piuttosto che una lamentela che lo uccide. Se desideri uno stallone in camera da letto, faresti meglio a non essere una seccatrice in cucina.

Se cominci a opprimere il ragazzo con le tue lamentele, finirai per avere un cavallo castrato. Gli tagli i testicoli ogni volta che ti lamenti. Le lamentele non aiutano gli uomini a tenerlo su! Se desideri un uomo in erezione, ti conviene frenare la lingua.

GLI UOMINI SOPPRIMONO LA LORO SENSIBILITÀ

Partecipante del Salon:

Gli uomini sono sempre stati più sensibili rispetto alle donne? È davvero l'opposto di ciò che sembra?

Gary:

Sì. Gli uomini sono sempre stati molto più sensibili, perché hanno sempre dovuto sopprimere la loro sensibilità. Le donne sono state autorizzate a esprimersi, gridando, urlando, piangendo, pestando i piedi o facendo qualcos'altro. Gli uomini hanno sempre dovuto reprimere la loro sensibilità. Questo non li rende meno sensibili. Soffrono per i loro sentimenti, proprio come fanno le donne. La differenza è che la donna dirà: "Hai ferito i miei sentimenti." L'uomo resterà silenzioso e si isolerà.

Partecipante del Salon:
Come funziona con le donne che si reprimono?

Gary:
Finiscono per diventare simili agli uomini. Hanno la sensibilità ma non possono esprimerla, non possono viverla, non possono farci niente. Così, tendono a rimuoverla. Se siete sensibili e non vi è stato permesso di esprimerlo, tenderete a perdere ogni occasione di farlo, pensando che sia un modo per proteggere voi stesse o gli altri.

Bisogna avere allowance per voi stesse. Qual è la percentuale di allowance che avete per voi? Meno del dieci per cento? Qual è la percentuale di allowance che avete per gli altri? Più del cinquanta per cento? Hai più di cinquanta per cento di allowance per gli altri e meno del dieci per cento per te. Non è la scelta migliore, ma è da lì che tutti noi funzioniamo. Se non abbiamo allowance per noi, come possiamo aspettarci che ce l'abbiano gli altri? Come possiamo aspettarci di ottenere qualcosa dalla vita nel modo in cui la desidereremmo?

Quale stupidità stai usando per creare i gradi di allowance che stai scegliendo? Tutto ciò che è, per un dioziliardo, distruggerai e screerai tutto? Giusto e Sbagliato, Bene e Male, POD e POC, Tutti e 9, Shorts, Boys e Beyonds

La condivisione è qualcosa che si fa con le donne perché loro trovano confortante e rassicurante parlare delle cose. Gli uomini non sono confortati o rassicurati dal parlare delle cose. Ne sono traumatizzati. Mi piacerebbe dirti che ci sono uomini là fuori con i quali puoi parlare di queste cose. Non ci sono. Non è questo il modo in cui sono stati addestrati.

Partecipante del Salon:

Stai dicendo che gli uomini funzionano solo dalla ricerca di incoraggiamento e che qualsiasi commento che non sembri gratitudine li fa ritrarre?

Gary:

Sì, si ritirano e vanno via. Questo è qualcosa che si crea negli uomini sin da quando sono ragazzini. Quando ero un ragazzino, mi dicevano: "Devi essere forte, devi stare tranquillo e non devi piangere." Non piangere era considerato la parte più importante dell'essere un uomo. Si trattava di non mostrare emozioni e non essere coinvolti emotivamente in nulla. Questa cosa non è cambiata molto.

Gli uomini sono molto più delicati nel loro spazio energetico del vivere di quanto lo siano le donne, perché le donne hanno qualcuno con cui condividere - un'altra donna. Le donne condividono i loro "sentimenti." Le donne condividono quello che gli sta succedendo. Le donne parlano delle cose. Gli uomini non lo fanno mai. Non dicono cose come "Mia moglie ha ferito i miei sentimenti ieri sera." Non parlano mai di queste cose. Tengono duro. Quello che imparano a fare nella vita, per la maggior parte, è ritrarsi. È questo che gli viene insegnato da ragazzini.

A volte le donne dicono cose come: "Devi solo dire all'uomo cosa fare." Questo non ti farà ottenere quello che vuoi. Quando le persone ti dicono così sono tuoi amici o tuoi nemici? È difficile per le donne. Gli uomini assumono che tutti sono dei nemici fino a quando non dimostrano di essere amici. Le donne assumono che tutti sono degli amici fino a quando non dimostrano di essere dei nemici. E anche allora, non ci possono credere.

Alla maggior parte degli uomini viene insegnato che non sono autorizzati ad avere nessuna sensibilità e, se sono sensibili, non devono mostrarlo. Tuttavia, ad alcuni uomini è stato insegnato che hanno bisogno di essere i tipi sensibili stile New Age. La maggior parte di loro piange a comando, per manipolare e ottenere un risultato, proprio come fanno le donne. Le donne hanno imparato che se piangi al momento giusto, gli uomini faranno quello che vuoi. Quindi, questo è ciò che fanno. Il che non è negativo o positivo. È solo il modo in cui funziona. Vorrei che capiste pragmaticamente come funziona, invece di cercare di ottenere il rapporto perfetto. Non esiste alcun rapporto perfetto. Ci sono relazioni che funzionano e relazioni che non funzionano. Ci sono relazioni che miglioreranno e relazioni che non lo faranno. Devi essere disposta a guardare a come funzionano le cose per ottenere quello che vuoi.

Non si tratta di essere positivo. Si tratta di essere presenti senza giudizio. È manipolazione. Che c'è che non va? Non è triste che non te l'abbiano insegnata quando avevi dodici anni? Non ti avrebbe reso la vita più facile?

Il confronto non funziona. Tutto ciò che fa è richiedere all'altra persona di combattere o arrendersi. Quando le persone si arrendono e diventano il servo o lo schiavo, nutrono risentimento e tu perdi il rapporto e la connessione. Se vanno nella lotta, devono a tutti i costi lottare per la giustezza del loro punto di vista. Questo fa ottenere poco o niente nella vita. Cosa ti piacerebbe realizzare nella tua vita rispetto alle relazioni?

Per favore, provateci. Funziona.

COPULAZIONE SENZA GIUDIZIO

Partecipante del Salon:
Com'è la copulazione senza giudizio? I nostri corpi sanno essere senza alcun giudizio su di se stessi? O la consapevolezza del nostro corpo giudica anche i nostri partner?

Gary:
No. Il vostro corpo non giudica. Voi, l'essere, siete quello che determina qual è l'appropriato gioco sessuale sulla base del giudizio.

Quale stupidità stai usando per creare il gioco sessuale che stai scegliendo? Tutto ciò che è, per un dioziliardo, distruggerai e screerai tutto? Giusto e Sbagliato, Bene e Male, POD e POC, Tutti e 9, Shorts, Boys e Beyonds

La maggior parte di noi non fa sesso come gioco sessuale. Le donne tendono a fare sesso per creare relazioni. Gli uomini tendono ad avere relazioni per creare sesso. Ma nessuno fa sesso per il gioco che è. Se lo facessimo per il divertimento che comporta e per la cosa giocosa e gioiosa che è, diverse possibilità potrebbero presentarsi.

Qualcuna di voi pensa che il sesso sia tutto romanticismo, petali di rosa e candele? Il gioco del sesso può anche riguardare solo il divertimento di godersi il corpo di qualcun altro. C'è un grande piacere nel trovare un posto sul corpo di una persona che è così sensibile da diventare sempre più pre-orgasmico ogni volta che lo si tocca in modo che richieda, esiga e desideri. Forse non avete mai provato a esporvi a riconoscere la capacità del vostro corpo di parlare con i corpi di altre persone e chiedere loro:

- Corpo, cosa ti piacerebbe sperimentare?
- Cosa ti piacerebbe ti fosse fatto che creerebbe la possibilità orgasmica più godibile che tu abbia mai avuto?

Quando faccio una domanda del genere, improvvisamente un pensiero parte da qualche parte del corpo dell'altra persona e comincio a toccare quella. L'eccitazione sessuale dovrebbe provenire da un luogo? O dovrebbe essere uno spazio? Quando proviene da uno spazio, inizi a fare quello che i corpi delle persone desiderano e non hai nessun giudizio. Quando non si dispone di alcun giudizio, il luogo si disintegra e inizia lo spazio. Purtroppo con un sacco di gente non funziona in questo modo. Quello che vorrei creare con questa chiamata è più opportunità e possibilità per voi e tutti coloro con cui entrate in contatto.

Quale stupidità stai usando per creare il gioco sessuale che stai scegliendo? Tutto ciò che è, per un dioziliardo, distruggerai e screerai tutto? Giusto e sbagliato, Bene e Male, POD e POC, Tutti e 9, Shorts, Boys e Beyonds

"EHI, VUOI FARE SESSO?"

Partecipante del Salon:

A volte mi ritrovo a distogliere lo sguardo quando un uomo mi fissa. Possiamo cambiare questo?

Gary:

Sì. Puoi diventare un uomo gay. Un uomo gay sarà sempre disposto a guardare intensamente un uomo con il quale vuole fare sesso. Non distoglierà lo sguardo, il che significa:

"Ehi, vuoi fare sesso?" Gli uomini che non vogliono fare sesso gay, guardano un uomo fino a quando non si rendono conto che lui vuole fare sesso con loro e quindi distolgono lo sguardo.

Quale stupidità stai usando per evitare la creazione di un futuro oltre questa realtà che stai scegliendo? Tutto ciò che è, per un dioziliardo, distruggerai e screerai tutto? Giusto e Sbagliato, Bene e Male, POD e POC, Tutti e 9, Shorts, Boys e Beyonds

Quale energia, spazio e consapevolezza potete essere tu e il tuo corpo che permetterebbe di avere una relazione più grande di qualsiasi realtà? Tutto ciò che non permette a questo di mostrarsi, per un dioziliardo, distruggerai e screerai tutto? Giusto e Sbagliato, Bene e Male, POD e POC, Tutti e 9, Shorts, Boys e Beyonds

Quale stupidità stai usando per creare gli uomini che stai scegliendo? Tutto ciò che è, per un dioziliardo, distruggerai e screerai tutto? Giusto e Sbagliato, Bene e Male, POD e POC, Tutti e 9, Shorts, Boys e Beyonds

MOLESTIA SESSUALE

Partecipante del Salon:
Puoi parlare di molestie sessuali e apprezzamenti volgari?

Gary:
Le molestie sessuali e i fischi sono gli uomini che cercano di fare intimidazione sessuale. Come donna è possibile disinnescare l'intimidazione di qualsiasi uomo. Basta guardarlo con condiscendenza e dire: "Mi dispiace che quel

cosino che hai tra le gambe non sia abbastanza grande" e allontanarsi. Avete trascorso tutta una vita cercando di evitare di essere una puttana.

Quale stupidità sto usando per inventarmi la mancanza dell'essere una puttana che sto scegliendo? Tutto ciò che è, per un dioziliardo, distruggerai e screerai tutto? Giusto e Sbagliato, Bene e Male, POD e POC, Tutti e 9, Shorts, Boys e Beyonds

È solo in America che ci si sente sbagliate per essere una donna? No, è ovunque nel mondo che gli uomini vi fissano, vi prendono di mira e vi giudicano. Succede ovunque sul pianeta. Dovete essere sessualmente intimidatorie e questa è una cosa che non siete disposte ad essere.

Quale attualizzazione fisica dell'essere la stronza fisicamente intimidatoria delle possibilità sono ora in grado di generare, creare e istituire? Tutto ciò che è, per un dioziliardo, distruggerai e screerai tutto? Giusto e sbagliato, Bene e Male, POD e POC, Tutti e 9, Shorts, Boys e Beyonds

Se hai le tette grandi, sei ancora di più un obiettivo sessuale. Ma non importa se le tette sono grandi o piccole, gli uomini sono degli idioti. Stanno sempre cercando di dimostrare che hanno desiderio di fare sesso e il novanta per cento di loro non ce l'ha. Ne hanno paura. Guardateli e dite: "Se non la pianti, il mio punto di vista è che hai il cazzo piccolo." Tutto quello che dovete fare è essere disposte ad essere più intimidatorie di loro e la molestia si fermerà.

ESSERE PRAGMATICA RIGUARDO ALLE SCELTE CHE HAI

Partecipante del Salon:

Ho una domanda su un amante passato. Fa cose per creare un rapporto con me e mio figlio. Alla fine della giornata non vuole fare sesso. Vuole solo tornare a casa. Eppure so che lui vuole sesso. A me piacerebbe fare sesso senza renderlo significativo.

Gary:

Questo ragazzo sta cercando di creare un rapporto e una famiglia, non del sesso.

Partecipante del Salon:

Esattamente. Io non capisco.

Gary:

È una donna. Vuole una relazione.

Partecipante del Salon:

Lo so. È strano. Non vuole sesso. Che cosa succede?

Gary:

Sta cercando di creare una situazione familiare. Non include i rapporti sessuali nella sua idea di famiglia e di relazione. È solo da dove sta funzionando lui. Questo riguarda le scelte pragmatiche che avete. Ogni persona funziona dal suo punto di vista. Se sei pragmatica riguardo le scelte che hai, puoi chiederti: "È davvero questo che voglio?"

Partecipante del Salon:

Quindi non dovrei fare alcun tentativo di tirarlo fuori da lì, perché è la sua scelta e questo è ciò che sta cercando? Devo solo essere in allowance?

Gary:

Dovresti essere in allowance e renderti conto che lui non è l'uomo che desideri.

Partecipante del Salon:

Ho altri uomini con i quali faccio sesso, perché con questo qui non funziona.

Gary:

Questa è una grande giustificazione "perché con questo qui non funziona."

Partecipante del Salon:

Ho messo in chiaro che voglio sesso. Lui non lo vuole.

Gary:

Tuo figlio ha bisogno di lui?

Partecipante del Salon:

Sì, mio figlio ha bisogno di lui. Sono super vicini e non lo voglio tagliare fuori. Ma non posso spegnere i miei desideri sessuali. Passiamo tutta la giornata insieme, compra la cena, compra il pranzo, paga tutto e poi vuole solo tornare a casa. È strano.

Gary:

Qui è dove chiami il tuo toy-boy e dici: "Ehi, vuoi venire? Sono calda e annoiata."

Partecipante del Salon:
È quello che faccio.

Gary:
Cosa c'è che non va? Perché lo stai rendendo sbagliato? Puoi avere tutto quello che vuoi. Si chiama scelta pragmatica.

Partecipante del Salon:
Capisco che lui vorrebbe il sesso. Ha solo paura di andare lì.

Gary:
Beh, glielo potresti chiedere: "Allora, che tipo di impegno dovrei prendere con te perché tu sia in grado di fare sesso con me?"

Partecipante del Salon:
Questo è un posto strano dove andare.

Gary:
Se vuoi fare sesso con questo tipo, è questo che dovrai scegliere. Questa è la soluzione pragmatica. Devi scoprire che cosa vuole l'altra persona. Quello che vuoi tu è fantastico e meraviglioso e non significa niente per l'altra persona. Sono schietto. Mi dispiace.

L'altra persona ha un'idea di quello che vuole. Se tu glielo fornisci in qualche modo, lui dice: "Bene. Sto ottenendo quello che voglio." Non vede nemmeno quello che tu desideri. Non può. Non riesce a leggerti la mente. Non può essere consapevole di quello che sei, anche se vi è stato insegnato da ogni donna che abbiate mai conosciuto che gli uomini dovrebbero essere in grado di leggervi la mente. Non sono in grado di farlo. Gli è stato insegnato che se lo fanno, hanno torto e, se non lo fanno, hanno torto di nuovo. Così sono confusi e basta.

AGGIUSTARE LE COSE CON UN EX

Partecipante del Salon:
Vorrei ancora sistemare le cose con il mio ex marito.

Gary:
Non potevi risolvere le cose mentre eri con lui. Perché risolverle quando non ci stai? C'è una differenza tra l'aggiustare le cose e la consapevolezza di tenere a qualcuno. Tengo molto alle mie ex mogli. So che non posso sistemare le cose con loro. So che non posso rendere la loro vita migliore. So che non potrò mai avere di nuovo un rapporto con loro. Quindi io non lo cerco. Perché? Perché non è qualcosa pragmaticamente in grado di essere realizzato.

Quale stupidità stai usando per creare l'aggiustamento degli uomini che stai scegliendo? Tutto ciò che è, per un dioziliardo, distruggerai e screerai tutto? Giusto e Sbagliato, Bene e Male, POD e POC, Tutti e 9, Shorts, Boys e Beyonds

Questo è un difetto comune nella femmina della specie - l'idea di poter aggiustare un uomo e poi tutto andrà bene. Non si sceglie un uomo per la sua aggiustabilità. Lo prendi per quello che può risolvere per te.

Questo è il lavoro che gli è stato dato in tutta la sua vita. "Mamma ti vorrà tanto bene se aggiusterai questo per me." Così è stato educato a questa realtà.

Non guardare a come puoi prendere un uomo e aggiustarlo. E trova un uomo che può aggiustare le cose per te, non risolvere te. Non c'è niente di rotto in te. Purtroppo, vedo donne che tendono a non scegliere gli uomini che aggiustano. Scelgono sempre un uomo che aggiusterà loro e poi si incazzano con lui. Se si sceglie un uomo umanoide e si decide che ha bisogno di essere aggiustato, allora farà qualsiasi cosa serva a dimostrarvi che non ne ha bisogno. E voi farete tutto quello che serve per dimostrare che invece ne ha bisogno.

Quale stupidità stai usando per creare l'uomo aggiustabile che stai scegliendo? Tutto ciò che è, per un dioziliardo, distruggerai e screerai tutto? Giusto e Sbagliato, Bene e Male, POD e POC, Tutti e 9, Shorts, Boys e Beyonds

ALLOWANCE

Partecipante del Salon:
Nel mio rapporto attuale, non sto ricevendo dal mio partner dei "grazie" né rilevo apprezzamento per le piccole cose che faccio per lui, come ad esempio comprargli piccoli regali o fare le faccende tutti i giorni per facilitare le cose alla nostra donna delle pulizie. Sto cominciando ad irritarmi. È solo che non sono in uno stato di allowance?

Gary:
Lo stato di allowance. Penso che sia vicino all'Arkansas, giusto?

Partecipante del Salon:
Come posso essere meno irritata rispetto a questo?

Gary:

Riconoscendo cos'è l'allowance realmente.

Quale stupidità stai usando per creare i gradi di allowance che stai scegliendo? Tutto ciò che è, per un dioziliardo, distruggerai e screerai tutto? Giusto e Sbagliato, Bene e Male, POD e POC, Tutti e 9, Shorts, Boys e Beyonds

Partecipante del Salon:

In un rapporto, come posso distinguere quando sto divorziando da parti di me, rispetto a quando sono nella resistenza di ciò che un uomo dice o mi sta chiedendo?

Gary:

Ogni volta che sei in resistenza e reazione o allineamento e accordo, stai divorziando da te stessa perché non sei nella domanda. Rinunci alla consapevolezza in favore della conclusione. Hai bisogno di chiedere:
- Ho voglia di fare questo?
- È divertente?
- È quello che mi piacerebbe fare?
- Che cosa creerebbe effettivamente il massimo effetto e il maggior divertimento nella mia vita?
- Cosa vorrei più di ogni altra cosa nella vita?

Quelli sono i luoghi dove desideri andare.

"IL MATRIMONIO MI SPAVENTA"

Partecipante del Salon:

Ho notato uno schema. Sto in una relazione con un uomo per un anno e mezzo e poi lo lascio.

Gary:

È un rapporto a lungo termine.

Partecipante del Salon:

Cosa posso chiedere che fermi questo schema? Non mi piacciono gli impegni e il matrimonio mi spaventa.

Gary:

Ti spaventa? Dovrebbe spaventarvi a morte! Non sei la sola.

Quale stupidità stai usando per creare il matrimonio e voti sacri che stai scegliendo? Tutto ciò che è, per un dioziliardo, distruggerai e screerai tutto? Giusto e Sbagliato, Bene e Male, POD e POC, Tutti e 9, Shorts, Boys e Beyonds

Partecipante del Salon:

Ho una domanda sulla regola dell'1-2-3, in cui dici che dopo la terza volta che si hanno rapporti sessuali con qualcuno, si è sposati. Di quale matrimonio stai parlando?

Gary:

Dopo la prima volta che si hanno rapporti sessuali, si tende a dire: "È stato divertente. Ci vediamo più tardi." Dopo la seconda volta, si dice: "Facciamolo di nuovo." Dopo la terza volta, si va nell'essere sposati. Il matrimonio è un luogo in cui si è preso un impegno. Pensi che se fai sesso con un uomo per tre volte, hai preso un impegno.

Non sai nemmeno in cosa ti sei impegnata perché non chiedi: "Esattamente cosa hai intenzione di aspettarti da me? Esattamente a cosa vorresti che assomigliasse questa relazione? Chi ti piacerebbe avere accanto?"

Partecipante del Salon:

Questo impegno potrebbe assomigliare a qualcosa se stai facendo domande?

Gary:

Sì. Potresti chiedergli: "Cosa vorresti che succedesse adesso?" Potresti anche chiedere a te stessa: "Si aspetta qualcosa da me?"

Non vi aspettate niente da lui, perché non siete alla ricerca di un rapporto normale. Vuoi essere una regina della scopata. Hai già avuto 2,5 figli. Non vuoi farlo di nuovo. Ma questo non significa che l'uomo non abbia quel tipo di aspettativa. Ci sono un sacco di uomini che hanno l'aspettativa di dover trovare la persona giusta con il giusto materiale genetico per la famiglia che dovrebbero avere. È folle.

RELAZIONE CON UN UOMO BIPOLARE

Partecipante del Salon:

Sono in una relazione con un dolce uomo che è bipolare e sotto farmaci per questo. Ho il sospetto che sia un umanoide, visto che sembra abbastanza intuitivo.

Gary:

Non è l'intuizione che caratterizza gli umanoidi. Ci sono molti umani che sono intuitivi. Ci sono molti umani psichici. Ci sono molti umani sensitivi. Fanno tarocchi, astrologia e ogni altra forma di metafisica. Ma lo fanno per dimostrare qualcosa.

Partecipante del Salon:
Faccio fatica a sentirmi vicina a lui.

Gary:
Non ci si può sentire vicino a un bipolare. Quando si sentono vicini ad un'altra persona, si sentono minacciati, cosa che li porta a un episodio di bipolarismo che crea una separazione tra loro e il loro partner. Questo ti impedisce del tutto di avvicinarti. In realtà, è una conseguenza di come vedono il mondo e il modo in cui vorrebbero che fosse.

Partecipante del Salon:
Sto avendo difficoltà a capirlo. Nelle precedenti relazioni, sono stata più capace di capire da dove il mio partner provenisse.

Gary:
Arrivare alla conclusione riguardo al luogo da dove qualcuno proviene ed essere presenti con lui dove si trova sono due universi diversi.

Partecipante del Salon:
Voglio entrare in contatto con lui. Voglio che la relazione funzioni. Cosa posso fare?

Gary:
Questo non è possibile con un bipolare. Le persone bipolari creano un mondo positivo che si basa sulla sola polarità positiva. Poi creano un mondo negativo che si basa sulla sola polarità negativa. Cercano di evitarne una e scegliere l'altra e non possono. Hai veramente bisogno di essergli vicino, o puoi goderti le parti di lui che ti piacciono?

Puoi semplicemente goderti l'uomo con cui stai.

È difficile per gli individui che sono bipolari o che hanno la sindrome di Asperger o l'autismo avere un senso di facilità nel connettersi con altre persone o nello stare loro vicino. Creano una separazione perché è l'unico modo per mantenere lo spazio in cui sono senza preoccuparsi che venga distrutto dalle necessità, richieste o desideri di qualcun altro. È semplicemente da qui che funzionano.

ESSERE GENITORE

Partecipante del Salon:

Sto realizzando che essere un genitore è parte di questa cosa della sicurezza, per cui cerco fuori da me la sicurezza che vorrei avere.

Gary:

Quando si diventa un genitore, ci si impegna con i propri figli per tutta la loro vita. Loro non sono impegnati con voi. Non lo saranno mai, se siete fortunati. Vogliono che tu sia impegnato con loro perché questo è il tuo lavoro.

Si tratta anche di conforto e rassicurazione.

Quale stupidità stai usando per creare la sicurezza che stai scegliendo? Tutto ciò che è, per un dioziliardo, distruggerai e screerai tutto? Giusto e Sbagliato, Bene e Male, POD e POC, Tutti e 9, Shorts, Boys e Beyonds

Partecipante del Salon:

Ho un figlio disabile. Mi è stato detto che certe cose gli sarebbero utili. Dovrei fare alcune di queste cose o cercare di essere l'energia di ciò di cui ha bisogno?

Gary:

Devi essere disposta a fare tutto il necessario per tuo figlio. È questo il tuo lavoro. Quando diventi genitore, hai deciso di rinunciare temporaneamente alla tua vita per la sua. Al fine di garantire la sua vita, rinunci a parte della tua. Questa è la cosa pragmatica. Quali scelte hai qui? Hai davvero una scelta di non prenderti cura di tuo figlio? No. Hai già fatto una scelta. Hai avuto un figlio. Ora è:

+ Come sarà divertente questo?
+ Come posso creare la mia vita mentre mi prendo cura di lui?

Una volta che avete dei figli, vi siete prese un impegno. Devi essere disposta a fare quel lavoro e a farlo volentieri, non perché devi, ma perché è quello che hai scelto. Il problema è che la maggior parte delle donne vanno in un posto dove diventano un genitore e perdono la loro vita.

Quale stupidità stai usando per creare la vita di maternità che stai scegliendo? Tutto ciò che è, per un dioziliardo, distruggerai e screerai tutto? Giusto e Sbagliato, Bene e Male, POD e POC, Tutti e 9, Shorts, Boys e Beyonds

E quando scegliete di non essere madre, giudicate voi stesse per averlo scelto. Siete fregate sia se lo fate sia se non lo fate.

Partecipante del Salon:

Il compito di prendersi cura dei figli è diverso per uomini e donne?

Gary:

Agli uomini è stato insegnato che il loro compito è quello di andare fuori e guadagnare i soldi per mantenere i figli.

Alle donne è stato insegnato che il loro compito è quello di nutrire i bambini, prendersi cura di loro, cambiargli i pannolini e fare tutto il lavoro.

È una cosa che vorresti davvero fare? No. Come donna umanoide, preferiresti uscire e conquistare il mondo. Hai finito per essere il capofamiglia e insegnare ai tuoi figli a prendersi cura di se stessi.

Partecipante del Salon:

Il padre si rifiuta di prendersi cura di loro o essere il capofamiglia.

Gary:

Non ha mai avuto intenzione di farlo. Lo hai scelto per il fatto che stava per andarsene. E i vostri figli hanno scelto te e lui perché lui stava per andarsene. Le ragazze volevano sapere che non avrebbero dovuto avere un uomo, se non volevano. Poi hanno scoperto come prendersi cura di se stesse, indipendentemente dal fatto di avere un uomo o meno. Tu glielo hai insegnato.

CHE C'È DI SBAGLIATO NEL DARE A TUA MAMMA CIÒ CHE DESIDERA?

Partecipante del Salon:

Che cosa succede quando hai un genitore che richiede nutrimento e se non lo riceve da te, ti fa impazzire?

Gary:

Cosa c'è di sbagliato nel darglielo? Come sarebbe per te darglielo? Cosa ti sta richiedendo? È una cosa così grande?

Devi essere nella domanda: "Mamma, che cosa posso fare per te che ti permetterebbe di sapere quanto tengo a te?". Il novanta per cento del tempo in cui i genitori dicono di aver bisogno di nutrimento o attenzioni, vogliono solo sentirsi dire che gli vuoi bene. I genitori vogliono sapere di essere amati.

Partecipante del Salon:
Sembra che voglia che io litighi con lei.

Gary:
Alcune persone ritengono che sia confortante. Ma se litighi con lei, litiga senza punti di vista, così non ne uscirai sconvolta. Dirai: "Wow. È stato divertente."

A mia sorella piace litigare. Così, quando voglio che lei sappia che mi preoccupo per lei e le voglio bene, la chiamo e dico: "Quei maledetti tea-baggers!" (membri del Tea Party, un movimento politico conservatore negli Stati Uniti, n.d.t.). Mia sorella li odia. Così, la mando su di giri per venti o trenta minuti e lei dice: "Accidenti! È stato proprio divertente parlare con te."

Dico: "Bello! Grazie, sorellina!" A me non frega niente di loro, ma è divertente per me chiamarli tea-baggers perché lei non sa cosa sia il tea-bagging. Per chi di voi signore non lo sapesse, il tea-bagging è il mettere in bocca i testicoli dell'uomo succhiandoli leggermente e delicatamente.

L'ATTITUDINE ALLA GRATITUDINE

Partecipante del Salon:

Provo un'immensa gratitudine per la natura e gli animali; però faccio fatica a essere grata per le persone che si prendono cura di me, tra cui la mia famiglia e il mio fidanzato. Cosa c'è di così diverso nell'avere gratitudine in un rapporto con le persone che non con la natura e gli animali? Ha a che fare col fatto che gli animali e la natura non sono giudicanti? Quali sono le possibilità riguardo all'avere più gratitudine per la mia specie?

Gary:

Non preoccuparti. Va bene non avere gratitudine per loro. Potresti desiderare una relazione con un sacco di gente. Questo non vuol dire che funzionerebbe. Questo non significa che sarebbe facile. Questo non significa che sarà quello che desideri veramente. Significa solo che desideri una relazione. Se non fai il giudizio, non avrai alcun problema.

Partecipante del Salon:

Sono cresciuta sentendo dire continuamente da mia madre che dovrei essere grata per tutto. Dovevo essere grata per i piselli nel mio piatto, anche se li odiavo. Mi è stato sempre detto che dovevo avere un atteggiamento di gratitudine. Non è che io non sia grata, ma come posso aumentare la mia capacità di gratitudine?

Gary:

Tua madre ti ha forzata a un atteggiamento di gratitudine, piuttosto che alla gioia delle possibilità di gratitudine.

Non ti ha educata. Ti ha forzata. "Sii grata. Mangia questi maledetti piselli e ringrazia." Questo crea un posto per te dove la tua unica scelta possibile è la resistenza. Purtroppo, lei stava dicendo: "Fai quello che ti dico." Ci stava mettendo del suo dicendo: "Dovresti essere grata" che è un giudizio implicito che tu non sia grata, piuttosto che un riconoscere quello che effettivamente eri, ovvero una bambina che non amava i piselli.

Tua madre ha imparato a rendere i figli sbagliati da sua madre. Non è divertente? Non stava parlando veramente di gratitudine. Stava parlando di "Dovresti apprezzare il fatto che ti do questi piselli." Non si trattava proprio di gratitudine. Hai misapplicato e misidentificato che la gratitudine è l'obbligo. Sarà molto più facile se distingui cos'è la gratitudine e cos'è l'obbligo.

Va bene, signore. Questo è tutto fino alla prossima volta. Quello che voglio che capiate è che è necessario essere nel comfort con un uomo. È necessario avere la scelta pragmatica. Dovete chiedere: "Quale scelta pragmatica ho qui che creerebbe una più grande, espansiva e gioiosa facilità nella mia vita?" La tua vita, non la loro! A molte donne è stato insegnato che devono darsi da fare per l'uomo, darsi da fare per l'uomo e darsi da fare per l'uomo ed essere felici. A molti uomini è stato insegnato che devono darsi da fare per la donna, darsi da fare per la donna ed essere felici. A parte il fatto che nessuno è mai felice. Perché? Perché tutti si danno da fare e nessuno si diverte. Nessuno sta in realtà ricevendo ciò che l'altro fa. Dovete guardare alla scelta pragmatica che avete in ogni momento. Se iniziate a guardare alla scelta pragmatica, una possibilità diversa si può mostrare.

Grazie a tutte. Per favore, usate questi strumenti. Vorrei che aveste maggiore libertà in questa zona dov'è possibile creare e generare relazioni e sesso in un modo che funzioni per voi. Siete tutte donne potenti e sorprendenti. Non dovreste avere problemi in questa o in qualsiasi altra zona, ma vi create come meno-di-così, in modo da avere problemi. Farò del mio meglio per arrivare al punto in cui non si dispone di un problema da superare e invece si crea una possibilità come una nuova scelta, che crea una nuova possibilità, quindi una nuova scelta, una nuova domanda e un nuovo contributo che si può essere o ricevere. È là che stiamo andando.

6
Sei la Creatrice del Futuro

Se non riconosci che sei la creatrice del futuro, se non riconosci che prevedi il futuro e lo puoi alterare e cambiare, non sarai mai tutto ciò che sei.

Gary:
Buongiorno signore. Ci sono domande?

LE DONNE SONO LA FONTE PER LA CREAZIONE DI UNA REALTÀ DIFFERENTE

Partecipante del Salon:
Puoi parlare di stupro, guerre, mercato del sesso e molestie su minori? Ho sentito parlare di donne che vengono rapite e violentate. Che cosa possiamo fare? Possiamo cambiarlo? Come si fa a cambiarlo?

Gary:
Come donne, avete creato la possibilità di essere la fonte per la creazione di una realtà diversa per gli uomini. Ecco perché siete diventate una donna invece di un uomo.

Questa è la cosa che le donne non capiscono su loro stesse. Guardate a come gli uomini vi costringono a fare le cose, come ci sia lo stupro, com'è terribile e come non dovrebbe accadere. Ma affinché tutto ciò si possa verificare, c'è una qualche consapevolezza che deve venire meno. La realtà è che, come donna, avete la capacità di cambiare tutta l'umanità. Questo è ciò che siete venute a fare qui e questo è ciò che non state facendo.

Quale stupidità stai usando per evitare la consapevolezza di essere il catalizzatore del cambiamento per tutta l'umanità che stai scegliendo? Tutto ciò che è, per un dioziliardo, distruggerai e screerai tutto? Giusto e Sbagliato, Bene e Male, POD e POC, Tutti e 9, Shorts, Boys e Beyonds

GLI UOMINI SONO QUI PER MANTENERE LO STATUS QUO

Partecipante del Salon:
Diresti lo stesso degli uomini?

Gary:
Gli uomini sono qui per mantenere lo status quo. Non se ne rendono conto. Lo status quo è che gli uomini vanno in guerra e muoiono e le donne creano il futuro. La difficoltà è che le donne non stanno creando il futuro, che è quello che sarebbero venute a fare.

Quale attualizzazione fisica dell'essere la creatrice di una realtà totalmente diversa, di un futuro che è al di là di questa realtà, sei ora in grado di generare, creare e istituire? Tutto ciò che non permette a questo di mostrarsi, per un dioziliardo, distruggerai e screerai tutto? Giusto e Sbagliato, Bene e Male, POD e POC, Tutti e 9, Shorts, Boys e Beyonds

Il modo migliore con cui posso descriverlo è questo: ci sono persone che sono guaritori e che non lo riconoscono. Non si permettono di muoversi verso le loro abilità e capacità. Continuano a cercare di funzionare come se non fossero realmente guaritori. Così bloccano roba nel loro corpo e si fanno male.

È lo stesso per voi come creatrici del futuro. Se non riconosci di essere una creatrice del futuro, se non riconosci che puoi prevedere il futuro e modificarlo e cambiarlo, non sarai mai tutto quello che sei.

Tutto ciò che non ti permette di percepire, sapere, essere e ricevere tutto quello che in realtà sei, vuoi distruggere e screare tutto? Giusto e Sbagliato, Bene e Male, POD e POC, Tutti e 9, Shorts, Boys e Beyonds

Partecipante del Salon:
C'è questo alla base della guerra tra i sessi?

Gary:
Questo è ciò che ci è stato fatto per creare la separazione tra noi e l'essere infinito. Rendere gli uomini i fornitori dello status quo, rendere le donne le creatrici del futuro e poi dire loro che l'unico modo che hanno per creare il futuro è fare figli, non che hanno la capacità di creare il futuro. Così, continuiamo a pensare che avere figli sia creare il futuro, quando non lo è.

Partecipante del Salon:

Se gli uomini sono il mantenimento dello status quo e abbiamo così tanti uomini che sono dei "leaders" è un modo affinché loro non guardino al futuro? È tutto al contrario.

Gary:

Tutta questa realtà è al contrario. Abbiamo gli uomini come leader. Ma come funziona? Non funziona. Con gli uomini come leader, il nostro sistema politico è pressappoco "Abbiamo bisogno di cambiare le cose senza cambiarle. Dobbiamo fare le cose meglio senza cambiarle o cambiandole il meno possibile. Abbiamo bisogno di migliorare le cose, ma lo faremo nel modo in cui l'abbiamo sempre fatto. Noi non lo faremo in modo completamente diverso."

Se le donne non riconoscono il fatto di avere la capacità di creare un futuro che non è mai esistito sul pianeta, non stanno essendo la forza che sono. Le donne umanoidi vogliono andare là fuori, fare battaglia e conquistare il mondo. Questo è ciò che volete fare - perché sapete che c'è un futuro possibile che non è mai esistito su questo pianeta.

Tutto quello che avete fatto per negare, non sapere, non vedere, non essere, non percepire e non ricevere tutto ciò che siete capaci di cambiare e come siete in grado di farlo e di creare una realtà diversa su questo pianeta, distruggerete e screerete tutto? Giusto e Sbagliato, Bene e Male, POD e POC, Tutti e 9, Shorts, Boys e Beyonds

Se tu fossi disposta ad essere il 990% di ciò che sei, saresti disposta a vedere come puoi cambiare la situazione. Saresti disposta a vedere come è possibile creare una possibilità diversa. A quanto pare, io sono una donna nel corpo di un uomo, perché sono sempre disposto a vedere come le cose possono essere cambiate e come il futuro può essere diverso. Sono disposto a vedere una possibilità che è diversa da qualsiasi cosa abbiamo mai percepito, saputo, siamo mai stati o abbiamo mai ricevuto. È di importanza fondamentale rendersi conto che la ragione per cui siete venute sul pianeta Terra è quella di creare una realtà che non è mai esistita prima.

Il modo in cui create la versione umana di percepire, sapere, essere e ricevere è di fare quella faccenda meschina del pugnalare alle spalle. Se foste più competitive sulla creazione di una realtà che non è mai esistita e foste più disposte a competere sulla creazione di qualcosa di più grande di ciò che attualmente esiste, tutto questo cambierebbe ciò che accade nella vostra vita? Cambierebbe il modo in cui funzionate gli uni con gli altri? Cambierebbe ciò che state cercando di creare e generare?

UN FUTURO NEL QUALE NON ABBIAMO ANCORA MESSO PIEDE

Partecipante del Salon:

Stai parlando di un futuro in cui le persone sono consapevoli di poter guarire se stesse?

Gary:

Non so di quale futuro sto parlando. So solo che c'è un futuro a nostra disposizione e che non ci siamo ancora entrati.

Quale capacità generativa per la solidificazione istantanea degli elementali nella realtà su richiesta degli entanglements quantistici soddisfatti come percepire, sapere, essere e ricevere un futuro che creerà un futuro al di là del futuro che è attualmente stato creato, sei ora in grado di generare, creare e istituire? Tutto ciò che non permette a questo di mostrarsi, per un dioziliardo, distruggerai e screerai tutto? Giusto e Sbagliato, Bene e Male, POD e POC, Tutti e 9, Shorts, Boys e Beyonds

Tu non sei disposta a creare il futuro. Non vuoi essere responsabile di ciò che il futuro crea. Se tu fossi responsabile di ciò che viene creato nel futuro, dovresti essere responsabile se la metà delle persone sul pianeta dovesse morire in base al futuro che hai creato. Sarebbe facile o difficile per te? Cosa non sei disposta a fare o essere? Gran parte di ciò che si è verificato avviene perché non si è disposti a fare o essere qualcosa.

Cosa non sei disposta a essere o fare che, se fossi disposta a esserlo o a farlo, creerebbe un futuro che l'umanità non potrebbe negare? Tutto ciò che è, per un dioziliardo, distruggerai e screerai tutto? Giusto e Sbagliato, Bene e Male, Tutti e 9, POD e POC, Shorts, Boys e Beyonds

Un futuro che non c'è mai stato non è definibile. Creazione in questa realtà riguarda il creare ciò che tutti gli altri capiscono - quello che già hanno, o dovrebbero avere, o farebbero meglio ad avere. Non sto parlando di questo. Sto chiedendo: Che cosa vuoi creare?

Partecipante del Salon:

Che succede se non ho una definizione per il futuro? So che c'è una leggerezza e uno spazio. È là fuori, ma non ho una definizione per questo. Non è "Voglio creare cento milioni di dollari."

Gary:

Creare cento milioni di dollari è una definizione di futuro basato su questa realtà. E se il futuro che potresti creare ti desse dieci miliardi di dollari? Potresti definirlo? Continui a cercare di definire ciò che la creazione del futuro è, invece di essere consapevole del fatto che la creazione del futuro è la creazione di una realtà non definita basata sulle possibilità – non sulle conclusioni. Una realtà indefinita è quando realizzi "Quello che vorrei è qualcosa di diverso. Quello che posso creare è qualcosa di diverso. Non ho idea di cosa sia. Se non ho idea di quello che posso creare, cosa posso creare?"

Partecipante del Salon:

Ha importanza ciò che il futuro è? Non è che se tutti sono consapevoli di ciò che scelgono, poi possono sceglierlo o non sceglierlo? Non vi è alcuna necessità di questi problemi.

Gary:

Sì, ma preferisci affrontare i problemi perché preferisci essere un risolutore di problemi. Si preferisce avere un problema da risolvere o qualcosa da fare di concreto piuttosto che vivere da un futuro che non ha solidità.

"MI ANNOIO"

Partecipante del Salon:

Mi annoio parecchio facendo scorrere MTVSS. Mi puoi aiutare con questo?

Gary:

Non hai rivendicato di poter creare un futuro che non esiste. Quando non sostieni questo, ti annoi con ciò che non sei disposta ad essere e fare.

Quale stupidità stai usando per creare la noia e la diminuzione di te che stai scegliendo? Tutto ciò che è, per un dioziliardo, distruggerai e screerai tutto? Giusto e Sbagliato, Bene e Male, POD e POC, Tutti e 9, Shorts, Boys e Beyonds

Le cose che facciamo in Access Consciousness non riguardano il dare una risposta. Si tratta di aprire la porta a quello che sei capace di fare, che non hai ancora realizzato, percepito, conosciuto o non sei ancora stata. Access riguarda il darti la possibilità di creare e scegliere quello.

Devi essere chiara su ciò che sei in grado di fare. Continui a cercare di fingere di essere in qualche modo ostacolata da questa realtà, fermata da questa realtà, controllata da questa realtà e limitata da ciò che gli altri non sceglieranno.

Come donna, puoi scegliere quello che altri non possono scegliere.

Quante di voi hanno passato la vita creando, come se non ci fosse alcun futuro? Eppure tu sei la fonte del futuro e stai dando agli uomini la fonte del futuro. Ora capisco perché ho così tante donne che lavorano per me.

Quale stupidità stai usando per creare il futuro che stai scegliendo? Tutto ciò che è, per un dioziliardo, distruggerai e screerai tutto? Giusto e Sbagliato, Bene e Male, POD e POC, Tutti e 9, Shorts, Boys e Beyonds

Se dovessi realizzare di essere il creatore del futuro, lo riconosceresti - o vorresti trovare una ragione per la quale non c'è futuro, in modo da non dover creare?

Tutte quelle di voi che stanno cercando di non creare in modo che non sia necessario creare un futuro ed essere responsabili del futuro che viene creato, perché pensate che il passato fa schifo, volete distruggere e screare tutto? Giusto e Sbagliato, Bene e Male, POD e POC, Tutti e 9, Shorts, Boys e Beyonds

Non vi sto chiedendo di creare un futuro basato sul passato. Vi sto chiedendo di creare un futuro che non è mai esistito. Avete notato che quando chiedo questo, c'è una leggerezza nel vostro universo che non è possibile definire? Questo perché l'intera area di ciò che è definibile non è definibile.

Partecipante del Salon:

Hai parlato di creare un futuro che non è mai esistito e un futuro al di là di questa realtà. C'è una differenza tra i due?

Gary:

Non proprio. Se si crea un futuro al di là di questa realtà, deve essere qualcosa che non è mai esistito qui. I soli futuri che sono stati creati qui sono la prevedibilità del futuro basata sul passato - le strutture di probabilità di questa realtà.

LE CREDENZIALI DEFINITIVE

Partecipante del Salon:

Ho fatto i Bars ad alcune persone senza chiedere loro nulla, sperando di cambiare l'universo di qualcuno. Ma poi mi hanno detto che non ho alcuna qualifica come life coach.

Gary:

Stavi sperando e pregando, ma non stavi imponendo ciò che è effettivamente possibile. Dì alla gente di avere un CFMW. Basta dirlo. Non ti chiederanno cos'è. Riterranno che dovrebbero sapere di cosa si tratta.

Stai cercando la giustificazione che quello che stai facendo è giusto, invece di essere disposta ad essere la consapevolezza di come si può creare un futuro diverso.

La gente dice che non hai credenziali perché non stai chiedendo soldi per quello che fai. La credenziale suprema sul pianeta Terra è la volontà di farsi pagare. Quanto più ti fai pagare, tanto più la gente penserà che sei brava. Se stai cercando di proporre qualcosa, vale esattamente la cifra che le persone stanno pagando per averla. Niente. Devi far pagare la gente se vuoi che diano valore a quello che offri. Stai cercando di creare un futuro. Non sei disposta a farti pagare ciò che creerebbe in loro la disponibilità ad avere quel tipo di futuro.

Partecipante del Salon:

Quando penso ai soldi, li sento sfuggenti.

Gary:

Stai scegliendo di non averli, è per questo che continui a dare via Access Consciousness facendo Bars gratuiti alla gente. Continui a cercare di rendere Access un'esperienza religiosa, invece di un'esperienza creativa. Access Consciousness non è una cosa religiosa. Non è qualcosa che si deve adorare. Non è qualcosa che devi fare. Non è qualcosa che devi vedere come più grande di te. È qualcosa che devi vedere come la possibilità di una possibilità diversa che non è mai stata una possibilità in questa realtà.

Partecipante del Salon:

Access Consciousness parla a un'energia che ho sempre saputo era possibile.

Gary:

Sì, lo so. Continui a cercare di definirla sulla base di questa realtà, che è il motivo per il quale continui a cercare di darla via, invece di farla pagare abbastanza affinché le persone le diano il giusto valore. Le persone non apprezzano nulla di ciò che ottengono gratuitamente. Smetti di cercare di condividerla. Le donne cercano di condividere. Devi andare al di là dell'essere una donna. Puoi vedere che cambierebbe le cose per la gente – ma devi essere disposta ad aspettare e ascoltare ciò che la gente ti richiede.

"DESIDERANO QUELLO CHE HO DA OFFRIRE?"

Partecipante del Salon:

Mi piacerebbe portare più consapevolezza a tutti quelli intorno a me.

Gary:

Non hai chiesto se la vogliono. Non stai funzionando dalla domanda: "Desiderano ciò che ho da offrire?" Sei come la madre del Sud che cucina porridge e dice: "Mangialo. Ti fa bene." Che alla persona piaccia il porridge o meno è irrilevante. Il fatto che sia stato cucinato significa che lui o lei lo devono mangiare.

Partecipante del Salon:
Non capisco.

Gary:
Qual è il tuo background etnico?

Partecipante del Salon:
Sono cambogiana.

Gary:
Qual è il condimento principale in Cambogia?

Partecipante del Salon:
Salsa di pesce fermentato.

Gary:
Tu fai della salsa di pesce fermentato e dici a qualcuno: "Ecco della salsa di pesce per te. L'ho messa su tutto ciò che stai per mangiare. Ti piacerà." Stai cercando di dire: "Questa consapevolezza è la perfetta salsa di pesce. Mangiala."

L'altra persona sta dicendo: "Ma non mi piace la salsa di pesce fermentato."

E tu rispondi: "Non c'è problema. Ti fa bene. Mangiala."

Questa è la conclusione che sia buona. Continui a cercare di arrivare alla conclusione su ciò che supponi di dover fornire, invece di farti la domanda: "Che cosa possono sentire queste persone?" Questo è essere consapevoli di ciò che possono o non possono sentire, senza avere un punto di vista a riguardo.

Il futuro è una realtà indefinita, ma tu stai cercando di definirla. Stai dicendo: "Purché ci sia salsa di pesce sopra, andrà tutto bene" piuttosto che: "Posso avere una realtà in cui esiste la salsa di pesce o non esiste la salsa di pesce. Creerò un futuro che funzionerà in un modo diverso rispetto a quello che tutti qui pensano sia reale perché questo è ciò che funziona per me."

Voi non sapete ciò che il futuro sarà, ma continuiate a creare un futuro basato su ciò che avete deciso essere appropriato come futuro, piuttosto che chiedere: "Cosa potrebbe esistere come futuro che non abbiamo nemmeno preso in considerazione?"

LA TUA CAPACITÀ DI CAMBIARE LA REALTÀ

Partecipante del Salon:
Cosa possono essere o fare le donne per invitare più uomini ad Access?

Gary:
Ci sono più donne che uomini in Access perché gli uomini stanno cercando di mantenere lo status quo. Questo gli è stato insegnato a fare. Dal giorno uno gli è stato insegnato: "Devi aggiustare questa cosa, non cambiarla."

Alle donne è stato insegnato che devono cambiarsi d'abito, perché questo è cambiare. Naturalmente, questo è solo cambiare l'immagine. E se non cambiassi l'immagine, ma cambiassi tu?

Quale attualizzazione fisica dell'eterna capacità di cambiare la realtà sei ora in grado di generare, creare e istituire? Tutto ciò che non permette a questo di mostrarsi, per un dioziliardo, distruggerai e screerai tutto? Giusto e Sbagliato, Bene e Male, POD e POC, Tutti e 9, Shorts, Boys e Beyonds

Parlerò della vostra capacità di cambiare la realtà nelle prossime chiamate. La volontà di fare ed essere questo richiede un impegno da parte vostra a rinunciare a tutto ciò che si è definito come vero e buono in questa realtà, che sia avere una famiglia, vivere a partire dai bisogni degli altri, avere una relazione perfetta o creare qualcosa nella tua vita. C'è un punto in cui devi essere disposta a creare un futuro che non è mai esistito, che modificherà il modo in cui ogni cosa si mostra nella tua vita.

Devi guardare a ciò che desideri sia la tua vita e creare partendo da qui, quindi se avere un uomo nella tua vita funziona, allora lo avrai. Se non funziona, non lo avrai. Non si tratta di creare la vostra vita sulla base di "Come faccio ad avere il rapporto di cui ho bisogno?" ma "Come faccio ad avere la vita che mi piacerebbe avere?"

Ora sto per chiederti di fare un passo ulteriore. Chiedi: "Che futuro vorrei che non ho mai nemmeno preso in considerazione?" Hai preso in considerazione un centinaio di milioni di dollari? Sì. Nessun problema. Ma non lascerai che questo accada per qual motivo? La realtà è che non ne hai idea.

Tutto quello che hai fatto per eliminare i cento milioni di dollari che potresti avere nella tua vita, dato che _____, vuoi distruggere e screare tutto? Giusto e Sbagliato, Bene e Male, POD e POC, Tutti e 9, Shorts, Boys e Beyonds

Hai definito il tipo di futuro che cento milioni di dollari creerebbero per te. Hai deciso: "Avere un centinaio di milioni di dollari significa che farei questo, questo e questo. Avrei questo, questo e questo." Come sarebbe se la definizione di te fosse parte della limitazione dalla quale stai funzionando? L'unica ragione per la quale non disponi di un centinaio di milioni di dollari è che hai definito te stessa come non in possesso di cento milioni di dollari.

Quale stupidità stai usando per creare la definizione di te che stai scegliendo? Tutto ciò che è, per un dioziliardo, distruggerai e screerai tutto? Giusto e Sbagliato, Bene e Male, POD e POC, Tutti e 9, Shorts, Boys e Beyonds

DEVI GUARDARE A COME FUNZIONANO GLI UOMINI

Partecipante del Salon:
Io e mio marito stiamo insieme da quando avevamo quindici e diciassette anni. Abbiamo attraversato cambiamenti incredibili nella nostra relazione. Quando siamo entrambi vulnerabili e connessi, abbiamo un rapporto che funziona davvero. Però c'è un problema. Sembra che quando le cose vanno davvero bene, mio marito va nel trauma e dramma su qualcosa che faccio. Io non mi arrabbio, ma sembra che meno mi arrabbio io, tanto più si arrabbia lui. Si chiude e alza dei muri.

Gary:
Perché deve mantenere lo status quo.

Partecipante del Salon:
L'ultima volta che è accaduto, ha tirato indietro la sua energia così forte che è letteralmente scomparso davanti ai

miei occhi. Si è scollegato da me per diversi giorni o una settimana. Infine ha voluto riconnettersi come non era mai successo. Puoi fare un po' di chiarezza?

Gary:

Prova a chiedere: Quale energia, spazio e consapevolezza posso essere che creerebbe una realtà diversa nella sua totalità? Potrebbe non succedere immediatamente. Ci vuole un po' di tempo perché l'universo riordini le cose.

Partecipante del Salon:

Cerco di parlare con lui a questo proposito, ma non funziona.

Gary:

Devi guardare come funzionano gli uomini. Gli uomini funzionano da "Se dobbiamo discutere, significa che c'è qualcosa di sbagliato e io devo sistemarlo." Se davvero vuoi discutere di qualcosa, devi dire: "Tesoro, ho pensato questo. Cosa ne pensi?" Poi lo lasci stare per due o tre giorni. Arriverà a qualche conclusione, il che ti darà chiarezza su quello che devi gestire e cosa devi cambiare per fare la differenza.

Non dire mai: "Dimmi quello che vuoi." Lui non ha idea. Un uomo deve sedersi, guardare la TV per 27 ore e arrivare ad una conclusione. Non arriva a una conclusione istantaneamente. Non sa come condividere. Non gli è mai stato insegnato a condividere. Non ha idea di cosa significhi condivisione. Voi donne continuate a chiedere: "Condividi i tuoi sentimenti con me." Lui non può condividere i suoi sentimenti perché gli è stato insegnato che l'unica cosa che deve fare quando sente qualcosa è chiudersi. Se cerchi di convincerlo a condividere, lo stai prendendo a pugni direttamente nei testicoli. Non è così che vuoi creare una relazione.

Continui a scegliere lo stesso tipo di uomo più e più volte invece di scegliere un rapporto che funziona. Parte del problema è che hai standard o ideali su ciò che pensi un uomo dovrebbe essere. Gli uomini che non soddisfano questi standard sono gli uomini che potrebbero darti quello che dici di volere e che non stai ricevendo.

Vorrei che capiste che non occorre odiare gli uomini. Non c'è bisogno di spingerli via. Non è necessario scegliere gli uomini. Devi solo essere disposta a permettere agli uomini di essere esattamente chi sono e non aver punti di vista su questo. L'interessante punto di vista creerà una realtà diversa.

La gioia di essere un'umanoide femminile è che avete la possibilità di creare il futuro. Questa è una delle cose che la maggior parte di voi non è disposta a riconoscere.

Quale stupidità stai usando per creare evitando totalmente di creare il futuro che sai che è possibile stai scegliendo? Tutto ciò che è, per un dioziliardo, distruggerai e screerai tutto? Giusto e Sbagliato, Bene e Male, POD e POC, Tutti e 9, Shorts, Boys e Beyonds

Si tratta di creare una realtà al di là di questa realtà. Non si tratta di creare al di là di quello che sai. Tu sai che una realtà diversa è possibile e hai sempre cercato di capire che cos'è. Hai notato? Qualcuno ha contribuito a renderla possibile? Non sei stata disposta a vedere di che cosa sei capace tu di cui gli altri non sono capaci.

Quale stupidità stai usando per creare la mancanza di capacità generativa e consapevolezza del futuro che stai scegliendo? Tutto ciò che è, per un dioziliardo, distruggerai e screerai tutto? Giusto e Sbagliato, Bene e Male, POD e POC, Tutti e 9, Shorts, Boys e Beyonds

ESSERE FUORI DAL CONTESTO

Partecipante del Salon:
   Sembra che scegliere la nostra capacità generativa e la consapevolezza del futuro richieda di uscire da qualsiasi tipo di contesto. È corretto?

Gary:
   Se definisci te stessa come una donna, è un contesto? Sì, lo è. Crea i parametri di come ti rapporti a tutto e a tutti. Quanto di ciò che avete imparato sull'essere una donna indica che dovresti essere solo un importante sostegno, la spina dorsale della realtà e non la creatrice della realtà? È vero? O è quello che ti sei bevuta come vero che ti sta limitando?
   Tutto quello che ti sei bevuta come vero sull'essere una donna, una femminista e una persona femminile e che non è vero, restituirai al mittente con consapevolezza attaccata? Giusto e Sbagliato, Bene e Male, POD e POC, Tutti e 9, Shorts, Boys e Beyonds

CON LE SCELTE CHE FAI, CREI UN FUTURO DIVERSO

Partecipante del Salon:

Stavo guardando Jane Eyre e ho cominciato a piangere sul finale. Mi sono resa conto che non stavo aspettando il signor Rothschild. Ogni volta che ho avuto una relazione, la mia esigenza è stata quella di avere intimità con quella persona, con tutte le cose e con tutti. Ho visto quanta intimità sto cercando. Stare con quella energia creerà un futuro diverso?

Gary:

Già. Questa realtà non è basata su un'intimità di possibilità. Questa realtà si basa sulla distanza che possiamo creare tra di noi, per assicurarci di non essere mai abbastanza vicini per creare e generare davvero qualcosa che cambierà dinamicamente tutto intorno a noi.

Partecipante del Salon:

Seguire l'energia dei luoghi dove sto cercando intimità creerebbe un futuro diverso?

Gary:

Sì, lo creerebbe. Con le scelte che fate, si crea un futuro diverso. Questo è ciò che si può fare. Questo è il modo in cui è possibile creare un futuro, che non esiste qui.

Quale stupidità stai usando per evitare il futuro che potresti creare e scegliere che stai scegliendo? Tutto ciò che è, per un dioziliardo, distruggerai e screerai tutto? Giusto e Sbagliato, Bene e Male, POD e POC, Tutti e 9, Shorts, Boys e Beyonds

È possibile creare un futuro diverso con scelte che si fanno. Questo è più facile per le donne rispetto agli uomini perché agli uomini è stato insegnato che sono tenuti a mantenere le cose come sono. Si suppone che lavorino e aggiustino tutto; non è previsto che cambino le cose. Vi è stato insegnato che, al massimo, dovreste cambiarvi d'abito. Questo è un posto molto diverso dal quale funzionare.

Quando qualcosa non va come si pensava, si va nel giudizio di quella cosa. Ma se siete disposte a creare il futuro, non potete prevedere come qualcosa andrà a finire. Non è una struttura di probabilità. È un sistema di possibilità. Cerchiamo di evitare la perdita creando le probabilità di ciò che vinceremo o perderemo. Fare questo crea? No. Mantiene solamente. Questo è ciò che è stato insegnato agli uomini - mantenere, basandosi sulla probabilità: "Se non parlo, le donne non mi odieranno. Se non sbaglio, le donne non saranno arrabbiate con me. Se non faccio questa cosa male, le donne staranno bene con me." Gli uomini funzionano da un livello di struttura delle probabilità che è talmente demente e cementato nella loro realtà che raramente riescono a fare una vera scelta. Ma quando lo scelgono, come voi, possono creare una possibilità diversa.

È UNA SCELTA, POI UN'ALTRA

Partecipante del Salon:
Stai dicendo che non devo creare tutto oggi? È una scelta, poi un'altra e un'altra ancora?

Gary:

Sì, è una scelta. È la scelta di ascoltare quando non desideri ascoltare. Scegliere una cosa che ti rompe fino a quando non la scegli. Essere consapevoli di ciò di cui si è consapevoli, anche se non si vuole essere consapevoli di come si è consapevoli. Sai che devi farlo. Sai che puoi. Sai che è una cosa possibile. Che altra scelta hai?

Quale attualizzazione fisica di una realtà totalmente diversa e di un futuro completamente diverso sei ora in grado di generare, creare e istituire? Tutto ciò che non permette a questo di mostrarsi, per un dioziliardo, distruggerai e screerai tutto? Giusto e Sbagliato, Bene e Male, POD e POC, Tutti e 9, Shorts, Boys e Beyonds

PUOI AVERE UNA REALTÀ DIVERSA

Partecipante del Salon:

Mi sono svegliata con la domanda: "E se oggi fosse diverso?"

Gary:

Cosa sarebbe se oggi fosse diverso da quello che hai mai immaginato? Devi scegliere di creare qualcosa che davvero è un futuro. Questo creerà qualcosa di diverso da ciò che c'era prima. In questo momento tutto è stato progettato per distruggere la Terra.

Partecipante del Salon:

Fin da quando ero bambina, ogni volta che ho cercato di creare una realtà diversa, mi hanno dato della stupida.

Gary:

Ti rendi conto che sei una delle persone che potrebbero creare un futuro diverso se lo scegliessero? Puoi creare un futuro diverso per le persone della tua vita, con le scelte diverse che fai, quando sei con loro. Ogni scelta che fai può creare un futuro diverso da quello che pensi di stare creando. Devi uscire da questa realtà e cominciare a renderti conto che si può avere una realtà diversa, una tua, indipendentemente da ciò che pensano gli altri. C'è sempre qualche tipo di giudizio. C'è sempre qualcuno che pensa che tu sia stupida. Ma indipendentemente da ciò che chiunque possa pensare, esiste un futuro diverso.

LA DEFINIZIONE È IL DISTRUTTORE

Partecipante del Salon:

Stai parlando di creare un futuro indefinibile e ci stai chiedendo di essere indefinibili. Ovunque ci sia la definizione, è là che il distruttore arriva nella creazione per disfarla?

Gary:

Sì. Ovunque stai cercando di definire che cos'è la creazione del futuro, distruggi il futuro in favore di una versione diversa di presente.

Se non avessi potuto definire quello che pensavi essere una buona cosa per il futuro, avresti creato quello che creerebbe un futuro più grande di quello che credevi possibile? E se le scelte che hai a disposizione per la creazione del futuro non fossero quello che pensavi che fossero, ma ancora migliori, come sarebbe? Se definisci che la creazione di una grande realtà futura è la creazione di un centinaio di milioni di dollari, allora hai definito questo come un magnifico futuro. E se questo fosse un futuro limitato e non un futuro magnifico? E se fosse questa la cosa che ti blocca e non la cosa che crea?

QUAL È IL MIO OBIETTIVO SUL PIANETA TERRA?

Ho creato Access Consciousness al di là di ciò che chiunque in questa realtà definisse come possibile. Fin dall'inizio, tutti mi dicevano che ero sbagliato. Tutto quello che facevo era sbagliato. Il modo in cui l'avevo creato era sbagliato. La struttura era sbagliata. Il sistema che stavo scegliendo era sbagliato. Non stavo facendo le cose che lo avrebbero creato come il culto perfetto. Non stavo creando in un modo che avrebbe fatto arrivare e restare tutti. Ma non era il mio obiettivo.

Devi cominciare a guardare:
- Qual è il mio obiettivo qui sul pianeta Terra?
- Voglio avere una relazione e una famiglia e vivere felice e contento, secondo la realtà di qualcun altro di "felice e contento?"
- Oppure voglio creare qualcosa di diverso?
- Cosa funzionerebbe effettivamente per me, che non funzionerebbe necessariamente per qualcun altro?

Avete a vostra disposizione la capacità di creare un futuro che nessun altro può vedere, nessun altro può essere, nessun altro può scegliere e nessun altro potrà mai considerare come di valore, ma sarà sempre prezioso per voi. Esiste una possibilità diversa. Ma devi sceglierla.

Devi vedere la tua capacità come la donna che sei. Hai la capacità di creare un futuro che non è mai esistito. È questo che sei venuta a fare qui. È per questo che sei qui. Questo è ciò che sai essere possibile. È questo che non hai ancora scelto di essere o fare. Hai provato a sceglierlo sulla base della versione di questa realtà di ciò che è giusto.

E se quello fosse il minimo di te, non il meglio di te? Continui a cercare di guardare il meglio di te come se il minimo di te fosse il meglio di te. Non lo è. Hai molto di più a disposizione. Mi dispiace di non potertelo dare tutto in questa chiamata.

Partecipante del Salon:
Ci puoi parlare della differenza tra di valore e significativo?

Gary:
Tu rendi le cose di valore secondo le realtà della gente, perché quello che gli altri definiscono significativo è quello che pensi di dover fornire. Quello che è meno significativo per te è ciò che è più prezioso di te.

Il futuro basato sulla propagazione della specie non è la creazione di una realtà al di là di questa realtà. È la creazione di questa realtà più e più volte, come se stessi ottenendo un risultato diverso. I vostri figli saranno migliori di voi? Per esperienza personale, direi di no. I vostri figli potranno essere ciò che sono. Non si può pretendere che siano migliori di voi. Potete solo aspettarvi che siano ciò che sono. Se poi saranno migliori di voi, sarà fantastico.

Partecipante del Salon:
Ma io vedo i miei figli migliori di me.

Gary:
No. Li giudichi come migliori di te. È diverso. Cerchi di vederli come migliori di te piuttosto che vedere il dono che gli hai fatto – l'abilità di scegliere qualcosa che potrebbe essere possibile. Questo non li rende migliori di te. Li rende diversi da te, perché a te questa cosa non è stata insegnata. L'hai messa insieme da sola.

Come sarebbe se tu fossi il regalo che ha reso la loro vita migliore, invece di pensare che loro siano il dono che rende migliore la tua?

Che tipo di futuro stai cercando di creare?

Grazie, signore. Non vedo l'ora di parlare con voi la prossima settimana.

7
Fare il Dono delle Possibilità

*La vera cura non è fare tutto per gli altri.
È dare loro il regno delle possibilità.*

Gary:
Benvenute, signore. Vorrei iniziare con alcune domande.

COSA PERMETTERÀ CHE TUTTO VENGA GESTITO CON FACILITÀ?

Partecipante del Salon:
Mio figlio adottivo di dodici anni ha la sindrome alcolica fetale, l'ADHD e problemi emotivi. Ho lottato con lui e sperimentato un sacco di stress come madre single. Recentemente è stato cacciato dal suo doposcuola. Questo gli ha fornito una ragione per vivere con suo padre. Ho pensato che forse aveva bisogno di un diverso tipo di disciplina e lui, in diverse occasioni, aveva affermato di voler vivere con suo padre. Eppure, dopo aver preso questa decisione, ha sentito che lo avevo abbandonato.

Gary:

Questo si chiama manipolazione cara, non è la realtà.

Partecipante del Salon:

Grosso modo, sembrava contento di vivere con il suo papà. È a soli quindici minuti di distanza e lo vedo regolarmente. In seguito, ho fatto alcune classi di Access Consciousness e ora, a volte, mi sento in colpa perché imparo strumenti utili da usare con lui, ma ho meno occasioni per vederlo. Il senso di colpa è diminuito negli ultimi sei mesi, ma accadono cose che me lo ripropongono. Per esempio, di recente, ho sentito dire da nostra figlia quindicenne che suo padre diceva in giro che avevo abbandonato nostro figlio.

Gary:

Non hai abbandonato tuo figlio. Questo è il modo in cui il papà vuol far sembrare bravo lui e cattiva te. Sta cercando di rendersi migliore di te; sta cercando di competere con te per dimostrare di essere lui un buon genitore e tu un cattivo genitore. Non funzionerà bene per molto a lungo, ma funzionerà per te, se non te la bevi.

Partecipante del Salon:

So che quello che dice non è vero, ma mi dà fastidio. Sono a metà tra il sentirmi in colpa e sentire che non sto facendo abbastanza, anche se sono attiva nella vita di mio figlio e faccio cose che penso gli siano di beneficio. Ho tanta nuova consapevolezza sulle capacità che possiede. Mi chiedo: "Quale sintesi energetica della comunione posso essere, per essere il genitore che i miei figli hanno bisogno che sia?"

Gary:

No no no. Hai bisogno di chiedere: "Quale sintesi energetica della comunione posso essere che permetterebbe a tutto questo di succedere con facilità totale?" Non assumere il punto di vista di stare tentando di soddisfare le esigenze dei tuoi figli. Se hai questo punto di vista, sei già arrivata alla conclusione, alla decisione e al giudizio di chi? Tuo!

Non vuoi chiedere che cosa è necessario che tu sia per i tuoi figli, perché loro chiedono sempre qualcuno che faccia tutto ciò che vogliono, senza che loro siano minimamente consapevoli. Non chiedere cosa puoi essere per i tuoi figli. Chiedi: "Che cosa ci vorrebbe perché tutto questo sia gestito con facilità?"

VERA CURA AMOREVOLE VS PRENDERSI CURA

Partecipante del Salon:

Grazie. Direi, da come stanno andando le cose ora, che ho creato una realtà migliore con mia figlia. È un'adolescente molto più felice e più impegnata di quanto non fosse un anno fa.

Gary:

Già, perché tuo figlio non si sta più prendendo tutta l'energia.

Partecipante del Salon:

Mi hanno detto che mio figlio non si sta comportando male ed è nella migliore scuola della zona per bambini con bisogni speciali. Suo padre lavora lì. Quindi, quale stupidità mi fa sentire in colpa e suscettibile agli attacchi emotivi che suo padre mi fa sul rinunciare a lui?

Gary:

Non hai rinunciato a lui, tesoro. Non ci hai rinunciato. Sei ancora lì per lui. Non hai rinunciato a nulla. Sei qualcuno che sa prendersi amorevolmente cura.

Quante di voi donne non vogliono riconoscere quanto vi prendete cura? Tutto quello che avete fatto per negare il prendersi cura, distruggerete e screerete tutto? Giusto e Sbagliato, Bene e Male, POD e POC, Tutti e 9, Shorts, Boys e Beyonds

Riconosci che la vera cura amorevole è parte di te; non è il prendersi cura. Se riconosci di essere la creatrice del futuro e sei disposta a farlo, da un senso di cura amorevole delle possibilità del futuro, le scelte del futuro, non sarà possibile essere catturate dal "Devo prendermi cura di", "Devo fare-fare-fare", "Devo arrendermi agli uomini", "Devo annullare me stessa." Niente di tutto ciò si verificherà.

Prendersi cura di è un'invenzione che dice che se fai qualcosa per gli altri, vuol dire che ci tieni. Questa è l'invenzione del prendersi cura. Il prendersi cura in questa realtà è "Mi prendo cura di loro e questo dimostra che ci tengo." Fai tutto per qualcuno per dimostrare che ci tieni, piuttosto che riconoscere cos'è in realtà la cura amorevole.

La vera cura amorevole può essere "Fallo di nuovo e ti uccido." A volte la cura amorevole è chiudere con le persone e non sostenerli indipendentemente dalla situazione. A un certo punto, il mio figlio più giovane ha cominciato a bere molto e quando beveva diventava veramente odioso. Prendersi cura di lui è stato dirgli: "Non starmi intorno quando bevi perché non mi piaci."

Come risultato, ha cominciato a bere di meno. Ha praticamente smesso ed è maggiormente in controllo della sua vita. La mia cura amorevole è stata quello di dirgli: "Non va bene quando bevi perché diventi uno stronzo. Non bere quando sono nei paraggi."

Ha chiesto: "Papà, dov'è la tua allowance?"

Ho detto: "Questa è allowance dato che a) non ti ho denunciato alla polizia b) non ti ho ucciso c) ho sopportato la tua merda abbastanza a lungo. Ora che mi sono rotto, devi cambiare." A volte chiedere a qualcuno di cambiare è prendersene cura. Abbiamo tutti questi segni, sigilli, emblemi e significati di ciò che la cura è, nessuno dei quali sono vera cura amorevole.

Quale stupidità stai usando per creare i segni, sigilli, emblemi e significati del prendersi cura come la sbagliatezza, il dubbio, la stupidità e la follia che stai scegliendo? Tutto ciò che è, per dioziliardi, distruggerai e screerai tutto? Giusto e Sbagliato, Bene e Male, POD e POC, Tutti e 9, Shorts, Boys e Beyonds

La vera cura amorevole non è fare di tutto per gli altri. È dare agli altri il regno delle possibilità. Vi è stato insegnato che facendo di tutto per qualcuno si dimostra di tenerci. Ma perché devi dimostrare di tenerci? Noi non guardiamo al prendersi cura, come dare agli altri il regno delle possibilità, perché ci viene insegnato che, per dimostrare di tenere a qualcuno, dobbiamo fare x, y e z, nessuno dei quali ha a che fare con la vera scelta o vera possibilità.

DEVI RICONOSCERE COS'È

Partecipante del Salon:

Si può dire lo stesso per l'amore, Gary, come in "Se mi ami, farai questo per me?"

Gary:

Questa è solo manipolazione. Una donna in Access una volta mi disse: "Mi piacerebbe avere un rapporto con te, ma non potrei avere un rapporto con Dain, perché mi farebbe male." Ho detto a Dain che aveva questo punto di vista.

Dopo di ciò, sono stati insieme. Ha iniziato a fargli cose tremende e lui non poteva restituire nulla perché era deciso a dimostrare che non le avrebbe fatto del male. L'ha quasi ucciso!

Partecipante del Salon:

Quindi, assumendo il punto di vista "Non posso farle del male", ha fatto tutto quello che poteva fare senza farle del male, incluso uccidersi?

Gary:

Sì e questo non è qualcosa che creerà possibilità. Bisogna riconoscere ciò che è invece di vedere ciò che pensi che sia.

Il regno delle possibilità è un luogo, in cui si riconosce ciò che è in realtà possibile, il che è l'idea di creare il futuro. Ho parlato di questo nella nostra ultima chiamata. Le donne pensano che creare figli o essere una madre sia la creazione del futuro. Non è quello. La creazione del futuro è riconoscere che le scelte delle persone sono l'unica cosa che crea possibilità.

Partecipante del Salon:

Mi è stato insegnato che il futuro è quello che è e che non posso cambiarlo.

Gary:

Non si tratta di cambiare il futuro; si tratta di crearlo.

Partecipante del Salon:

Questo è un blocco per me. Non mi è mai stato detto che il futuro è una creazione. Mi è stato insegnato che è quello che è.

CREAZIONE E INVENZIONE

Gary:

Parte del problema è che ci viene insegnato a creare una realtà visiva di qualcosa e ci blocchiamo nell'idea che creazione e invenzione siano la stessa cosa.

Partecipante del Salon:

Qual è la differenza?

Gary:

Il modo migliore che ho per descriverla è questo: una volta, ero in America Latina e stavo guardando la televisione. Era in spagnolo e non capivo tutto. Parlavano di seduzione e passione e, per rappresentare la passione, mostravano un paio di mutandine che cadono alle caviglie di qualcuno. La persona, che aveva piedi grandi, indossava scarpe da tennis e calzini corti da tennis. Avrebbe potuto essere il perizoma di un uomo o di una donna, ma qualunque cosa fosse, non c'era passione. Avrebbe dovuto essere la realtà visiva della passione. Era un'invenzione.

REALTÀ VISIVE

Partecipante del Salon:

Ci puoi dire di più sulle realtà visive che inventiamo?

Gary:

Quante volte si dice: "Devo vedere com'è" oppure "Devo vedere come funziona?" È come se pensassi che, vedendo l'aspetto visivo di come qualcosa funziona, lo potessi portare in esistenza, in fruizione.

Partecipante del Salon:

Sai dove sono andata, Gary? Sono andata nel visivo. Vedo il mio divano. Ho reso questo divano così solido che l'ho inventato. Se non avessi usato il visuale, potrei cambiare l'energia di questo divano, come se ci fossi seduta in questo momento.

Gary:

Questo è probabilmente vero. Quando provi a fare qualcosa dal punto di vista visivo, è possibile vedere il modo in cui appare e non il modo in cui è.

Partecipante del Salon:

Ecco come vedo tutta la realtà. Uso la modalità visuale. Vengo da quel luogo e vorrei che si presentasse qualcosa di diverso.

Gary:

Quindi, quanta di questa realtà hai inventato come reale che in realtà non lo è?

Partecipante del Salon:

Tutto.

Gary:

Ho parlato di pensieri, sentimenti, emozioni, sesso e non sesso come le armoniche basse di percepire, sapere, essere e ricevere. Ci è stato insegnato a inventare emozioni intorno a qualcosa che non è reale. Come sarebbe se non cercassi di inventare queste cose?

Quale stupidità stai usando per inventare i segni, i sigilli, gli emblemi e i significati di cura amorevole che stai scegliendo? Tutto ciò che è, per un dioziliardo, distruggerai e screerai tutto? Giusto e Sbagliato, Bene e Male, POD e POC, Tutti e 9, Shorts, Boys e Beyonds

Inventi pensieri, sentimenti, emozioni, sesso e non sesso al fine di adattarti a questa realtà. Prima ho parlato con una donna che si sentiva in colpa per non essere una buona madre per suo figlio. Sei davvero una madre? Oppure sei un essere infinito che si è inventato che questi bambini sono legati a te? Ogni rapporto è un'invenzione, non una creazione. Quando passi dall'invenzione alla creazione, apri sempre la porta alla possibilità. Invenzione, d'altra parte, crea sempre la conclusione.

Quale stupidità stai usando per inventare la madre, il padre, il figlio, lo Spirito Santo, la figlia e ogni relazione che stai scegliendo? Tutto ciò che è, per un dioziliardo, distruggerai e creerai tutto? Giusto e Sbagliato, Bene e Male, POD e POC, Tutti e 9, Shorts, Boys e Beyonds

Partecipante del Salon:

Il che toglie immediatamente un sacco di giudizi su noi stessi.

Gary:

Sì, perché ogni invenzione è progettata per concludere qualcosa. E che cosa devi concludere, principalmente? Come sei sbagliata. Come sei giudicabile. Come hai fatto un errore.

Partecipante del Salon:

Sì, come io non sono abbastanza brava.

Gary:

Quindi, in che misura gran parte di ciò che stai tentando di rendere sbagliato è totalmente un'invenzione? Tutto, un po' o decisamente tutto?

Partecipante del Salon:

Tutto.

Gary:

Tutto ciò che è, per un dioziliardo, distruggerai e screerai tutto? Giusto e Sbagliato, Bene e Male, POD e POC, Tutti e 9, Shorts, Boys e Beyonds

Partecipante del Salon:

È lì che abbiamo creato "La necessità è la madre dell'invenzione?"

Gary:

Già. Perché stiamo sempre cercando di inventare come adattarci.

Partecipante del Salon:

Ci rendiamo necessari.

Gary:

Proprio così. Se non fossi necessaria, cosa faresti o saresti che non sei stata disposta a fare o essere?

Partecipante del Salon:

Quindi, il modo per uscire dall'invenzione, della maternità o della paternità, è l'essere totalmente presente e semplicemente essere lì con quello che succede?

Gary:

Se fossi davvero lì, potresti essere consapevole delle possibilità e quali scelte potrebbero essere disponibili per creare possibilità? Sarebbe qualcosa più grande di quello che stai al momento scegliendo?

Partecipante del Salon:

Molto più grande.

Gary:

Ecco perché vuoi andare lì.

Gary Douglas

DEVI ESSERE L'ENERGIA CHE MOSTRA LE POSSIBILITÀ

Partecipante del Salon:
Che dire dei bambini e delle persone intorno a te che non possono vedere quello che vedi tu e che sono intrappolate nei giudizi?

Gary:
Possono solo intrappolare se stessi nei giudizi, se non sono disposti a creare il futuro. Dovete essere l'energia che mostra le possibilità che daranno loro le scelte, per creare e generare le possibilità. Poi, si presenterà una realtà diversa.

Tutto ciò che è, per un dioziliardo, distruggerai e screerai tutto? Giusto e Sbagliato, Bene e Male, POD e POC, Tutti e 9, Shorts, Boys e Beyonds

Quanto di quello che vedi come rapporto con i tuoi genitori si basa su una realtà visiva che è totalmente inventata?

Partecipante del Salon:
Tutto.

Gary:
Tutto ciò che è, per un dioziliardo, distruggerai e screerai tutto? Giusto e Sbagliato, Bene e Male, POD e POC, Tutti e 9, Shorts, Boys e Beyonds

Quanto sesso e copulazione si basano su invenzioni visive?

Partecipante del Salon:
Oh mio Dio, tutto!

Gary:

Tutto ciò che è, per un dioziliardo, distruggerai e screerai tutto? Giusto e Sbagliato, Bene e Male, POD e POC, Tutti e 9, Shorts, Boys e Beyonds

DA COSA STAI VIVENDO – DALLA REALTÀ O DALL'ILLUSIONE?

Stavo guardando un programma tv in cui una donna, con un bicchiere di champagne, era seduta su un letto cosparso di petali di rosa. Entra il suo amante con una pistola in tasca. Era arrabbiato con lei per qualcosa che aveva fatto e stava per ammazzarla. Questo è un esempio di invenzione delle relazioni, del sesso, del sentimento e del romanticismo nella tua vita. Inventano l'illusione della vostra vita, non la realtà di essa. Da che cosa stai vivendo? Dalla realtà o dall'illusione?

Quanto hai inventato dell'illusione della tua vita che in realtà non sta funzionando? Tutto ciò che è, per un dioziliardo, distruggerai e screerai tutto? Giusto e Sbagliato, Bene e Male, POD e POC, Tutti e 9, Shorts, Boys e Beyonds

Partecipante del Salon:
Posso usare questa realtà visiva a mio vantaggio?

Gary:

Tutto quello che dovete fare è chiedere:
+ Quanto di questo è reale?
+ Quanto di questo è inventato?

Guardate le relazioni che avete attualmente. Quanto di quel rapporto è reale e quanto è invenzione?

Partecipante del Salon:
Non c'è niente di reale. È tutto inventato.

Gary:
Quindi, tutto quello che hai fatto per inventarti il rapporto, distruggerai e screerai tutto? Giusto e Sbagliato, Bene e Male, POD e POC, Tutti e 9, Shorts, Boys e Beyonds
Se ti stai inventando le tue relazioni, la vera cura amorevole è effettivamente disponibile?

Partecipante del Salon:
No.

Gary:
Perché?

Partecipante del Salon:
Perché non c'è consapevolezza né scelta. Non c'è nulla di vero lì.

Gary:
Sì, la vera cura amorevole è basata sulla consapevolezza. Non sull'invenzione visiva.

COSA VORRESTI CREARE COME FUTURO?

Partecipante del Salon:
Wow! Come ci si arriva, Gary?

Gary:
Questo è ciò che sto cercando di farvi fare. Primo passo, dovete capire che voi siete le creatrici del vostro futuro - e

che non lo si crea facendo un bambino. Come sarebbe se foste disposte a percepire, sapere, essere e ricevere quello che ci vorrebbe per creare il futuro?

Quale attualizzazione fisica di creatrice del futuro sei ora in grado di generare, creare e istituire? Tutto ciò che non permette a questo di mostrarsi, per un dioziliardo, distruggerai e screerai tutto? Giusto e Sbagliato, Bene e Male, POD e POC, Tutti e 9, Shorts, Boys e Beyonds

Per favore, signore, questo mettetelo in loop e ascoltatelo non-stop. È qui che dovete andare se volete davvero creare un mondo diverso:

Partecipante del Salon:

Grazie, Gary. È proprio liberatorio. Mi rendo conto che sono stata a guardare quello che fa la gente e fare domande del tipo: "Che cosa fa questa persona per lavoro? Come fanno queste persone a sopravvivere, cosa stanno facendo nella loro vita?" Ma devo creare la mia realtà.

Gary:

La maggior parte delle persone nel mondo stanno inventando le loro vite. Quanto della vita che hai vissuto fino ad oggi è stata un' invenzione e non una creazione?

Tutto quello che hai fatto per creare l'invenzione, distruggerai e screerai tutto? Giusto e Sbagliato, Bene e Male, POD e POC, Tutti e 9, Shorts, Boys e Beyonds

Come si fa a creare realmente? Si inizia con l'energia di quello che ti piacerebbe fosse la tua vita. Essere. Non cosa ti piacerebbe fare. Ciò che ti piacerebbe che fosse. Poi si inizia a crearla, mettendo in attualizzazione fisica l'energia che siete state in grado di percepire e che è effettivamente possibile scegliere. Ecco dove, possibilità e scelta, iniziano ad entrare nel calcolo.

Partecipante del Salon:

Sto iniziando a vedere o essere quell'energia. Ora voglio sapere della fase due, portarla in attualizzazione fisica.

Gary:

Voglio parlare ancora un po' di come voi, donne, siete le creatrici del futuro. Gli uomini sono i costruttori del nido e creatori del momento. Gli uomini cercano di risolvere tutti i problemi in modo che tutto possa essere facile. Vogliono creare una situazione in cui ci sia il senso di nido di possibilità. Questo è il senso di pace che vogliono creare.

Partecipante del Salon:

Prima hai chiesto: "Cosa ci vorrebbe per voi per avere la gioia dell'embodiment come donna?" Ho detto: "Non so nemmeno cosa voglia dire aiutare le donne a realizzarlo."

Gary:

Questo è ciò che sto cercando di fare. Non puoi avere la gioia dell'embodiment se non realizzi di essere la creatrice del futuro. Questo è stato il lavoro che tu, come donna, ti sei scelta quando sei venuta qui: essere la creatrice del futuro. Poi l'hai diminuito fino all'armonica più bassa dell'avere un figlio.

Dovete chiedere:
- Cosa mi piacerebbe creare come futuro?
- Quali possibilità e scelte verrebbero in esistenza come attualizzazione fisica sulla base del futuro che sono disposta a creare e generare?

Partecipante del Salon:

Spesso dici "creazione futura" e io dico "creare il futuro."

Gary:

Quando dici "il futuro," stai cercando di definire il futuro, il che non è possibile. Futuro è una molteplicità di possibilità e scelte che possono creare e generare qualcosa di più grande di quello che sappiamo.

Partecipante del Salon:

Quindi, appena dico "il futuro," so di incasinarmi con qualcosa?

Gary:

Quando dici "il futuro" è come se ce ne fosse uno solo.

Partecipante del Salon:

È una definizione, come se fosse definito.

Gary:

Questo è parte di quello che ci è stato fatto credere, che c'è un futuro per ciascuno di noi, come se avessimo un solo destino e tutto fosse predeterminato. È una realtà o un'invenzione?

Partecipante del Salon:

È un'invenzione.

Gary:

Quanto del tuo destino è stato inventato e non creato? Tutto ciò che è, per un dioziliardo, distruggerai e screerai tutto? Giusto e Sbagliato, Bene e Male, POD e POC, Tutti e 9, Shorts, Boys e Beyonds

LA SCELTA È LA FONTE DOMINANTE DELLA CREAZIONE

Partecipante del Salon:
Se scegliamo di creare oltre l'illusione dell'invenzione e al di là di questa realtà, questo sistemerà tutti i giuramenti e i voti del passato?

Gary:
Sì. La scelta è la fonte principale della creazione qui. Ma non ce ne siamo resi conto. Continuiamo a cercare cosa dobbiamo fare bene, per avere la sensazione che le scelte che stiamo facendo sono le scelte migliori e le scelte giuste e le scelte che dovremmo fare, che saranno o che dovrebbero essere, piuttosto che ciò che stiamo creando con la scelta che facciamo oggi.

Quando fate una scelta, chiedetevi: "Quale realtà sto andando a creare facendo questa scelta?"

Io funziono sempre da quello. Un sacco di volte in cui non ho idea di cosa sia una cosa, chiedo: "Scelgo questo? Sì. So perché lo sto scegliendo? No. So se la mia scelta creerà qualcosa? Sì. Posso sapere che cosa creerà? No."

Sono disposto a essere il creatore del futuro così come il creatore del presente che crea facilità. Sono disposto a essere l'uomo e la donna; non sono disposto ad essere solo l'uno o l'altro. Spero che, anche alcune di voi, siano disposte ad abbracciare questa possibilità.

Partecipante del Salon:
Quando la gente prende o ruba da te, ti stai ancora muovendo nella tua realtà e creando il tuo futuro?

Gary:

Le persone possono realmente rubare da te o stanno semplicemente fermando la loro possibilità futura? Quando la gente ti deruba, quello che sta facendo è rubare la sua possibilità futura. Stanno terminando tutto quello che poteva essere creato e generato da voi e con voi.

Il denaro è prezioso in base a che cosa? Perché non guardate a ciò che le persone stanno creando? Guardo come le persone stanno cercando di creare le loro vite e chiedo:

- In che modo questo è di valore?
- Come funzionerà?
- Cosa succederà qui?

Partecipante del Salon:

Gary, questo è il modo in cui tu dici di funzionare, ma tu esisti in un'altra realtà.

Gary:

La mia realtà riguarda il creare futuro, scelte, possibilità, facilità e comodità in questa realtà. La mia realtà abbraccia tutto questo. E se tu fossi disposta ad essere la creatrice del futuro e chiedere: "Con questa scelta, quale futuro creerò?"

Il futuro non può mai finire per assomigliare a quello che avevi pensato sarebbe stato. Dovete togliere soldi e altre cose dal calcolo. Dovete chiedere:

- Cosa creerà questa scelta come possibilità futura?
- Quali scelte saranno disponibili per me e per altri in seguito alla mia scelta?

Non ho mai visto quello che ho scelto come un completamento di nulla. Faccio una scelta e questa apre le porte ad altre possibilità per tutti i tipi di persone.

State cominciando a capire come sono collegati la cura amorevole e il futuro?

Partecipante del Salon:
Non del tutto.

Gary:
Dimmi le parti che capisci.

Partecipante del Salon:
Capisco che le mie scelte creano un futuro, sia che io sappia che futuro è o meno.

Gary:
Devi chiedere: "Che futuro creerò con la scelta che sto facendo oggi?" Non si può non farlo.

"LO VOGLIO ADESSO"

Partecipante del Salon:
Sono stata molto frustrata nelle ultime settimane.

Gary:
Che cos'è la frustrazione? La frustrazione è quando hai deciso di aver bisogno di un risultato particolare e le tue scelte non lo stanno creando. Quando si decide di aver bisogno di un risultato specifico, il risultato finale che stai inventando implicherà anche una scadenza. "Lo voglio ora. Lo voglio per la prossima settimana." Stai mettendo il tempo nel calcolo di ciò che la tua scelta creerà e non lo si può fare.

Fermate l'energia che sta creando la scelta e le possibilità. State fermando il futuro in favore dell'adesso che pensate debba accadere. Ora non è solo oggi; ora è anche la settimana prossima o il mese prossimo. Il futuro che devi essere disposta a creare è qualcosa che va oltre la vostra vita. Quello è il futuro che devi essere disposta a creare.

Partecipante del Salon:

Non trovo molto significato in questo, quindi non so che cosa sia il futuro.

Gary:

Hai mai sentito il comandamento: "Nessuna forma, nessuna struttura, nessun significato?"

Partecipante del Salon:

Sì, mi sento come se stessi girando a vuoto, scomparendo nel vento.

Gary:

E questo sarebbe sbagliato per quale motivo?

Partecipante del Salon:

Perché io non sono qui, non sto vivendo una vita facile, lussuosa o in qualche modo sto creando la mia vita.

Gary:

Questa è una conclusione, tesoro, non una domanda. Hai già deciso che il futuro sarà x, y, z, il che significa che è un'invenzione. Stai cercando di vedere come sembra, il che è un'invenzione.

Tutto ciò che hai fatto per inventare questo, distruggerai e screerai tutto? Giusto e Sbagliato, Bene e Male, POD e POC, Tutti e 9, Shorts, Boys e Beyonds

Perché preoccuparsi di questa realtà? Stai cercando di inventarti che stai funzionando in questa realtà, sei adattata a questa realtà e stai funzionando da questa realtà?

Partecipante del Salon:
Già.

Gary:
Tutto ciò che è, per un dioziliardo, distruggerai e screerai tutto? Giusto e Sbagliato, Bene e Male, POD e POC, Tutti e 9, Shorts, Boys e Beyonds

In che misura la disfunzione con la tua famiglia e tuo marito è totalmente un'invenzione?

Partecipante del Salon:
Tutto. Ma dove vado da qui?

Gary:
Non andare nella routine del ma! Ogni volta che lo dici, stai nascondendo la testa sotto la sabbia.

Tutto ciò che è, per un dioziliardo, distruggerai e screerai tutto? Giusto e Sbagliato, Bene e Male, POD e POC, Tutti e 9, Shorts, Boys e Beyonds

Pensi che "Dove vado da qui?" sia una domanda. Non lo è; è la conclusione di non sapere dove andare. Concludi di non avere idea di dove andare, ma non si crea un futuro basandosi sul sapere dove si sta andando, sul percepire dove si sta andando o sul concludere dove si sta andando. Si crea un futuro basandosi sul ricevere ciò che si presenta nella tua vita e riconoscendo le scelte che fai, le possibilità che crei, le domande che si manifestano e il contributo che esisterà se non arrivi a una conclusione.

IL PROBLEMA DEL VIVERE NEL PRESENTE

Partecipante del Salon:
 È una trappola per me avere l'idea che vivere nel presente sia tutto quello che c'è? Mi sono concentrata a vivere nel presente e fare domande che sembrano aiutarmi nel futuro immediato, ma non sto guardando oltre l'immediato.

Gary:
 Proprio così. È questo il punto di vista sulla realtà che ti hanno insegnato e spinto ad avere?

Partecipante del Salon:
 Sì.

Gary:
 È vero e reale - o è un'invenzione?

Partecipante del Salon:
 Invenzione.

Gary:
 Quindi, tutte le invenzioni che hai creato con questo, distruggerai e screerai tutto? Giusto e Sbagliato, Bene e Male, POD e POC, Tutti e 9, Shorts, Boys e Beyonds

Partecipante del Salon:

Sono in molti ad essere intrappolati in questo? Così mi è stato insegnato.

Gary:

E ha funzionato?

Partecipante del Salon:

Credo che abbia funzionato fino ad adesso e ora, che ne stai parlando, si sta distruggendo.

Gary:

Vivere nel presente ed essere concentrati sul momento presente ha funzionato a un certo livello - ma è un livello di funzionamento che non riguarda il creare una realtà futura. Vi siete bevute il punto di vista che, creare l'adesso, è l'unica cosa che vale la pena avere. Vivere nel momento presente è il luogo in cui tutto è stato progettato per darti il senso di dover ottenere i risultati ora. Vivere nel presente è: "Questo sta per darmi il risultato che voglio domani." Non è la domanda: "Cosa creerà questo a lungo termine?" e "Cosa creerà e genererà in futuro?"

Ho sempre guardato a tutte le mie scelte basandomi sulla creazione e la generazione del futuro. Curiosamente, un certo numero di anni fa, mi sono appassionato di cavalli del Costa Rica. Ho iniziato a comprarli e allevarli e poi ne ho avuti decisamente troppi. Ho pensato "Devo venderli, devo farci qualcosa" e poi, con un po' di fortuna, ho realizzato "Wow, ho questi cavalli del Costa Rica negli Stati Uniti e c'è tutta questa gente che nei prossimi due anni scenderà in Costa Rica per avere avventure a cavallo con cavalli del

Costa Rica. Dopo che li avranno cavalcati, vorranno avere cavalli del Costa Rica negli Stati Uniti e io li ho." Non ho iniziato con il punto di vista di "Ecco un futuro che ho intenzione di creare" ma vedo che ho ottenuto i cavalli del Costa Rica come una creazione futura. Non avevo idea di quale creazione futura stavo facendo. Solo ora mi rendo conto di come questo funzionerà.

FIDARTI DI TE COME CREATRICE DEL TUO FUTURO

Partecipante del Salon:
Questo richiede fiducia da parte nostra, giusto? Fiducia nell'universo o fiducia dell'energia?

Gary:
No, fiducia in te stessa come creatrice del tuo futuro. Se non vedi te stessa come creatrice del futuro, diventi il relitto nel flusso della realtà di tutti gli altri.

Partecipante del Salon:
Direi che è l'aggancio per me.

Gary:
Quante di voi si sono inventate che non ci si può fidare di voi? Tutto ciò che è, per un dioziliardo, distruggerai e screerai tutto? Giusto e Sbagliato, Bene e Male, POD e POC, Tutti e 9, Shorts, Boys e Beyonds

Ci sono persone che dicono: "Ho intenzione di creare questo e sarà fantastico." È creazione, generazione o invenzione?

Partecipante del Salon:

È più un'invenzione. Perché sia creazione, devi mantenere anche la tua consapevolezza.

Gary:

Ho incontrato l'architetto che sta progettando il resort che stiamo cercando di creare in Costa Rica. Ho detto: "Crearlo da un punto di vista moderno è fantastico, ma tra dieci anni da oggi sarà obsoleto. Voglio creare qualcosa che sia classico e abbastanza tradizionale, in modo che tra 100 anni la gente ne potrà ancora apprezzare il valore."

L'architetto ha detto: "Cosa?!"

Ho detto: "Non sto creando il resort in modo che cada a pezzi domani. Lo sto creando in modo che sia qui tra 100 anni e la gente ne vedrà il valore."

L'architetto ha fatto: "Oh!" Era una realtà totalmente diversa, perché oggi la gente non costruisce per il futuro. Costruiscono qualcosa che gli dia soldi subito. È per il momento presente. È tutta una questione di vivere nel qui e ora e non di ciò che creerà una possibilità sostenibile.

È interessante il fatto che tutti dicono di avere progetti ed edifici sostenibili. Hanno tutta questa roba cosiddetta verde e il novanta per cento non è verde. Non è sostenibile e non sarà qui tra 100 anni.

FIDARTI DELLA CONSAPEVOLEZZA CHE SEI VERAMENTE

Partecipante del Salon:

Tu hai parlato di fiducia. Che cos'è la fiducia? Per me, la fiducia è come un giudizio o una limitazione.

Gary:

La fiducia non è fede cieca. La fiducia è sapere che la gente farà esattamente quello che sta per fare. Lo faranno, se decidono di farlo.

Partecipante del Salon:

Quindi, la fiducia è sapere? È essere?

Gary:

La fiducia riguarda il sapere e il ricevere.

Partecipante del Salon:

Che è più leggero di semplicemente "fidati di me."

Gary:

Perché dovresti avere fiducia in te? Tutto quello che hai sempre fatto è incasinare te stessa tutte le volte che era possibile. Piuttosto, come sarebbe se fossi disposta a fidarti della consapevolezza che sei veramente? Come sarebbe se fossi disposta a confidare nella tua capacità di percepire, sapere, essere e ricevere?

Tutto ciò che non permette a questo di mostrarsi, per un dioziliardo, distruggerai e screerai tutto? Giusto e Sbagliato, Bene e Male, POD e POC, Tutti e 9, Shorts, Boys e Beyonds

Mettete questo in loop:

Quale attualizzazione fisica di totale consapevolezza di percepire, sapere, essere e ricevere in totalità come la fiducia della consapevolezza che sono veramente, sono ora in grado di generare, creare e istituire? Tutto ciò che non permette a questo di mostrarsi, per un dioziliardo, distruggerai e screerai tutto? Giusto e Sbagliato, Bene e Male, POD e POC, Tutti e 9, Shorts, Boys e Beyonds

VERO BENESSERE

Partecipante del Salon:
Gary, a cosa devo rinunciare rispetto ai soldi?

Gary:
Devi rinunciare all'idea di poterli controllare. Se riconosci di essere in grado di creare il futuro, verità, creeresti un futuro senza soldi?

Partecipante del Salon:
(ride)

Gary:
Questo sarebbe un no! Non creeresti un mondo senza soldi. Non è una realtà per te.

Creerai un mondo con abbastanza soldi per fare quello che hai bisogno di fare, quando hai bisogno di farlo, dove hai bisogno di farlo.

Ecco un esempio dalla mia vita. Sto guadagnando circa cinque milioni di dollari all'anno con le cose che faccio. E me ne andavo in giro dicendo: "Non ho soldi. Perché questa gente mi usa e mi prende le cose?"

La mia amica Claudia mi ha detto: "Gary, ma tu sei ricco!"
Ho detto: "No, non sono ricco!"
E lei: "Si che lo sei."
E io: "No che non lo sono. Non ho contanti con me."

E lei: "Ciccio, sei proprio ricco."

Ho detto: "Non può essere vero. Sono solo un tipo ordinario."

Quando finalmente mi sono reso conto, ho detto "Già, sono ricco." Avevo il punto di vista che se non ero ricco, la gente non si sarebbe approfittata di me, il che significa che evitavo di avere contanti quindi non potevo essere ricco. Non pensavo in termini di cose come la ricchezza e il risultato era che non stavo guardando il fatto che avrei potuto essere ricco oppure no. Stavo cercando di rendermi povero.

Come essere, sono più ricco di chiunque conosca in quanto a consapevolezza, cura amorevole, gentilezza e il dono che ricevo da chiunque ogni giorno. E il dono che l'universo è per me tutto il tempo.

Quindi, quale stupidità stai usando per inventarti la mancanza di ricchezza che stai scegliendo? Tutto ciò che è, per un dioziliardo, distruggerai e screerai tutto? Giusto e Sbagliato, Bene e Male, POD e POC, Tutti e 9, Shorts, Boys e Beyonds

La vera ricchezza nel mondo è l'abilità di avere possibilità e scelta. Quella è la vera ricchezza. Non quello che puoi spendere. L'idea che la ricchezza sia qualcosa che puoi spendere è come calarti i pantaloni per provare di essere passionale. È l'invenzione visuale.

Quanto del denaro che non hai nella tua vita è basato sull'invenzione visuale della ricchezza che non puoi immaginare di essere? Tutto ciò che è, per un dioziliardo, distruggerai e screerai tutto? Giusto e Sbagliato, Bene e Male, POD e POC, Tutti e 9, Shorts, Boys e Beyonds

SICUREZZA DI SÉ

Partecipante del Salon:
Vorrei parlare di un argomento leggermente differente. Sicurezza di sé o mancanza di sicurezza di sé. È un'energia? È uno stato mentale? Sono stata accusata di non essere sicura di me e mi chiedevo se sono d'accordo con questo.

Gary:
Le persone ti accusano solo di quello che stanno facendo loro. L'hai mai sentito?

Partecipante del Salon:
Sì, l'ho sentito e penso di essere d'accordo.

Gary:
No, ti stai inventando di dover essere d'accordo. Te lo inventi perché se qualcuno l'ha detto, deve essere vero.
Tutto ciò è, per un dioziliardo, distruggerai e screerai tutto? Giusto e Sbagliato, Bene e Male, POD e POC, Tutti e 9, Shorts, Boys e Beyonds

Partecipante del Salon:
Quindi, che cos'è la sicurezza in se stessi? È solo il credere in se stessi? Se è solo una credenza, allora non ha senso. Le credenze sono insensate.

Gary:
Perché ti preoccupi della persona che ti ha detto questo?

Partecipante del Salon:
È qualcuno al quale ho deciso di essere vicina.

Gary:

Oh bene. In altre parole, siccome ti piace la persona, permetti che ti abusi.

Partecipante del Salon:

Ah, okay. Quindi, dovrei semplicemente lasciare andare e dire: "Questa cosa non significa nulla per me?"

Gary:

Sì. Prima di tutto, è reale - o stai cercando di inventarti che è reale perché ti piace questa persona?

Partecipante del Salon:

Stavo cercando di vedere il suo punto di vista.

Gary:

Il mio punto di vista è che solo perché mi piaci non significa che tu non sia una stronza. Quando fai la stronza, fai la stronza. Questo è quanto.

Tutto ciò che è, per un dioziliardo, distruggerai e screerai tutto? Giusto e Sbagliato, Bene e Male, POD e POC, Tutti e 9, Shorts, Boys e Beyonds

Partecipante del Salon:

Mi piace guardare programmi con personaggi famosi perché mi piace vederli esprimere il loro talento. L'ho misidentificato e misapplicato perché sono sicuri di sé, quindi stanno esprimendo il loro talento? Oppure di che cosa sono consapevoli mentre li guardo, se non è sicurezza di sé?

Gary:

Marilyn Monroe esprimeva il suo talento. Era sicura di sé?

Partecipante del Salon:
No è più leggero.

Gary:
È corretto. Non aveva fiducia in sé. Pensava che se avesse continuato a metter su quello che stava mettendo su, alla fine qualcuno l'avrebbe finalmente amata. Questo non è fiducia in sé. Ti stai inventando che tutte queste persone che dicono che sei sbagliata sia amore?

Partecipante del Salon:
Sì è più leggero.

Gary:
Tutto ciò che è, per un dioziliardo, distruggerai e screerai tutto? Giusto e Sbagliato, Bene e Male, POD e POC, Tutti e 9, Shorts, Boys e Beyonds

Partecipante del Salon:
In questa realtà, quando hai vulnerabilità nella voce o nella presenza, la gente potrebbe pensare che è mancanza di fiducia.

Gary:
È davvero una mancanza di fiducia - o è un luogo in cui hai inventato che non puoi fidarti di te?

Partecipante del Salon:
Quindi, stai dicendo che creiamo piccole trappole per noi stessi come "Non ho intenzione di fidarmi di me, perché non ho fiducia in me stessa" e tutti gli altri flussi di idee che abbiamo.

Gary:
   Ecco un processo che puoi mettere in loop:
   Quale stupidità sto usando per creare la mancanza di fiducia in me stessa che sto scegliendo? Tutto ciò è, per un dioziliardo, distruggerai e screerai tutto? Giusto e Sbagliato, Bene e Male, POD e POC, Tutti e 9, Shorts, Boys e Beyonds
   L'unica a sapere cosa è giusto per te sei tu. Tutti gli altri possono dire quello che vogliono, ma non puoi crederci. Io non credo a nessuno. Perché? Perché possono vedere solo dal loro punto di vista limitato.

NESSUNO PUÒ VEDERTI TRANNE TE

Partecipante del Salon:
   A che punto, Gary, quando nulla sembra cambiare, ci sarà un grande cambiamento dove posso liberarmi dall'importanza di ciò che gli altri dicono e da quello che io penso a riguardo?

Gary:
   Perché pensare alle loro parole sembra così importante per te?

Partecipante del Salon:
   Mi chiedo se hanno ragione.

Gary:
   Intendi dire che preferisci dubitare di te che credere in te?

Partecipante del Salon:
   Wow, sì.

Gary:

Non è la scelta più brillante, tesoro.

Tutto ciò è, per un dioziliardo, distruggerai e screerai tutto? Giusto e Sbagliato, Bene e Male, POD e POC, Tutti e 9, Shorts, Boys e Beyonds

La prima cosa che devi riconoscere è che nessuno può vederti tranne te. Nessuno! Tu sei l'unica che ha tutti i pezzi della tua realtà. L'unica che ha tutti i pezzi della consapevolezza. Tu sei l'unica che può vedere ogni aspetto di ciò che sei. Se continui a credere che gli altri possano vedere delle parti di te, tanto varrebbe mettersi una pistola in bocca e spararsi. Questo è ciò che fai tutte le volte che assumi su di te il punto di vista di qualcun altro. Ti stai mettendo una pistola alla testa. L'unica cosa che so è che ciò che la gente può vedere è un pezzo di me che corrisponde a un pezzo in loro che vogliono credere sia reale.

Partecipante del Salon:

Ok, così ha senso.

Gary:

Questo è tutto quello che c'è per loro. Quindi, ti puoi fidare di loro?

Partecipante del Salon:

No.

Gary:

Allora, perché continui a fidarti di loro invece che di te? Gira tutto attorno al fidarti di te.

Partecipante del Salon:

Va bene, ho capito.

Gary:

Tutto ciò che hai fatto per inventare che ci si può fidare degli altri invece che di te, che puoi vedere tutta te stessa, per un dioziliardo, distruggerai e screerai tutto? Giusto e Sbagliato, Bene e Male, POD e POC, Tutti e 9, Shorts, Boys e Beyonds

Partecipante del Salon:

Grazie, Gary!

Gary:

Grazie a tutte voi, per essere così incredibili come siete. State bene. Ciao.

8
Creare la Pace invece della Guerra

In questa realtà le cose non cambiano perché le combattiamo, come se così potessimo creare la pace. Voglio che tu capisca che il modo in cui sono attualmente le cose crea un problema. Finché continueremo a tenere i ruoli maschili e femminili invertiti, manterremo in atto il conflitto.

Gary:
Salve, signore.

I RUOLI INVERTITI DEGLI UOMINI E DELLE DONNE

Parliamo del fatto che su questo pianeta si suppone che le donne siano gli operatori di pace e gli uomini siano i guerrieri, quando in effetti è tutto il contrario. I ruoli sono invertiti. In realtà, le donne sono i guerrieri e gli uomini sono gli operatori di pace.

Agli uomini è stato insegnato che devono essere gli aggressori, devono andare a lavorare e sono chiamati a morire di fronte al cannone. Le cose sono così incasinate su questo pianeta perché abbiamo uomini che cercano di lottare per la pace. In tutta la nostra storia, abbiamo sempre fatto la guerra per creare la pace.

Se volessimo creare pace invece che guerra e avessimo donne che combattono per il futuro, ci troveremmo in un posto decisamente migliore. Se stai inventando una realtà femminile, distruggeresti le cose per creare il futuro o creeresti qualcosa di diverso? Creeresti qualcosa di diverso! Non combatteresti contro qualcosa; lotteresti per il futuro.

Le cose non cambiano in questa realtà perché combattiamo contro ciò che è, come se questo potesse creare la pace. Voglio che tu capisca che il modo in cui sono le cose attualmente sul nostro pianeta crea un problema. Finché continueremo a tenere i ruoli degli uomini e delle donne invertiti, manterremo il conflitto in atto. Bisogna iniziare a guardare da un posto diverso.

Quale stupidità stai usando per creare l'invenzione della realtà femminile che stai scegliendo? Tutto ciò che è, per un dioziliardo, distruggerai e screerai tutto? Giusto e Sbagliato, Bene e Male, POD e POC, Tutti e 9, Shorts, Boys e Beyonds

Quale stupidità stai usando per creare l'invenzione della realtà maschile che stai scegliendo? Tutto ciò che è, per un dioziliardo, distruggerai e screerai tutto? Giusto e Sbagliato, Bene e Male, POD e POC, Tutti e 9, Shorts, Boys e Beyonds

L'inversione dei ruoli maschili e femminili ti mette in un

costante stato di conflitto con ciò che è realmente vero per te, che significa che devi cercare l'approvazione da qualcun altro. Devi inventarti chi o cosa sei, invece di essere chi o cosa sei. Bisogna stare attenti a qualsiasi cosa che gli altri vedono in te, perché se loro ti vedono, forse tu puoi vederti. Solo che in realtà non funziona. Il vedere le cose è un'invenzione.

Quale stupidità stai usando per creare l'invenzione della realtà femminile che stai scegliendo? Tutto ciò che è, per un dioziliardo, distruggerai e screerai tutto? Giusto e Sbagliato, Bene e Male, POD e POC, Tutti e 9, Shorts, Boys e Beyonds

Quale stupidità stai usando per creare l'invenzione della realtà maschile che stai scegliendo? Tutto ciò che è, per un dioziliardo, distruggerai e screerai tutto? Giusto e Sbagliato, Bene e Male, POD e POC, Tutti e 9, Shorts, Boys e Beyonds

Partecipante del Salon:
Mentre stavo crescendo, avevo la percezione di chi erano gli uomini. Erano i professori e avevano un futuro in termini di essere un professore e rilasciare le carte. Le donne non avevano quasi nessuna identità. Erano solo le mogli dei professori e non avrebbero avuto un futuro.

LA TUA BATTAGLIA É PER LA CREAZIONE DI UN FUTURO

Gary:
Beh, le donne hanno avuto dei futuri, ma dipendevano dai loro mariti. Probabilmente all'epoca non l'avete notato,

ma a un certo punto della mia vita io ho notato che le donne avevano un lavoro e che sarebbero andate a combattere contro altre persone, piuttosto che andare a combattere per creare un futuro. Purtroppo, è così che funziona la gente. Non è la scelta migliore, ma attualmente è questo che stanno scegliendo.

Se voi signore riconosceste che la vostra battaglia è per la creazione di un futuro e non per combattere contro qualcuno, potreste smettere di combattere l'una contro l'altra. Questa è stata una delle cose più difficili, le persone che combattono l'una contro l'altra. Aspetta un minuto, questa donna non è il tuo nemico, ma tu l'hai resa il tuo nemico. È perché è una stronza e tu non lo sei?

Partecipante del Salon:
   Esattamente.

Gary:
   Siamo realistici. Siamo tutti zoccole, siamo tutti bastardi, siamo tutti stronzi. Perché non guardate a ciò che è, piuttosto che a ciò che qualcuno dice che dovrebbe essere? Questo è il luogo che deve cambiare. Se voi signore iniziate a combattere per creare il futuro, invece di combattere contro ciò che è, questo mondo può cambiare. Avete la possibilità di farlo.

Partecipante del Salon:
   Mi puoi aiutare con questo? Com'è creare il futuro? In Australia, ho spesso sperimentato quella roba del mondo maschile, dove c'è durezza e incapacità di consentire la dolcezza e la gentilezza. Credo che le donne si comportino

come scudi e assumano un modo di essere corrispondente. Penso che quando permettiamo morbidezza, bontà e gentilezza, la gente si spaventa e si senta minacciata.

Gary:
Si spaventa o sente minacciata la loro realtà?

DIVENTARE UNA DONNA GUERRIERA

Se stai cercando di essere gentile, stai minacciando la loro realtà. Se avessi iniziato a combattere per la creazione di un futuro, saresti disposta a combattere per ciò che sarebbe davvero il futuro, il che significherebbe diventare la donna guerriera invece dello scudo. Diresti cose come: "Stronzo, dillo ancora una volta e ti taglio le palle."

Partecipante del Salon:
È così che fai?

Gary:
Sì, è quello che si fa quando si è disposti a combattere per la creazione di una realtà diversa. Perché non essere te invece di essere quel tipo sensibile che stai cercando di essere? Si tratta di dire le cose come stanno invece di combatterle.

Ho parlato con una signora che ha detto: "Voglio dire alla gente ciò che è in modo diretto."

Non è quello che devi fare. Non si vuole dire alla gente ciò che è in anticipo. I guerrieri aspettano il momento giusto per inserire il coltello che creerà un'apertura a una possibilità diversa come il futuro. Pensi di dover essere più aggressiva o fare qualcosa che non è una necessità. Combattere per qualcosa è diverso da combattere contro qualcosa.

In questo momento, la maggior parte di voi sta cercando di combattere contro l'animosità che esiste tra uomini e donne, perché ci sono pochi uomini che apprezzano le donne e poche donne che apprezzano gli uomini. Questo rende ciò che sta accadendo giusto o sbagliato, o crea un'apertura verso una diversa possibilità?

Partecipante del Salon:

Gary, spiegaci cosa intendi quando dici: "Che creerà un'apertura verso una diversa possibilità." A cosa assomiglia? Come lo fai?

Gary:

Se tu dovessi apprezzare tuo figlio pigro per essere il pigrone che è, semplicemente ti metteresti seduta e ti faresti una dormita. Questo cambierebbe il tuo rapporto con lui?

Partecipante del Salon:

Assolutamente. Cambierebbe tutto.

Gary:

Questo è il luogo dove aspetti un'apertura che ti permetta di inserire qualcosa per creare un futuro diverso. Non si può convincere la gente a fare le cose nel modo in cui vuoi tu. Fidati di me. Ho provato e ho fallito miseramente – più volte. Sono davvero bravo a fallire.

Partecipante del Salon:

Geniale! Quali domande possiamo fare per avere consapevolezza del momento in cui farlo?

Gary:

Come sarebbe se facessi scorrere: Quale energia, spazio e consapevolezza posso essere, per essere la guerriera che sono veramente?

Una guerriera sa come fare questa roba. Una guerriera vuole fare la guerra al momento giusto. Attende un'apertura per sferrare il colpo che può creare uno scenario diverso, un elemento diverso della battaglia. Se cerchi di combattere tutto il tempo, stai urlando violentemente e inutilmente. Sta funzionando?

Partecipante del Salon:

No!

COMBATTERE PER VS. COMBATTERE CONTRO

Gary:

Se inizi a invitare la pace a venir fuori da un uomo, invece di cercare di crearlo come la persona contro la quale combattere, può mostrarsi una possibilità differente.

Si può combattere contro o combattere per. La maggior parte delle donne, quando hanno dei bambini, ingaggeranno battaglie per proteggere i loro figli. È una battaglia a favore o una battaglia contro?

Partecipante del Salon:

È una battaglia contro.

Gary:

Esatto. Se si battessero per loro, dovrebbero cercare di capire cosa potrebbero fare, dire o essere che possa dare loro tutto ciò di cui hanno bisogno.

Partecipante del Salon:

Da dove viene la facilità nel fare questo?

Gary:

Facilità è quando si è disposti a fare questo tipo di battaglia.

POSSIBILITÀ E SCELTE

Partecipante del Salon:

Cosa c'è al di là della battaglia?

Gary:

La scelta. Se state combattendo per qualcosa, state combattendo per creare un futuro. Siete disposte a guardare ad ogni scelta a vostra disposizione in qualsiasi momento. La difficoltà è che siamo stati addestrati a credere che ci siano solo due scelte - e questo proprio non è vero.

Vi è stato detto che, se fate la scelta giusta, otterrete il risultato desiderato. Ma non è di questo che si tratta. Bisogna vedere le possibilità delle scelte e come queste possono creare e generare qualcosa di diverso. È molto diverso rispetto al creare un'opzione a due o tre scelte.

Basta pensare a questo adesso: vuoi creare un futuro, tra tre anni, nel quale la tua vita è migliore e più espansiva di quanto tu abbia mai ritenuto possibile. Ora, quante scelte e possibilità hai appena creato pensandoci? Centinaia, migliaia, milioni?

Partecipante del Salon:
   Sì, migliaia, molte.

Gary:
   Molte, molte, molte. Hai appena creato 100.000 scelte e ognuna di queste può essere scelta per creare una leggera variazione nel futuro che verrà creato. Quando inizi a combattere per la creazione di un futuro, vedi come ogni scelta effettuata crea un futuro. Tu dici: "Oh, prenderò questo al posto di quello, perché quello creerà meno futuro di questo" e cominci a vedere il futuro e ciò che sta per essere creato. Devi imparare a iniziare questo processo. È qualcosa che dovete imparare. Non avviene automaticamente.
   Se iniziamo a funzionare dalla possibilità invece che da altre cose, una nuova era si apre per noi.

Partecipante del Salon:
   Come lo facciamo?

Gary:
   Non è un come. Si inizia con: Il mio lavoro è quello di essere una guerriera e combattere per la creazione del futuro. Quando inizi a funzionare da lì, smetti di pensare se qualcuno ti insulta. Dirai: "Mi dispiace, l'insulto non significa nulla; è solo che devo ucciderti. Ok, ciao!"

Partecipante del Salon:

Puoi parlare di come battaglia e scelta giocano insieme e come questo appare pragmaticamente?

Gary:

Diciamo che avete $500.000. Dovete scegliere di combattere per creare il futuro, quindi come vi piacerebbe che fosse il futuro? Se cerchi di proteggere quei soldi e non perderli, stai combattendo per il futuro o lottando contro il futuro?

Partecipante del Salon:

Contro.

Gary:

Devi chiedere: "Quali scelte ho qui che genereranno e creeranno il futuro che mi piacerebbe davvero avere?" Poi inizi a vedere come puoi portare quel futuro in esistenza.

Partecipante del Salon:

Okay, qui è dove arriva la facilità.

CONQUISTARE

Partecipante del Salon:

Per favore, puoi parlarci di come conquistare in modo più dettagliato e fare alcuni esempi pragmatici di come funziona?

Gary:

L'inizio della conquista è riconoscere il luogo in cui sei la guerriera che va in battaglia per la creazione di un futuro. Se vai a combattere per la creazione di un futuro, sarai disposta a conquistare l'uomo, se è qualcuno che desideri come parte del futuro o qualcuno che creerà il futuro per te.

Ho parlato con una giovane donna di recente. Molto giovane e molto bella. Le è stato presentato un uomo poco più grande, con un po' di pancia e non particolarmente avvenente. Mi ha detto: "Oh, non so se voglio uscire con lui."

E io: "Beh, sai cosa? Stavi chiedendo qualcuno che ti idolatra?"

E lei: "Sì, ma non è abbastanza carino."

Ho detto: "Un bell'uomo non ti idolatrerà mai; è lui quello che vuole essere idolatrato."

Ha detto: "Cosa?!"

E io: "Ogni uomo carino del mondo vuole essere idolatrato perché pensa che gli sia dovuto. Tu vuoi essere idolatrata e amata totalmente. Quest'uomo è vecchio abbastanza, non abbastanza bello, non brutto e ti adorerà totalmente. Considerala come una possibilità, tesoro."

Ha detto: "Va bene."

Le ho detto: "Non c'è bisogno di sposarlo e avere figli con lui. Tutto quello che devi fare è riconoscere che è un passo nella direzione dell'avere qualcuno che ti adora. Magari ti presenterà qualcuno che ti adora di più. Chi lo sa? Devi essere disposta a guardare a questo, in termini di creazione futura."

Oppure, per esempio, diciamo che stai con uomo che ti vuole aggiustare. Gli uomini che hanno deciso di aggiustarti pensano che una volta che sarai aggiustata, sarai la persona giusta per loro. Se è questo che sta accadendo nella tua vita, potresti voler dire: "Grazie mille per quello che fai per me. Andiamo a fare shopping." Continua con lo shopping per sei ore e sarà l'ultima volta che cercherà di fare qualcosa per te. Sei ore di patimento e sofferenza per te, al fine di creare sei ore di patimento e sofferenza e sbarazzarsi di lui. Questo è conquistare la situazione; è sapere cosa devi fare.

"MI PIACEREBBE CHE UN UOMO MI SEDUCESSE PER UNA VOLTA NELLA VITA!"

Partecipante del Salon:

Le cose sono decisamente cambiate per me da quando ho fatto i Livelli Due e Tre e diverse teleclassi con te. Sono passata dal non avere libido all'essere eccitata tutto il tempo. Penso costantemente a fare sesso, in particolare con Gary e Dain e altri uomini che sanno come giocare con una donna in un modo sessuale-sensuale. Sono sposata e non desidero fare sesso con mio marito, dato che lui è il tipo energico e veloce che si vede nel porno. Vorrei che un uomo mi seducesse almeno una volta nella vita!

Gary:

Fai scorrere questo:

Quale energia, spazio e consapevolezza possiamo essere io e il mio corpo che ci permetterebbe di essere sedotta e saturata di sesso totalmente per tutta l'eternità? Tutto ciò che non permette a questo di mostrarsi, per un dioziliardo, distruggerai e screerai tutto? Giusto e Sbagliato, Bene e Male, POD e POC, Tutti e 9, Shorts, Boys e Beyonds

Partecipante del Salon:
Come faccio a insegnare a mio marito ad essere lento, sensuale, nutriente e tutta quella roba buona lì? È stata una sfida per me chiedere quello che vorrei.

Gary:
Potresti prendere il libro Sesso Non È Una Parolaccia, Ma Relazione Spesso Lo È e metterlo in bagno come se lo stessi leggendo. In questo modo, quando va in bagno, lo prenderà e comincerà a leggerlo. Se vedi che comincia a passare sempre più tempo in bagno, presto otterrai ciò che vuoi.

VIVERE PER LE ALTRE PERSONE

Partecipante del Salon:
Mentre stavo crescendo e fino a poco tempo fa, sono stata emotivamente un genitore per i miei genitori. Ho cercato di proteggerli e prendermi cura di loro.

Gary:
Fino a poco tempo fa? Lo stai ancora facendo. È il motivo per cui i tuoi genitori ti hanno avuta. Volevano qualcuno che potesse prendersi cura di loro per rendere la loro vita buona e reale. Molte di voi non si rendono conto che i vostri genitori vi hanno avuto per sapere che c'era qualcuno che si prendeva cura di loro. Ti hanno scelta per avere qualcuno che si sarebbe preso cura di loro, mentre loro non si stavano prendendo abbastanza cura di se stessi. Ci si aspetta che tu faccia tutto per loro. Non potevano prendersi cura di te,

stavano cercando di ottenere quella cura da te.

Ovunque non sei stata disposta a percepire, sapere, essere e ricevere questo, distruggerai e screerai tutto? Giusto e Sbagliato, Bene e Male, POD e POC, Tutti e 9, Shorts, Boys e Beyonds

Qui c'è un processo che molte di voi hanno bisogno di far scorrere. Questo processo è il risultato della lettura delle domande che mi avete fatto. Voglio che facciate scorrere questo:

Quale stupidità stai usando per creare l'invenzione dei requisiti e delle necessità del vivere da, per e di altre persone che stai scegliendo? Tutto ciò che è, per un dioziliardo, distruggerai e screerai tutto? Giusto e Sbagliato, Bene e Male, POD e POC, Tutti e 9, Shorts, Boys e Beyonds

Partecipante del Salon:
Ha a che fare con la necessità di approvazione?

Gary:
No. Tu pensi che abbia a che fare con la necessità di approvazione. Se cerchi approvazione, non sei disposta a riconoscerti. È il riconoscere di essere la guerriera che combatte per la creazione futura. Se inizi a funzionare da questo, avrai un senso di te stessa migliore di quanto tu abbia mai avuto prima. L'inversione dei ruoli maschili e femminili ti mette in un costante stato di conflitto con ciò che è realmente vero per te, il che significa che devi cercare l'approvazione di qualcun altro.

Bisogna vedere se ti vedono, perché se ti vedono, forse tu puoi vedere te stessa. Solo che, in realtà, non funziona.

Vedere qualcosa è un'invenzione.

Tutto ciò che è, per un dioziliardo, distruggerai e screerai tutto? Giusto e Sbagliato, Bene e Male, POD e POC, Tutti e 9, Shorts, Boys e Beyonds

RAPPRESENTAZIONI VISIVE E INVENZIONI

Partecipante del Salon:
Per favore, puoi dirci qualcosa di più su come vedere è invenzione?

Gary:
Nella nostra ultima chiamata, ho parlato di una volta in cui stavo guardando la televisione. La rappresentazione visiva della passione è stato un paio di mutandine di qualcuno che cadono a terra. Questo avrebbe dovuto rappresentare la passione. Ma non era passione; erano le mutandine di qualcuno che cadevano a terra. Abbiamo il punto di vista che la rappresentazione visiva del mondo è la verità del mondo.

Quale stupidità stai usando per creare l'invenzione della realtà visiva come la vera realtà di questa realtà che stai scegliendo? Tutto ciò che è, per un dioziliardo, distruggerai e screerai tutto? Giusto e Sbagliato, Bene e Male, POD e POC, Tutti e 9, Shorts, Boys e Beyonds

Si cerca di vedere le cose come gli altri ce le rappresentano visivamente. Prendi un intellettuale di New York. Parlerà diffusamente di ciò che significa una frase di un libro. Farà ogni tipo di ipotesi sul punto di vista dell'autore. Se guardate la frase che è stata presentata, sarà chiaro che il novanta per cento delle volte ciò di cui parla l'intellettuale è quello che stava cercando di vedere. Un'invenzione, non una realtà. È questo che facciamo anche nel nostro mondo. Cerchiamo di inventare qualcosa che non c'è.

Partecipante del Salon:
Da bambina ho avuto tanti problemi a vedere questo.

Gary:
È perché sapevi che era un'invenzione, ma la gente continuava a dire che era la realtà. Le persone creano invenzioni come se fossero realtà. Hai mai notato che quando la gente parla, a volte ci si sente come se stessero recitando le battute di un film? Dicono le battute in un modo che non è da loro. Tu sai che si tratta di una realtà inventata per loro. È una rappresentazione visiva di ciò che pensano di dover essere, non la consapevolezza di quello che sono.

Quale stupidità stai usando per creare l'invenzione della realtà visiva come la verità di questa realtà come l'unica realtà che è possibile scegliere che stai scegliendo? Tutto ciò che è, per un dioziliardo, distruggerai e screerai tutto? Giusto e Sbagliato, Bene e Male, POD e POC, Tutti e 9, Shorts, Boys e Beyonds

Vi consiglio di fare attenzione e riconoscere il luogo in cui vi bloccate in punti di vista su ciò che si suppone dovreste fare e che sono invenzioni, non creazioni. Se avete intenzione di essere una guerriera e combattere per la creazione del futuro, è necessario sbarazzarsi delle invenzioni. Quanto di ciò che state facendo nella vostra vita con i rapporti, in questo momento, sono invenzioni? Un sacco, un po', o megatonnellate?

Partecipante del Salon:
Megatonnellate.

Gary:
Tutto ciò che è, per un dioziliardo, distruggerai e screerai tutto? Giusto e Sbagliato, Bene e Male, POD e POC, Tutti e 9, Shorts, Boys e Beyonds

Quanto di ciò che vedete come problemi in queste domande sono in realtà invenzioni?

Tutto quello che hai fatto per inventarti questo, per un dioziliardo, distruggerai e screerai tutto? Giusto e Sbagliato, Bene e Male, POD e POC, Tutti e 9, Shorts, Boys e Beyonds

Devi essere disposta a vedere quanto della tua relazione hai creato come problema. Sei come la donna che ha detto che per lei è stata una sfida chiedere ciò che vuole a letto? Non sei disposta a perdere tuo marito? Se fossi disposta a perdere tuo marito, si creerebbe una possibilità diversa per te, in modo da potergli effettivamente chiedere quello che vuoi? Sembra proprio che questo si applichi a tutte quante qui nella chiamata.

Tutto ciò che è, per un dioziliardo, distruggerai e screerai tutto? Giusto e Sbagliato, Bene e Male, POD e POC, Tutti e 9, Shorts, Boys e Beyonds

Partecipante del Salon:
Cos'è un'invenzione?

Gary:

Un'invenzione è questo: guardi la TV e vedi due persone che si baciano. Questo dovrebbe rappresentare il modo in cui due persone tengono l'una all'altra, come si vogliono. È vero o è un'invenzione? Tutti i pensieri, sentimenti, emozioni, sesso e non sesso sono invenzioni.

Partecipante del Salon:

Io vedo tutto come un'invenzione.

Gary:

Molto lo è, tranne quando stai davvero creando un futuro. Molto di quello che hai fatto nella tua vita è un'invenzione. Cerchi di inventarti chi sei. Cerchi di inventarti la tua situazione economica. Cerchi di inventarti le tue relazioni e come tutto dovrebbe apparire agli altri. Si tratta di ciò che tutto sembra essere, non ciò che è. Tutto è l'opposto di quello che sembra e niente è l'opposto di quello che sembra. È tutto invenzione.

Tutto ciò che è, per un dioziliardo, distruggerai e screerai tutto? Giusto e Sbagliato, Bene e Male, POD e POC, Tutti e 9, Shorts, Boys e Beyonds

Partecipante del Salon:

Grazie per questa chiamata, Gary. Questa parte della mia realtà è come un'energia stantia, ma c'è parecchio qui e una nuova possibilità si sta aprendo.

Gary:

Questa è la ragione per la quale sto cercando di arrivare a farvi riconoscere che vi state inventando questa roba piuttosto che creare. Se decidi di essere innamorata di qualcuno, è una verità, una creazione o un'invenzione?

Partecipante del Salon:
Un'invenzione.

Gary:
Sì, perché è un pensiero, un sentimento, un'emozione.

CREARE DALLA SCELTA, LA POSSIBILITÀ, LA DOMANDA E IL CONTRIBUTO

Partecipante del Salon:
Come sarebbe allora il creare? Non capisco.

Gary:
Stai creando attraverso l'invenzione. Non hai creato dalla scelta, dalla possibilità, dalla domanda e dal contributo.

Partecipante del Salon:
È come un'energia generativa?

Gary:
Quando funzioni dall'energia, è generativa e creativa. Inizia a generare e creare dall'essere una guerriera che combatte per la creazione del futuro. Senti letteralmente la solidità nell'energia di "Io sono una guerriera che combatte per la creazione del futuro." Non c'è alcun dubbio nel tuo universo mentre lo dici. Improvvisamente, il dubbio se ne va e sai cosa fare. Diventa molto pragmatico e istitutivo. Finché mi sto dirigendo in questa direzione, so dove sto andando.

Partecipante del Salon:
Come possiamo essere la guerriera, la guaritrice e la conquistatrice senza e al di là dell'abuso?

Gary:
Continui a guardare quello che succede sul pianeta nel modo in cui gli uomini l'hanno creato. Questo è un problema, perché devono andare contro il loro desiderio di pace per creare la guerra e, per fare questo, rendono reali la rabbia, la furia e l'odio (che sono tutti impianti distrattori) per svolgere la missione di essere i vincitori e i distruttori del mondo che pensano di dover essere.

Se si sta creando da un luogo diverso, un luogo di "Come faccio a espandere questo e creare un futuro?" non farai la distruzione, rabbia, furia e odio per arrivare là. Farai domanda, scelta, possibilità e contributo.

Partecipante del Salon:
Wow, che fico. Grazie.

NON ESCLUDERE LA RABBIA

Partecipante del Salon:
Stavo ascoltando un CD in cui parli di non-esclusione e di non escludere la rabbia. Dici che la rabbia è un impianto distrattore. Ci puoi dire di più, per favore?

Gary:
Sì, la rabbia è un impianto distrattore. L'unica volta che la rabbia è reale invece che un impianto distrattore è quando

qualcuno ti mente.

Bisogna includere la rabbia come parte dello spettacolo. Non è che sia necessario includere l'impianto distrattore, ma è necessario essere disposti a includere la rabbia nella misura in cui ci si rende conto che qualcuno la sta usando come impianto distrattore. Se cerchi di eliminare o escludere gli impianti distrattori, stai cercando di vedere come non sono presenti invece di vedere quando sono presenti.

Partecipante del Salon:

Ho il punto di vista che odio arrabbiarmi. Mi arrabbio quando mi sento arrabbiata e non so bene cosa farci.

Gary:

Se includi la rabbia, allora la rabbia può presentarsi a flash e la si può superare. Quando ci sono i flash, si può chiedere: "Questa persona mi ha mentito?" Se si ottiene un sì, la rabbia va via. Quando sopprimi la rabbia, esplode e fa male. Fa male al corpo e ti fa male provarla. Dalla tua descrizione, sembra che tu stia cercando di reprimere la rabbia e impedirle di fluire. Così, quando accade, è un'esplosione gigantesca, il che non è utile. E fa male.

Partecipante del Salon:

Ho paura di cosa potrebbe succedere con la rabbia verso mio figlio, se non la sopprimo.

Gary:

Devi includere anche la rabbia verso tuo figlio e dire: "Se lo fai di nuovo, ti metto la testa nel water e tiro l'acqua." L'ho fatto oggi con mio figlio. Mi chiama in continuazione e dice: "Andiamo a prenderci un drink, andiamo a cena fuori." Vuole sempre stare con me. Lui mi ama moltissimo perché sono onesto con lui. Non ho soppresso la mia rabbia oggi; l'ho espressa, ma non gli è esplosa addosso, come fanno tante persone.

Partecipante del Salon:
Allora come faccio? Cosa ho bisogno di chiedere, prima di esplodere?

Gary:
Quale energia, spazio e consapevolezza posso essere che mi permetterebbero di includere la mia rabbia nella mia realtà per tutta l'eternità?

"SONO SOLO UNA RAGAZZINA INGENUA"

Partecipante del Salon:
Mi è successo qualcosa che ho evitato di rivelare o discutere per un bel po'. Penso di aver scelto in generale di essere amichevole, gioiosa, sessualmente aperta, incoraggiante, coraggiosa e molto altro grazie ad Access Consciousness e a te, Gary. Sembra che tutto questo porti gli uomini e, talvolta le loro partners, a fraintendere le mie intenzioni e percepisco le loro proiezioni, aspettative, separazioni, giudizi e rifiuti. Non sono consapevole di ciò che sta accadendo.

Gary:
Non essere consapevole è essere ingenui. Non ricevere le proiezioni, aspettative, separazioni, giudizi e rifiuti è un modo

in cui mantieni il "Sono solo una bambina ingenua." Questo potrebbe portarti a fare cose come ridere o ridacchiare nei momenti sbagliati, fare cose che non vuoi fare e avere persone nella tua vita alle quali non sai come dire no.

Quando non sei consapevole di ciò che sta accadendo, chiedi: "Quale stupidità sto usando per creare l'ingenuità che sto scegliendo?"

Stai per essere una guerriera per la creazione del futuro. Stai per avere un punto di vista diverso e non lo farai ridacchiando.

A CHI APPARTIENE? È MIO?

Partecipante del Salon:
Quando mi rendo conto che un uomo è attratto da me, mi sento molto a disagio. A volte mi viene da ridere o alzare barriere o persino flirtare in un modo che allontana la persona o la fa sentire a disagio.

Gary:
Ti sei mai chiesta: "A chi appartiene?"
Gli uomini sono le persone più insicure del pianeta, signore. Se vi sentite insicure, c'è una probabilità del novantanove per cento che questo sia il punto di vista maschile. Pochi uomini hanno totale sicurezza in sé stessi. Quelli che ce l'hanno risultano altamente intimidatori a tutti. Se sei intimidita dalle persone, probabilmente è perché stanno bene nella propria pelle e, se non ti senti bene nella tua pelle, è perché sei consapevole, non perché hai un problema. Ti voglio bene e devi superare questa cosa.

Partecipante del Salon:

Da qualche parte mi sono bevuta che tutte le proiezioni, aspettative, separazioni, giudizi e rifiuti siano reali. Mi sono resa sbagliata, mi sono incolpata, paralizzata e ho alzato delle barriere. Mi piacerebbe avere un po' di chiarezza su tutto questo.

Gary:

Wow, che bella invenzione.

Quante di voi stanno inventando i propri modi di avere a che fare con uomini, donne e relazioni? Tutto ciò che è, per un dioziliardo, distruggerai e screerai tutto? Giusto e Sbagliato, Bene e Male, POD e POC, Tutti e 9, Shorts, Boys e Beyonds

Dovete avere chiaro il fatto che il 99% di queste cose non vi appartiene. Dovete cominciare a farvi la domanda: È mio? Quando lo fate, scoprite che non c'è niente di vostro. L'insicurezza e tutta quella roba non vi appartengono. Il non voler essere respinte non appartiene a voi. Per favore, renditi conto che non è tuo, dolcezza. Tu non hai quei punti di vista.

RAPPORTI ESCLUSIVI

Partecipante del Salon:

Grazie per queste chiamate. Capisco che è ok avere solo un amante. Non deve soddisfare tutto e ora la mia vita è veramente sorprendente.

Gary:

Certo, dovete avere la consapevolezza che non occorre avere una persona che realizzi tutto ciò che desiderate. Un essere infinito potrebbe avere solo una persona nella sua vita? L'intera idea dei rapporti esclusivi è quella di escludere tutti tranne uno e, quando lo fai, "tutti" include anche te, il più delle volte. Ti avvii lungo il sentiero dell'escludere te invece di riconoscere "Va bene, mi sto includendo in questo." Chiedi:

- Cosa mi piacerebbe davvero avere?
- Cosa ci vorrebbe per rendere la mia vita divertente?

Non dire: Solo per me, solo per gioco, senza parlarne neanche un poco!

ESSERE VS FARE

Partecipante del Salon:

Ho bisogno di alcuni chiarimenti a proposito dell'essere contro il fare. Credo che, attraverso il fare cose, stia cercando di avere successo ma mi sento inadeguata, fallita e con l'aspettativa di un risultato. Cosa sta succedendo? Puoi aiutarmi con una pulizia che possa far scorrere?

Gary:

Quale stupidità stai usando per creare l'invenzione attraverso il fare che stai scegliendo? Tutto ciò che è, per un dioziliardo, distruggerai e screerai tutto? Giusto e Sbagliato, Bene e Male, POD e POC, Tutti e 9, Shorts, Boys e Beyonds

Hai capito? Stai inventando attraverso il fare, come se

solo facendo tu potessi creare, ma non è così.

TORNIAMO PER RISOLVERE LE COSE?

Partecipante del Salon:
Ho sentito dire che spesso ci reincarniamo più e più volte per stare con certe persone. Qual è la tua consapevolezza su questa idea? Lo stiamo facendo per una preferenza, oltre ad avere l'opportunità di lasciare andare le limitazioni che abbiamo riguardo una persona in particolare?

Gary:
No, di solito scegliamo qualcuno col quale c'è una limitazione in modo da poterlo uccidere in questa vita. Se sei molto attratta da qualcuno o hai una passione con qualcuno, di solito la passione si basa sull'idea che, in questa vita, lo ucciderai o verrai uccisa da lui.

Quindi, torniamo per risolvere le cose? Apparentemente no! Quando ero nella mia fase metafisica, mi dicevano che sceglievo le persone in modo da poter lasciare andare i miei limiti, ma finora non ho trovato che sia vero. Quando si ha un rapporto instabile con qualcuno, è perché vi siete uccisi l'un l'altro per secoli e state cercando di capire a chi tocca stavolta.

AMORE A PRIMA VISTA

Partecipante del Salon:
L'amore a prima vista esiste veramente?

Gary:

Sì, perché avete così tanti giuramenti, voti, fedeltà, comealtà e impegni da altre vite che quando incontrate qualcuno con cui vi siete impegnate in un'altra vita, improvvisamente ci si ricorda tutto questo. Non è la forma fisica della persona che crea tale risposta; è la forma energetica. Improvvisamente vi innamorate della persona.

Tutti i giuramenti, patti, fedeltà, comealtà, impegni e promesse che hai con chiunque attraverso ogni vita, da ogni vita e che ancora esistono, distruggerai e screerai tutto? Giusto e Sbagliato, Bene e Male, POD e POC, Tutti e 9, Shorts, Boys e Beyonds

La buona notizia, ragazze, è che avete fatto un sacco di quella roba. La cattiva notizia è che avete fatto un sacco di quella roba!

ETICHETTE, LIMITI, POSSIBILITÀ

Partecipante del Salon:

Ho fatto l'esperimento, una volta, di non pensare per un giorno al mio fidanzato come il mio fidanzato, ma solo come un buon amico. In quel giorno, ho notato che il mio comportamento verso di lui era diverso. L'interazione tra noi era meno controllante e più giocosa. Ho il sospetto che abbia a che fare con il significato della parola fidanzato. Puoi parlarci di questo? I significati delle parole e le etichette sono davvero così potenti?

Gary:

Già. Ogni volta che metti un'etichetta su ciò che qualcuno

è per te, non è possibile aprire la porta a possibilità maggiori rispetto a quelle dell'etichetta. Limiti le possibilità con ogni etichetta che metti su qualcuno. Ecco perché chiedo alle persone di chiamare la persona che gli piace il loro altro non significativo, invece del loro altro significativo. Perché se quella persona è il vostro altro non significativo, ci sono più possibilità. Se lui o lei è il vostro altro significativo, allora dovete renderlo importante, significativo, controllante e non è molto divertente.

Tutto quello che hai fatto per inventarti che queste cose siano veramente importanti, distruggerai e screerai tutto? Giusto e Sbagliato, Bene e Male, POD e POC, Tutti e 9, Shorts, Boys e Beyonds

C'È QUALCOSA CHE PUOI DAVVERO CONTROLLARE?

Partecipante del Salon:
Puoi parlare dell'idea di controllo? Si tratta di un'energia o di un'idea mentale? Capisco di essere bloccata in entrambe le polarità, controllare e non controllare. Sto lottando tra il sapere quando controllare e quando lasciare andare. Sto rendendo l'idea di controllo più potente di me.

Gary:
Il controllo è principalmente un'invenzione. Una relazione consapevole potrebbe implicare il controllo? No. C'è qualcosa che puoi effettivamente controllare? Prova a controllare l'energia nella stanza. Puoi? No. Perché? Perché l'energia non è controllabile. Il tuo partner è energia? Sì. Se

cerchi di renderlo controllabile, quanta contrazione della sua realtà devi mettere in esistenza? Quanto devi contrarre la sua intera vita, il suo vivere e il suo corpo per controllare queste cose? Molto, poco o troppo? Troppo!

Tutto ciò che è, per un dioziliardo, distruggerai e screerai tutto? Giusto e Sbagliato, Bene e Male, POD e POC, Tutti e 9, Shorts, Boys e Beyonds

L'AMORE STESSO È UN'INVENZIONE

Partecipante del Salon:
Cosa c'è al di là dell'invenzione di essere innamorato?

Gary:
L'amore stesso è un'invenzione. Questa è probabilmente una delle cose più difficili da capire per le persone. La gente dice: "Quella persona ti ama." Quella persona ti ama? O desidera qualcosa da te, o cosa? I tuoi genitori ti amano. Tuo padre e tua madre ti amano allo stesso modo? No, i modi sono totalmente differenti. È l'uno o l'altro l'amore, o sono entrambi invenzioni di cosa sia l'amore?

Partecipante del Salon:
Sono invenzioni.

Gary:
Sì, l'amore è un'invenzione. Hai più gratitudine per tua mamma o tuo papà?

Partecipante del Salon:
Per mia mamma, per avermi dato la vita e per mio papà,

perché ci vado più d'accordo.

Gary:
Hai gratitudine per tuo padre e tolleri tua madre.

Partecipante del Salon:
Esattamente, grazie.

Gary:
Dovete chiamare le cose col loro nome, gente. Se tolleri tua madre, va bene. Se sei nella gratitudine per qualcuno, è diverso. La gratitudine non ha giudizio; l'amore sì. Questa è la ragione per cui dico che l'amore è un'invenzione. Se fosse vero amore, non avrebbe giudizio. Amare veramente è una costante espressione di possibilità. Cogli la differenza?

Partecipante del Salon:
Avere un rapporto consapevole con tutti gli esseri è vantaggioso per la creazione di un futuro diverso?

Gary:
Se sei disposta a creare la tua realtà, avrai un rapporto diverso con ogni persona con la quale entri in contatto. Sarai più aperta di altri a maggiori possibilità. Questo significa che riceveranno quello che hai da dire? No. Ti riceveranno? No. Significa che cambieremo la razza umano/umanoide del pianeta? Con un po' di fortuna, sì. Tu continua ad apprezzarti perché sei colei che creerà possibilità.

OGNI RELAZIONE È UN'INVENZIONE

Partecipante del Salon:
  Le relazioni sono solo un'altra invenzione?

Gary:
  Sì, ogni relazione è un'invenzione. La relazione come è creata qui è un'invenzione.

Partecipante del Salon:
  Ovunque io funzioni dall'essere in sintonia con la relazione, sembra essere un'invenzione. Non capisco come si possa funzionare al di fuori di questo e alla fine scelgo di non entrarci per niente perché ho la consapevolezza che è qualcosa di stupido.

Gary:
  È una consapevolezza o una conclusione?

Partecipante del Salon:
  Non lo so. Non mi è chiaro.

Gary:
  Direi che è una conclusione. Come sarebbe se facessi la domanda:
  + Funzionerà?
  + Sarà divertente o interessante per me?
  + È qualcosa che può creare e generare di più nella mia vita?

  Se inizi a funzionare dall'essere una guerriera che sta andando a combattere per la creazione futura, dirai: "Oh! Non sto scegliendo di stare con questa persona, perché questo non creerebbe un futuro che sia di contributo a me o un luogo dove posso essere il contributo che desidero." Hai capito la differenza?

Partecipante del Salon:

Ho capito. Ho bisogno di fare un po' di processi qui per cancellare le difficoltà che ho nelle relazioni?

Gary:

Verità, vuoi veramente una relazione?

Partecipante del Salon:

No.

Gary:

Quindi, nessun problema!

Partecipante del Salon:

Ma durante queste chiamate, ciò di cui parlano tutti sono le relazioni. Non di altro. È questo che fanno tutti.

Gary:

Si parla anche di altro. Non vi sto forse dicendo che il vostro vero lavoro è la creazione futura?

Partecipante del Salon:

Sì, è fico.

Gary:

Sto cercando di farvi arrivare alla consapevolezza di ciò che realmente siete venute a fare e ciò che è realmente possibile per voi. Se volete una relazione, farò quello che posso per aiutarvi a ottenere anche questo. Voglio anche far sapere a tutte quelle di voi che non desiderano, non hanno bisogno o non vogliono una relazione, che non c'è bisogno di avere una relazione. È solo una scelta. È davvero questo il modo in cui tutti noi dobbiamo a funzionare.

UNA GUERRIERA È DISPOSTA A FARE TUTTO CIÒ CHE SERVE PER VINCERE LA BATTAGLIA

Partecipante del Salon:

Ho una domanda sull'essere una guerriera. Penso ai guerrieri come persone che fanno tutto da soli. Quando guardo al creare e generare un futuro che possa funzionare per me, sempre di più mi sembra di dover collaborare con altre persone. È come se i nostri futuri si sovrapponessero. Di che si tratta? Puoi parlarci di essere una guerriera e collaborare?

Gary:

Una guerriera è disposta a fare tutto ciò che serve per vincere la battaglia. Se significa stare schiena contro schiena contro incredibili avversità, lo farete. Se significa andare alla carica, lo farete. Quando sarete davvero delle guerriere, arerete anche la terra se dovesse servire a creare il futuro che vi serve. Utilizzerete la spada per piantare. Userete le armi per creare barricate contro gli invasori. Farete tutto il necessario. Una guerriera non è semplicemente una che combatte, massacra, uccide e mutila. Una guerriera è una che fa tutto ciò che serve per arrivare dove sta andando.

Ecco perché continuo a cercare di farvi riconoscere che

siete guerriere; perché farete sempre quello che serve per andare avanti. Non esiterete a farlo a meno che non andiate in proiezione, aspettativa, rifiuto, separazione, giudizio o in un luogo dove vi sentite sbagliate. Venite fuori da là e realizzate "Sono una guerriera che sta andando a lottare per la creazione futura."

INTERESSANTE PUNTO DI VISTA

Quando si ha consapevolezza di sé, si è come rocce nella corrente. La polarità ti viene incontro e ti gira attorno, mentre tu sei nell'interessante punto di vista. Quando sei disposta a riconoscere dove ti trovi nel flusso delle cose, sei una guerriera che combatte per la creazione futura.

C'è una solidità in questo; ma senza stagnazione. Gran parte della solidità diventa stagnazione. Se dici: "Io sono una combattente", diventa una posizione stagnante e tu devi combattere sempre tutti per dimostrare che hai ragione. È un posto nel quale desideri vivere?

Quando sei nell'interessante punto di vista, tutte le polarità, la pazzia e l'invenzione che vorticano intorno a te non hanno alcun effetto su di te, perché sai dove stai andando. Da questo spazio, si può combattere per la creazione futura.

Partecipante del Salon:

Grazie mille per questa chiamata. E grazie a tutte le donne incredibili che hanno partecipato. Per la prima volta, sento un senso di pace tra uomini e donne e nel mio rapporto con loro in generale. C'era rabbia, odio e diffidenza nel mio rapporto con le persone, ma ora con questa chiamata non ha più importanza. Posso gestirli.

Gary:

Sì, è per questo che ho fatto questa chiamata. Stavo cercando di creare questo, portarvi a creare questa realtà. Vi darà quel senso di pace che creerà possibilità e scelta.

Grazie, signore.

Gary Douglas

9
Creare un Futuro Sostenibile

Forse dovresti smettere di cercare di sopravvivere e iniziare a guardare a ciò che ci vorrebbe perché tu prosperassi.

Gary:
   Salve, signore. Cominciamo con alcune domande.

FARE FIGLI

Partecipante del Salon:
   Hai detto che, per la maggior parte delle donne, la creazione futura è fare figli e fare figli è l'armonica più bassa della creazione futura. Si può essere una guerriera per la creazione futura e scegliere di avere se stesse e anche i figli?

Gary:
   Sì, puoi. La maggior parte delle persone ha deciso che il futuro sia fare figli e non creare un effetto a lungo termine nel mondo. Questo è il motivo per cui i figli sono visti come effetti a lungo termine in tutto il mondo, ma non sono l'unico effetto a lungo termine. Devi avere tutte le scelte. Tutte le scelte dovrebbero essere disponibili per te.

Partecipante del Salon:

Ho scelto di invitare bambini nel mio universo, il che ha ampliato la mia vita infinitamente. Cos'altro è possibile quando scelgo questo?

Gary:

Devi guardare a questa scelta e chiedere: "Se scelgo di avere questi bambini nella mia vita, si creerà un futuro migliore o peggiore per me e per loro?"

Futuro non significa solo te, significa te e loro. La maggior parte delle persone fa figli dal punto di vista: "Ora avrò qualcuno che si prenderà cura di me" o "Avrò qualcuno che mi amerà per sempre." Devi essere disposta a riconoscere, quando ti sposti nel luogo di creazione futura per te e per gli altri, che può esserci una possibilità diversa. È necessario creare un futuro che non sia basato su un punto di vista solido; devi creare un futuro con una realtà sostenibile al di là di questa realtà.

Partecipante del Salon:

Hai detto che noi siamo le conquistatrici, combattiamo per il futuro e, quando vediamo un'apertura, è da lì che passiamo.

Gary:

Vedrai il luogo dove si verifica un'apertura grazie alla tua volontà di creare un futuro diverso al di là di questa realtà. Si creerà un'apertura e tu dirai: "Oh! Devo andare là!" Lo sai perché sei più disposta di chiunque altro a funzionare dalla consapevolezza.

NON SI TRATTA DI USCIRE DA QUESTA REALTÀ

Partecipante del Salon:

Sono così frustrata di essere la matrigna di un figliastro che si è appena trasferito di nuovo a casa. Non so come dirlo a parole. Come posso non essere la matrigna del ragazzo?

Gary:

Ti stai chiedendo: "Come faccio a uscire da questa realtà?", ma non si tratta di uscire da questa realtà. Se fosse questo il modo, affinché tu possa creare tutto ciò che desideri, uscirne sarebbe facile. Tu vuoi chiedere: "Come faccio a creare una realtà al di là di questa realtà che funzionerebbe davvero per me?"

Partecipante del Salon:

Come faccio?

Gary:

Digli: "Ora che sei tornato, ormai sei troppo vecchio perché io ti faccia da madre o da matrigna. Quindi, come possiamo creare un rapporto di amicizia e un rapporto di lavoro come coinquilini?"

Partecipante del Salon:

L'ho fatto. Lui fondamentalmente mi ha detto in modo non verbale di andare aff… e ha continuato a fare come gli pare.

Gary:

Allora, perché lo stai accettando?

Partecipante del Salon:

Già, perché lo sto accettando? Voglio scappare di casa.

Gary:

Perché non gli dici: "O ti dai una raddrizzata o te ne vai?"

Partecipante del Salon:

Vorrei, ma io sono la matrigna. Se gli dico così, mi trasformo nella seccatrice che non ho mai voluto essere.

Gary:

Se tuo marito non ti sta sostenendo con il ragazzo, puoi dirgli: "Devi scegliere. O me o il ragazzo. Uno di noi deve andare." Ti sei seduta con tuo marito e hai detto: "Dobbiamo parlare?"

Partecipante del Salon:

Stiamo per farlo, stasera. La donna umanoide che sono non è più in grado di gestire la situazione. La guerriera è in arrivo.

Gary:

Non è vero. La donna umanoide che sei può gestirlo. Semplicemente non sei più disposta a sopportare.

Partecipante del Salon:

No, non lo sono.

Gary:

Tutto ciò che devi dire è: "Ti rendi conto che tuo figlio mi sta trattando di merda? È così che vuoi che mi tratti?"

Partecipante del Salon:
   Capito.

Gary:
   Poi devi dire: "O cambia o me ne vado. Cosa vuoi?"

Partecipante del Salon:
   È esattamente dove mi trovo.

Gary:
   Tutto ciò che devi fare è dirlo. Non con rabbia o accusandolo. È solo: "Le cose stanno così. Non voglio più dover far fronte a questo. Ho messo da parte i miei sentimenti, la mia consapevolezza, tutto. Questo deve cambiare o me ne vado. Cosa scegli?" Se lui non è consapevole che suo figlio ti tratta così, vuoi davvero avere a che fare con questa roba?

Partecipante del Salon:
   Ne è consapevole. Solo che non se ne occupa. È una situazione che non vuole affrontare. Si è anche iscritto a un country club per giocare a golf - e io sono a casa.

Gary:
   Per lui funziona. Sta funzionando per te?

Partecipante del Salon:
   Non funziona per me. Mi stanno caricando di questa responsabilità. Io sono responsabile di cambiare tutto.

Gary:
   Stop. "Mi stanno caricando" è una menzogna che ti stai

dicendo, tesoro. Niente e nessuno ti fa essere o fare qualsiasi cosa, tranne te.

Partecipante del Salon:
Giusto, mi sto caricando di questa responsabilità. Io lo sto facendo.

Gary:
Hai una scelta. Puoi fare quello che funziona per te, oppure no.

Ho parlato con una signora che mi ha detto: "Sono così arrabbiata con mio nipote che fa casino e poi non pulisce. Lascia tutto in disordine e mi fa impazzire. Io gli dico che deve pulire, ma non lo fa."

Le ho chiesto: "Per chi pulisci la casa? Per te o per lui?"

Ha detto: "Per me. Che vuol dire?"

Ho detto: "Lui non pulisce la casa perché non vuole farlo per te. Mangia i biscotti e non pulisce le briciole e il casino che fa. Fai così, metti i biscotti in camera, chiudi la porta ed esci. Lui non riuscirà a trovare i biscotti." Bisogna essere pragmatici su come far funzionare queste cose.

Partecipante del Salon:
Grazie mille.

PERCHÉ TU NON SEI TU?

Partecipante del Salon:
Nell'ultima chiamata hai chiesto: "Perché non sei te?" È una domanda che hai fatto molte volte in precedenza. Credo che riguardi l'essere la guerriera che combatte per il futuro e che è disposta ad essere totalmente la gentilezza, la dolcezza, il nutrimento e la guarigione in ogni momento con presenza totale e allowance. È corretto?

Gary:
Assolutamente sì. Dovete essere brutalmente oneste con voi stesse su ciò che desiderate creare.

Partecipante del Salon:
A volte la consapevolezza di ciò che sono veramente è così grande che sembra troppo per poter essere tradotta in questa realtà fisica.

Gary:
Lo è. Ma non stai cercando di tradurla in questa realtà fisica. Stai cercando di farla penetrare in questa realtà fisica. Se cerchi di tradurla, stai cercando di farla entrare in questo universo, invece di renderla una scelta che hai a disposizione.

UNA REALTÀ SOSTENIBILE AL DI LÀ DI QUESTA REALTÀ

Partecipante del Salon:
Cosa significa la creazione di un futuro con una realtà

sostenibile al di là di questa realtà?

Gary:

In questo momento, state tutte scegliendo una versione migliore di questa realtà. Ma questa realtà non è sostenibile nel modo in cui sta funzionando. Ecco perché dobbiamo creare una realtà sostenibile oltre questa realtà. Ciò che stiamo facendo in questo momento ci porta verso la fine della vivibilità sul pianeta Terra com'è attualmente. Qualcosa deve cambiare. Cos'è? Non ho una buona risposta per voi e non so pragmaticamente che cosa significhi, se non che dovete vivere facendo la differenza.

Partecipante del Salon:

Puoi dirci di più sulla realtà sostenibile al di là di questa realtà? Hai detto che, in questo momento, siamo solo in grado di creare o generare qualcosa che sia migliore o semplicemente un po' diverso.

Gary:

Sto cercando disperatamente di mostrare a voi, ragazze, che avete diverse scelte che non avete mai pensato di avere, ma state cercando di scegliere una versione migliore di questa realtà. "Vivrò una vita migliore per me stessa" non è come dire "Ho intenzione di creare qualcosa di così diverso che nulla di simile è mai accaduto qui prima." L'esempio migliore che posso darvi in proposito è ciò che ho fatto con Access Consciousness. Sapevo che dovevo fare qualcosa che non era mai esistito. Dovevo fare qualcosa che creasse un diverso tipo di possibilità e una realtà diversa.

Partecipante del Salon:

Hai parlato di come spesso usi futuro senza mettere "il" o "un" davanti, perché non desideri definirlo o limitarlo, come se fosse una cosa sola. Continuo a fare "il" futuro o "un" futuro, il che lo limita e lo rende solido. Sto cercando di creare il futuro, che è ciò che stai cercando di smantellare. È giusto?

Gary:

No, sto cercando di darvi la volontà di creare un futuro sostenibile al di là di questa realtà. Stai cercando di creare un futuro, ma è contratto perché stai guardando a un futuro basato su ciò che hai già e che vorresti rendere migliore.

Partecipante del Salon:

È corretto. Ho già deciso quale futuro dovrebbe essere, cosa può essere e così via.

Gary:

Quante cose giuste hai deciso di avere nella tua vita? Tutto ciò che è, per un dioziliardo, distruggerai e screerai tutto? Giusto e Sbagliato, Bene e Male, POD e POC, Tutti e Nove, Shorts, Boys e Beyonds

Diciamo che hai avuto l'idea di dover avere tre milioni di dollari per essere sicura nella vita. Così, hai ottenuto tre milioni di dollari per creare un futuro al di là di questa realtà, senza avere idea di cosa dovrebbe essere, oltre all'avere più soldi.

Partecipante del Salon:

È corretto. Ho creato quattro milioni di dollari. È tutto.

Non so cosa c'è oltre questo.

Gary:
Non stai cercando di creare una realtà al di là di questo. Stai cercando di creare una realtà che mantiene ciò che hai deciso essere giusto, così puoi continuare in questo modo. Tutto ciò che stai cercando di mantenere del passato, devi essere disposta a lasciarlo andare. Sei disposta a lasciar andare l'avere quattro milioni di dollari?

Partecipante del Salon:
Sì.

Gary:
Verità?

Partecipante del Salon:
Sì.

Gary:
Sei disposta a lasciarli andare? Hai appena mentito.

Partecipante del Salon:
Non riesco a vedere dove sto mentendo.

Gary:
Saresti disposta a perdere tutto?

Partecipante del Salon:
Se mi dici che è no, mi fido di te. Per favore, aiutami a vederlo.

Gary:

Dici di sì perché la tua ipotesi è che avrai di più. E se il denaro fosse l'unica cosa che sta creando un luogo di futuro non sostenibile? Sceglieresti qualcosa di diverso? Come sarebbe quel "diverso?"

Partecipante del Salon:

Ci vado, vado verso un futuro senza denaro. E con "senza denaro" non intendo l'energia, mi riferisco alla carta.

SOPRAVVIVENZA VS SOSTENIBILITÀ

Gary:

Aspetta un attimo. Stai andando verso il futuro da un luogo dell'essere dove sei. Stai andando verso l'idea "Non riesco a sopravvivere." La sopravvivenza non è la creazione di un futuro sostenibile. Devi essere disposta a perdere la sopravvivenza. Dovete essere disposte a perdere la sopravvivenza perché avete trascorso la vostra vita sopravvivendo e solo occasionalmente prosperando. A prescindere dalle condizioni, sapete di potercela sempre fare in questa realtà.

Tutto ciò che è, per un dioziliardo, distruggerai e screerai tutto? Giusto e Sbagliato, Bene e Male, POD e POC, Tutti e Nove, Shorts, Boys e Beyonds

Partecipante del Salon:

Che cos'è la sopravvivenza?

Gary:

La sopravvivenza è: non importa ciò che accade, tu

continuerai.

Partecipante del Salon:
   In quello ci credo. Mi stai chiedendo di rinunciarci? È così? Perché dovrei rinunciarci?

Gary:
   Come sarebbe se la vera sostenibilità non fosse la sopravvivenza?

Partecipante del Salon:
   Non ha senso.

Gary:
   Non deve necessariamente avere senso. Tu puoi sopravvivere a tutto. Ma la sopravvivenza è una cosa alla quale si deve rinunciare se si desidera creare sostenibilità. Sopravvivenza e sostenibilità non sono la stessa cosa. Anche se la natura sta morendo, è possibile adattarsi per continuare a vivere.

Partecipante del Salon:
   Cosa dovrei portare con me per contribuire al mio essere sostenibile?

Gary:
   "Che cosa dovrei portare con me?" non è un luogo da cui è possibile creare una realtà sostenibile al di là di questa realtà. E questo ti sta uccidendo.

Partecipante del Salon:
   Sostenibile per me significa che vi è un maggiore contributo. Dove sono io, che non permette più contributo?

Gary:

Cosa intendi con contributo? Ciò che gli altri possono dare a te, ciò che puoi dare agli altri o di ciò che si può ottenere in entrambe le direzioni?

Partecipante del Salon:

Quello che altre persone sarebbero per me e quello che io sarei per loro.

Gary:

Perché è così che consideri le persone di valore?

Partecipante del Salon:

Perché penso che tutte le cose nella mia vita mi contribuiscono; tranne le persone.

Gary:

E se non ci fossero persone? Andrebbe bene?

Partecipante del Salon:

Sì!

Gary:

Bene. Devi riconoscere che c'è una possibilità diversa.

Partecipante del Salon:

Puoi parlare di cosa sono sopravvivenza e sostenibilità, per favore?

Gary:

La sopravvivenza è l'idea che è possibile sostenersi a prescindere dalle circostanze. Se sei nella sopravvivenza, puoi continuare ad esistere a prescindere dalle circostanze.

Se il vostro obiettivo è quello di continuare ad esistere indipendentemente dalle circostanze, è una creazione?

Partecipante del Salon:
No.

Gary:
Quindi, dovete essere disposte a perdere la sopravvivenza anche solo come concetto vago nel vostro mondo.

Tutto ciò che hai fatto per rendere la sopravvivenza una realtà per te, distruggerai e screerai tutto? Giusto e Sbagliato, Bene e Male, POD e POC, Tutti e Nove, Shorts, Boys e Beyonds

Sostenibilità significa che qualunque cosa sia, continuerà a crescere ed espandersi. Quando stai facendo qualcosa di sostenibile, continuerà a crescere, espandersi e a prendersi cura di se stessa. Quando crei una realtà sostenibile oltre questa realtà, stai prendendo in considerazione la domanda: Come sarebbe se tutto qui non stesse morendo? In questo momento, se ci si guarda in giro, c'è un sacco di roba che sta morendo.

Partecipante del Salon:
Ho misapplicato la sostenibilità come sopravvivenza?

Gary:
Sì, hai misidentificato e misapplicato la sopravvivenza e la sostenibilità.

Tutto ciò che hai fatto per creare questo, distruggerai e screerai tutto? Giusto e Sbagliato, Bene e Male, POD e POC, Tutti e Nove, Shorts, Boys e Beyonds

Come sarebbe creare un mondo sostenibile? Guardo cosa sta succedendo nel mondo e vedo che, se continuiamo ad andare in questa direzione, la gente sopravvivrà per altri 100 anni e poi il pianeta sarà esaurito.

Partecipante del Salon:

La gente sopravviverà, ma non ci sarà nessuna sostenibilità. C'è una grande differenza nell'energia tra le due.

Gary:

Sì, è questo che voglio che capiate. Se siete alla ricerca della sopravvivenza, se siete attaccate all'idea di sopravvivere, siete come la signora che stava parlando del suo figliastro. Stava sopravvivendo alla situazione, ma non era una realtà sostenibile per lei. Potete sopravvivere a tutto. Non volete sopravvivere a queste situazioni; volete fare ciò che creerà una realtà sostenibile. Come sarebbe se la vostra realtà fosse sostenibile?

Partecipante del Salon:

Ho una domanda. Rinunciando alla sopravvivenza, faremo solo la creazione?

Gary:

La sopravvivenza è il limite di ciò che è possibile ricevere. È come se si fosse creato un limite a ciò che è possibile ricevere in base al sopravvivere. Sulla base di questo, tu sei soddisfatta. Dici: "Ho bisogno solo di questo per sopravvivere" o "Ho bisogno di questo tipo di persone, se sopravviverò." No, non ne hai bisogno!

Se avete intenzione di avere una realtà sostenibile, ci sono persone che dovranno cambiare, scegliere e essere diverse perché la sostenibilità possa essere creata. La sostenibilità è la creazione e la sopravvivenza è l'istituzione per tenere in esistenza ciò che esiste attualmente.

Quale stupidità stai usando per creare l'invenzione della sopravvivenza come la scelta primaria che stai scegliendo? Tutto ciò che è, per un dioziliardo, distruggerai e screerai tutto? Giusto e Sbagliato, Bene e Male, POD e POC, Tutti e Nove, Shorts, Boys e Beyonds

Partecipante del Salon:
Mio marito e io abbiamo iniziato a parlare di soldi e subito dopo stavo dicendo: "Questo non è sufficiente per me. Questo non funziona." La sopravvivenza che ho scelto e non ho scelto non funziona per me, ma è ciò che sta accadendo.

Gary:
Sei sopravvissuta alla tua infanzia?

Partecipante del Salon:
Sì, ci sono stati momenti in cui sopravvivevo.

Gary:
Hai deciso che, dato che sei sopravvissuta, sei una sopravvissuta?

Partecipante del Salon:
Sì.

Gary:
Tutto ciò che hai deciso con questo, tutte le decisioni, i giudizi, le conclusioni e le computazioni che hanno creato

questo, distruggerai e screerai tutto? Giusto e Sbagliato, Bene e Male, POD e POC, Tutti e Nove, Shorts, Boys e Beyonds

Come sopravvissuta, tolleri la situazione e fai il meglio possibile per vivere nonostante ciò che accade. Ma non è un posto per creare un futuro sostenibile.

Partecipante del Salon:
Sostenibile o no, non vale la pena.

Gary:
Questo è un giudizio. Perché vai nel giudizio? Giudizio e conclusione sono i sistemi che avete per creare sopravvivenza. Devi arrivare alla conclusione e al giudizio; calcoli e decisioni per sopravvivere.

Tutte le decisioni, i giudizi, le conclusioni e i calcoli che stai utilizzando per creare la tua sopravvivenza, distruggerai e screerai tutto? Giusto e Sbagliato, Bene e Male, POD e POC, Tutti e Nove, Shorts, Boys e Beyonds

Non importa se hai quattro milioni di dollari; andrai nelle decisioni, i giudizi, le conclusioni e i calcoli in modo da poter sopravvivere. Simbolicamente, sistematicamente e semplicisticamente sono quelli gli elementi necessari per sopravvivere. Arriverai a conclusioni come: "Io non ce la faccio più", "Non riesco a sopravvivere", "Non sta funzionando", "Non è abbastanza." Questi sono giudizi.

La consapevolezza è: "Io non voglio vivere in questo modo. Qualcosa deve cambiare." Allora si va nella domanda.

Quale attualizzazione fisica della creazione di un futuro sostenibile al di là di questa realtà sono ora in grado di creare, generare e istituire? Tutto ciò che non permette questo, per un dioziliardo, distruggerai e screerai tutto? Giusto e Sbagliato, Bene e Male, POD e POC, Tutti e Nove, Shorts, Boys e Beyonds

Partecipante del Salon:

Nel mondo della dipendenza, sembra che il Programma dei Dodici Passi sia la sopravvivenza e il programma Giusta Guarigione Per Te sia la sostenibilità. È esatto?

Gary:

Sì, Giusta Guarigione Per Te è un insieme di strumenti e tecniche che permettono alle persone di creare un futuro che sia sostenibile.

Partecipante del Salon:

Quando applichiamo gli strumenti di Access Consciousness a qualcosa, stiamo creando sostenibilità?

Gary:

Sì, una domanda crea un futuro che ha della sostenibilità. Fintanto che non si stanno facendo le decisioni, giudizi, conclusioni e calcoli, ci si trova in una modalità creativa.

CREARE UN FUTURO MONETARIO SOSTENIBILE

Partecipante del Salon:

Abbiamo bisogno di soldi per sopravvivere, piuttosto che un potere di vita sostenibile.

Gary:

Ma non hai creato soldi come un futuro sostenibile per te, vero? Sei arrivata alla conclusione che non hai bisogno di soldi o che vuoi soldi o che il denaro non risolve i problemi o che il denaro non sta creando qualcosa per te. La gente ha un sacco di idee su ciò che il denaro è o non è.

Partecipante del Salon:

Sono insofferente e incazzata riguardo ai soldi, che sono l'obiettivo principale di questa realtà.

Gary:

Sì, ma non deve essere l'obiettivo principale della tua realtà. Il denaro non è mai al centro della mia realtà. Il mio obiettivo è: Come faccio a cambiare le cose?

Oggi stavo parlando con mia figlia, che mi ha raccontato di una sua amica il cui marito l'ha informata, giusto dopo aver avuto un'isterectomia, di avere una fidanzata in Messico. Ha detto a sua moglie che voleva lasciarla, ma non poteva perché non aveva abbastanza soldi. L'idea era che la moglie dovesse lavorare di più, in modo che lui potesse lasciarla!

Ho detto a mia figlia: "Chissà di quanti soldi avrebbe bisogno per cambiare le cose e sbattere fuori quello stronzo a calci nel culo. Glieli darò io. Quell'uomo è cattivo e merita di morire!" Non è qualcosa da dire a qualcuno nel bel mezzo di un'operazione.

Partecipante del Salon:

Come sarebbe creare denaro come un futuro sostenibile? Creeresti denaro?

Gary:

Quello che chiedo di fare a tutti è mettere da parte il dieci per cento di tutto il denaro che entra. Quando lo fate, state creando un futuro sostenibile. State dicendo all'universo: "Mi piacerebbe avere abbastanza soldi in entrata così da poter mettere via il dieci per cento."

Partecipante del Salon:

Io già lo faccio, quindi volevo qualcosa di più. Per favore, aiutami in questo.

Gary:

Sì, ma non ti è piaciuta questa risposta.

Partecipante del Salon:

Non mi è piaciuta perché lo sto già facendo.

Gary:

Sei disposta a riconoscere dove crei un futuro sostenibile basato su ciò che stai scegliendo?

Quando lo fate, state iniziando a creare un futuro sostenibile. Ho creato Access Consciousness come un business e, se muoio domani, andrà avanti. Questo è un futuro sostenibile. Ho messo molte cose a posto in modo da poter essere sostituibile. Vi siete rese sostituibili in futuro o avete provato ad essere indispensabili?

Partecipante del Salon:

Per lo più ho cercato di essere indispensabile.

Gary:

Quello non è creare un futuro sostenibile.

Partecipante del Salon:
   E a proposito di lasciare un'eredità?

Gary:
   Questo non è un futuro sostenibile. Quello è solo denaro che stai lasciando ad altre persone, che lo butteranno via perché non se lo sono guadagnato.

Partecipante del Salon:
   Cosa ci vorrebbe per me per creare un futuro sostenibile con la capacità che ho e sono con i soldi?

Gary:
   Non l'hai guardato affatto. Devi iniziare a guardare a questo prima di istituire un futuro.
   Quale attualizzazione fisica della creazione di un futuro sostenibile sono ora in grado di creare, generare e istituire? Tutto ciò che non permette a questo di mostrarsi, per un dioziliardo, distruggerai e screerai tutto? Giusto e Sbagliato, Bene e Male, POD e POC, Tutti e Nove, Shorts, Boys e Beyonds

Partecipante del Salon:
   Grazie, Gary.

NESSUNO PUÒ RENDERE QUALCUN ALTRO FELICE

Partecipante del Salon:
   Il mio rapporto è entrato in un circolo vizioso. Mio marito ed io parliamo parecchio di matrimonio e divorzio.

Dice cose come: "Se non dovessi darti soldi, me ne andrei" e "Se non ci fossero i bambini, me ne sarei andato." Io dico: "I ragazzi staranno bene e non devi darmi soldi", ma lui non se ne va e passiamo ogni giorno nell'infelicità. Vorrei cambiare questo.

Gary:

Lui non vuole davvero lasciarti.

Partecipante del Salon:

L'ho capito, ma c'è tanta rabbia, colpa e vergogna. Faccio costantemente POD e POC agli impianti distrattori. Non c'è alcun desiderio sessuale. Cos'è questa follia?

Gary:

Sei disposta a cambiare e far funzionare la relazione per lui?

Partecipante del Salon:

Lui mi sta chiedendo di essere una casalinga e anche di guadagnare soldi. Io faccio entrambe le cose e niente lo rende felice.

Gary:

Nessuno può rendere qualcun altro felice.

Partecipante del Salon:

Da dove comincio a scegliere la mia vita?

Gary:

Hai già scelto la tua vita. Come sarebbe se iniziassi a fare una domanda: "Cosa ci vorrebbe per creare un futuro sostenibile per me, i miei figli e mio marito?"

Partecipante del Salon:
L'ho chiesto.

Gary:
No, non l'hai chiesto. Non ti ho mai dato questa domanda.

Partecipante del Salon:
Gli ho detto: "Cambiamo questa cosa. Cosa è richiesto? Cosa ti piacerebbe? Cosa funzionerebbe per te?" e siamo passati attraverso vari scenari. È folle. La sto facendo fin dal primo giorno, la scelta di questa follia.

SOPRAVVIVERE VS. PROSPERARE

Gary:
È interessante. "La sto facendo fin dal primo giorno." Significa che sei entrata nel tuo matrimonio con queste decisioni, giudizi, conclusioni e calcoli?

Partecipante del Salon:
Sì.

Gary:
Quando entri nelle decisioni, i giudizi, le conclusioni e i calcoli, tutto quello che puoi fare è sopravvivere. Non puoi creare un futuro sostenibile.

Arriverai alla conclusione su ciò che dovresti fare, invece di arrivare alla consapevolezza di ciò che potresti fare. Devi chiarirtelo in questo momento, la vita è una questione di sopravvivenza. Forse dovresti smettere di sopravvivere e guardare a ciò che ci vorrebbe per te per prosperare.

Quale stupidità stai usando per creare l'invenzione della vita come la sopravvivenza che stai scegliendo? Tutto ciò che è, per un dioziliardo, distruggerai e screerai tutto? Giusto e Sbagliato, Bene e Male, POD e POC, Tutti e Nove, Shorts, Boys e Beyonds

Come sarebbe se non ti fossi inventata le decisioni, i giudizi, le conclusioni e i calcoli?

Partecipante del Salon:
Mi piace il concetto di sostenibilità. Nel corso degli ultimi dodici mesi, ho speso parecchi soldi per creare un giardino. Ho notato che ogni persona che entra nel mio giardino cambia, anche i miei vicini. I cavalli stanno vincendo delle gare. Vedere la magia che accade qui è impressionante. Ho capito dove sto creando un futuro sostenibile ma questo, di per sé, non è abbastanza per me.

Gary:
Non stai creando un futuro sostenibile finanziariamente. Quando lavoravi con il tuo ex-marito, stavate creando insieme. Consideravi quello che stavate creando un futuro sostenibile?

Partecipante del Salon:
Sì.

Gary:
Lo sta ancora facendo o sta arrivando a delle decisioni, giudizi, conclusioni e calcoli?

Partecipante del Salon:

Sta distruggendo il suo futuro. Oh, quindi è da lì che arrivano la mia rabbia e la mia confusione! Non sto creando come facevo quando ero con lui.

COSA POSSO CREARE COME FUTURO SOSTENIBILE?

Gary:

Giusto. Devi creare con qualcosa d'altro. Trova qualcosa che possa creare un futuro sostenibile che non hai mai considerato.

Partecipante del Salon:

Mi porti sempre a questo punto ed io non riesco ad andare oltre.

Gary:

Puoi.

Partecipante del Salon:

Ma non lo farò?

Gary:

Sì. Fai scorrere questo:

Quale attualizzazione fisica della creazione di un futuro totalmente sostenibile sono ora in grado di creare, generare e istituire? Tutto ciò che non permette questo, per un dioziliardo, distruggerai e screerai tutto? Giusto e Sbagliato, Bene e Male, POD e POC, Tutti e Nove, Shorts, Boys e Beyonds

Sto cercando di portarti a uno stadio dove non sei stata disposta ad andare in passato. Mi piacerebbe che tutte voi cominciaste a guardare a: sono una guerriera che sta andando a combattere per creare un futuro che non è mai esistito.

Una volta fatto questo, non combatterete contro nulla, perché non appena siete contro una situazione smettete di lottare per la creazione di qualcosa che non c'è mai stato. Se volete creare un futuro sostenibile, avrete molte più scelte.

Provate a chiedere:

+ Cosa mi dà gioia?
+ Cosa per me è gioioso fare ed essere?

Dovete guardare il vostro futuro da: Cosa posso creare come futuro sostenibile? Dovete farlo senza alcuna indicazione su come dovrebbe essere. Molte di voi stanno cercando di decidere come sarà prima di intraprendere il viaggio. Gente, continuate il viaggio e scoprirete com'è quando sarete là.

Bene, è tutto per stasera. Grazie, signore. È stato fantastico.

10
Relazioni Consapevoli

Invece di essere attiva o consapevole quando crei delle relazioni, cerchi un luogo inconsapevole in cui è possibile creare dei rapporti chiamati "Io lo amo e lui mi ama."
Quanti di questi rapporti hanno funzionato bene per te?

Gary:

Benvenute, signore. Credo che, dal tono delle vostre domande, stiate ricevendo la consapevolezza di avere qualcosa di più grande con cui contribuire alla vita - e questo è fantastico. Ne sono molto felice.

I SEI ELEMENTI DELLE RELAZIONI CONSAPEVOLI

Partecipante del Salon:

Ci puoi parlare della creazione di un rapporto consapevole e di come sarebbe, se fosse una possibilità che funziona? Qual è la pragmatica?

Gary:

Ci sono sei elementi della relazione consapevole:

Numero uno: la persona che scegliete (Chi sta scegliendo? Voi!) dovrebbe essere indipendente, ma pensare di essere incasinata.

Perché? Perché è proprio come voi.

Partecipante del Salon:

(ride)

Gary:

Numero due: Volete essere riconosciute, non volete che si abbia bisogno di voi.

L'altra persona dovrebbe volere qualcuno che si prenda cura di lui, pur sapendo che quando otterrà questo da voi, se ne andrà. Perché? Non si lascia sempre quando si ottiene ciò che si vuole - e voi non volete essere necessarie, giusto?

L'altra persona deve credere di voler stare con voi. Vuole nella sua vita qualcuno che si prenda cura di lui, ma al tempo stesso, è troppo indipendente anche solo per pensarlo, proprio come voi. Tu non sei dipendente, vero?

Partecipante del Salon:

Niente affatto.

Gary:

Fai pena quando si tratta di essere dipendenti. Non riesci nemmeno a fare finta! "Ho bisogno di qualcuno" non è neanche vagamente parte della tua realtà. La maggior parte delle persone sta cercando di capire come fare ad avere una persona che abbia bisogno di loro, mentre in realtà odierebbero se qualcuno avesse bisogno di loro; lo troverebbero soffocante.

Partecipante del Salon:
   Questa non l'ho capita. Parli arabo. Non ho nessuna idea di ciò che hai detto. Se su questo si potesse andare oltre, sarebbe bello.

Gary:
   Vuoi sempre che le persone si prendano cura di te, non è vero?

Partecipante del Salon:
   Sì.

Gary:
   E ogni volta che lo fanno, li scarichi.

Partecipante del Salon:
   Esatto.

Gary:
   È di questo che sto parlando. Se trovi qualcuno che vuole prendersi cura di te, quanto ci metti a sbarazzartene?

Partecipante del Salon:
   Non avrei dovuto nemmeno essere lì, in primo luogo.

Gary:
   Sì, lo so. Ma questo è il tipo di persona con la quale trovi sia veramente meraviglioso stare insieme. Pensi che l'altro voglia che ti prenda cura di lui e riconosci che non vuole realmente che ci si prenda cura di lui. Vuole solo che tu lo potenzi.

Partecipante del Salon:
   Oh! Ho capito! Qualcuno come me.

Gary:
   Già. Invece di essere attiva e consapevole nel creare relazioni, cerchi di creare la relazione da un luogo inconsapevole chiamato "Io lo amo e lui mi ama." Quante di queste relazioni hanno funzionato bene per te?

Partecipante del Salon:
   Nessuna.

Gary:
   Perché?

Partecipante del Salon:
   Me ne sono sempre andata. Non era nutriente, non era espansivo. Non era niente.

Gary:
   È questo che sto dicendo.
   Numero tre: Tutto quello che fai o dici deve riguardare il potenziarli in tutto ciò che sono, non riguardare lo scegliere te.
   Assicurati che non siano mai dipendenti da te. Perché se diventano dipendenti da te, devono liberarsi di te. Devono proprio. Quindi devi potenziarli, non importa quale sia la situazione.
   L'altro giorno ho parlato con un ragazzo arrabbiato con la sua fidanzata. Erano stati in vacanza con altre persone e tutto era andato a meraviglia fino all'ultima notte, quando entrambi avevano un po' esagerato con l'alcol. Un tizio ha

iniziato a provarci con la sua ragazza, creando problemi tra loro. Così lei, facendo da pacificatrice, ha cercato di calmare gli animi e convincere il suo ragazzo a fermarsi, mentre lui non ne voleva sapere. Si è arrabbiato e le ha detto: "Devi fare quello che voglio io!"

Quante di voi, quando la gente vi dice che dovete fare quello che vogliono loro, risponde "Vaff.... con me hai chiuso?" A nessuna di voi piace ricevere ordini. L'avete mai notato? È perché siete ferocemente indipendenti. Potreste pensare di volere qualcuno disposto a prendersi cura di voi, ma non volete veramente qualcuno che si prenda cura di voi, perché sapete di essere perfettamente in grado di prendervi cura di voi stesse. Ciò che state cercando è qualcuno che vi potenzi nel sapere ciò che sapete e sia grato per voi esattamente come lo siete voi.

Numero quattro: Non si tratta mai di te.

Questo è un luogo difficile dal quale funzionare perché vi è stato insegnato che si deve chiedere quello che si vuole davvero. Funziona?

Partecipante del Salon:
No!

Gary:
Perché non provate qualcosa di nuovo che funziona? Dain e io abbiamo una relazione consapevole. Non facciamo sesso. Se volessi avere rapporti sessuali e lui non fosse d'accordo, questo limiterebbe e distruggerebbe il nostro rapporto, quindi non chiederò del sesso perché so che così si distruggerebbe il rapporto dal suo punto di vista.

Come sarebbe se foste disposte a guardare il rapporto non dal vostro punto di vista o dal punto di vista dell'altro, ma dalla scelta delle cose? Come sarebbe se guardaste a ciò che desiderate creare dalla scelta?

Partecipante del Salon:
Puoi dirci di più su questo, per favore?

Gary:
Non assumere un punto di vista; crea il tuo punto di vista. Io invito Dain ovunque vado. Non gli chiedo mai di andare da qualche parte con me. Non mi aspetto che lui mi inviti da nessuna parte con lui. È una relazione consapevole.

Numero cinque: Siate sempre disponibili, ma senza avere mai una risposta. Solo una domanda. Quando siete disponibili per le persone ogni volta che hanno un problema, è incredibile quanto rapidamente sono disposti ad ascoltarvi.

Numero sei: Lasciate che sia l'altro a condurre nel sesso.

Se dice: "Voglio fare sesso" siate disponibili. Lasciate che vi dica quello che vuole, altrimenti sarete nei guai. Devono essere controllanti sessualmente come lo siete voi o non potrà mai funzionare.

IL SESSO È UNA REALTÀ CREATA

Partecipante del Salon:
Mi sta venendo su qualcosa. Quando siamo a letto, mio marito si gira e dice "Ciao tesoro", io non sono davvero interessata. So che posso fare POD e POC a me stessa sull'essere interessata ma...

Gary:
　Credi davvero che il sesso non sia una realtà creata?

Partecipante del Salon:
　Io credo che sia spontanea. Ho bisogno di essere in vena.

Gary:
　"Ho bisogno di essere in vena. Dov'è il romanticismo? Dov'è il vino?"
　Dovete capire che il sesso è una scelta, come tutto il resto. Se siete disposte ad essere la persona cosciente nella relazione, potete creare una relazione fenomenale. Dovete farlo dal punto di vista "Oh, vuoi fare sesso? Bello! Facciamolo."
　Non è "Non sono in vena" o "Non so che problema hai" o "Perché hai sempre voglia quando io non ne ho?"

Partecipante del Salon:
　Stai dicendo che possiamo cambiare tutto?

Gary:
　Certo. Potete cambiare tutto. Potete essere qualsiasi cosa, ma dovete essere disposte a cambiare e creare qualsiasi cosa.

Partecipante del Salon:
　Se il sesso è una realtà creata, allora possiamo creare qualsiasi cosa in quel momento?

Gary:
　Sì.

Partecipante del Salon:
Quindi, la mia resistenza viene dal non voler fare quello che mi viene detto?

Gary:
Sì. Non sei mai stata brava ad ascoltare, vero? Spesso vorresti uccidere quella persona.

Partecipante del Salon:
Sì, questo non è un buon posto dal quale creare il sesso.

Gary:
Giusto. Non è un buon posto dal quale creare il sesso! L'energia dell'uccidere nel sesso sicuramente uccide l'essere in vena.

Partecipante del Salon:
Come faccio a cambiarlo?

Gary:
Guarda a:
- Cosa voglio davvero creare qui?
- Voglio realmente creare un luogo dove mio marito, il mio amante o il mio altro significativo è davvero felice?

Avete una scelta: la giustezza del vostro punto di vista o la felicità.

"Mi dispiace, io non sono in vena. Non sono pronta." Hai davvero bisogno di essere pronta?

Partecipante del Salon:
Ho sempre pensato di sì.

Gary:

Hai pensato così o te la sei bevuta?

Quante di voi si sono bevute di dover essere in vena prima di poter fare sesso? Tutto ciò che è, per un dioziliardo, distruggerai e screerai tutto? Giusto e Sbagliato, Bene e Male, POD e POC, Tutti e Nove, Shorts, Boys e Beyonds

Voi ragazze vi siete bevute un sacco di stronzate.

Partecipante del Salon:

Avere un preservativo in borsa non è essere pronte?

Gary:

Questo è un bel po' più vicino all'essere pronta! Facciamo un processo:

Quale stupidità stai usando per creare l'invenzione e l'intensità artificiale dei demoni della necessità come fonte della relazione che stai scegliendo? Tutto ciò che è, per un dioziliardo, distruggerai e screerai tutto? Giusto e Sbagliato, Bene e Male, POD e POC, Tutti e Nove, Shorts, Boys e Beyonds

SAREBBE DIVERTENTE FARE SESSO ADESSO?

L'idea di non essere pronta a fare sesso è: "Ho bisogno di essere in vena", "Ho bisogno che tu abbia l'odore giusto, il sapore giusto e tutto il resto." Non è la domanda: "Sarebbe divertente fare sesso adesso?"

Partecipante del Salon:

Io non credo di essermi mai fatta questa domanda, Gary.

Gary:

Te lo posso garantire. Non ci è mai stato detto di dover scegliere se fare sesso o no. È tutta una questione di "Non sono in vena" o "Ho mal di testa." Tutto, tranne la volontà di riconoscere che si tratta di una scelta, non di una necessità.

Partecipante del Salon:

Abbiamo una scelta, ma possiamo anche creare e possiamo creare quello che vogliamo.

Gary:

Esatto, perché cosa siete?

Partecipante del Salon:

Un essere infinito.

Gary:

Siete donne che creano futuro!

Quale stupidità stai usando per creare l'invenzione e l'intensità artificiale dei demoni della necessità come fonte della relazione invece della scelta, che stai scegliendo? Tutto ciò che è, per un dioziliardo, distruggerai e screerai tutto? Giusto e Sbagliato, Bene e Male, POD e POC, Tutti e Nove, Shorts, Boys e Beyonds

Partecipante del Salon:

"Sarebbe divertente fare sesso adesso?" Te lo dico, questa domanda è stupenda!

Gary:

Già. "Sarebbe divertente fare sesso adesso?" invece di "Non sono in vena e non hai fatto tutti i preliminari appropriati e tutto il resto." Quale di queste è una domanda? Gli uomini sono carini. Purché il letto sia comodo, sono pronti a fare sesso. Se il letto è duro come una roccia, sono comunque pronti. Per lo più, le donne hanno creato relazioni come un'appendice al sesso, come fonte per la creazione delle loro scelte e bisogni. Preferiscono aver bisogno della relazione e fare sesso.

Partecipante del Salon:
Mi è venuto su divertimento. Preferirei avere bisogno piuttosto che divertirmi.

Gary:
Tutta questa cosa che si è creata attorno al fascino femminile - l'idea che una donna non abbia bisogno del sesso e l'uomo sì. Beh, non è che un uomo abbia bisogno del sesso; gli piace.

Quante di voi hanno provato a creare un bisogno delle relazioni piuttosto che il divertimento delle relazioni? Tutto ciò che è, per un dioziliardo, distruggerai e screerai tutto? Giusto e Sbagliato, Bene e Male, POD e POC, Tutti e Nove, Shorts, Boys e Beyonds

Abbiamo questi punti di vista. Cosa ti fa pensare che ci sia amore nelle relazioni? Hai avuto una relazione con i tuoi genitori; era amorevole? No. Hai avuto amici: sono stati amorevoli?

Partecipante del Salon:
No.

Gary:
Lo scopo della relazione è quello di avere qualcuno che

dispensa soldi, qualcuno che ci permette di fare ciò che ci pare quando ci pare e con il quale si fa del buon sesso.

Partecipante del Salon:

Stavo bene con gli ultimi due, ma per quel che riguarda i soldi è stato "Aaahh ...."

Gary:

Sei così indipendente che non vuoi che nessuno si prenda cura di te avendo più soldi di te.

Partecipante del Salon:

Vorrei cambiarlo, per favore.

Gary:

Va bene se sei disposta a comprarti un toy-boy per soldi. Tutto ciò che hai fatto per essere la persona che provvede sempre al denaro, vuoi distruggere e screare?

Partecipante del Salon:

Mi è passata, adesso. Sono disposta ad avere un sacco di soldi.

Gary:

Ti faccio una domanda. Cosa intendi con "Adesso mi è passata?"

Partecipante del Salon:

Vuol dire: "Sono stata là, ho fatto questo."

Gary:

C'è una domanda in questo?

Partecipante del Salon:
   No.

Gary:
   È una conclusione?

Partecipante del Salon:
   Assolutamente sì. È anche più di una conclusione. È come se stessi spuntando una lista o qualcosa di simile.

Gary:
   Sì, avete deciso che queste sono cose che vale la pena di avere. Non appena sono state smarcate, non c'è bisogno di creare o generare oltre le conclusioni che avete fatto. È così che fai fuori la tua creatività.

Partecipante del Salon:
   Sì, questa cosa ferma tutto e non include niente. Ferma tutte le possibilità di avere venti toy-boys.

Gary:
   O avere qualcuno con cui fare sesso, divertirsi e uscire insieme. Qualcuno che abbia tanti soldi quanti ne hai tu e che non abbia bisogno di te più di quanto tu non abbia bisogno di lui. Qualcuno che ti permetta di avere tutto ciò che vuoi quando lo vuoi. Sarebbe terribile perché a quel punto non avresti più alcuna giustificazione o scusa per essere infelice.
   Tutto ciò che è, per un dioziliardo, distruggerai e screerai tutto? Giusto e Sbagliato, Bene e Male, POD e POC, Tutti e Nove, Shorts, Boys e Beyonds

E SE TU NON AVESSI MAI VOLUTO CHE UN'ALTRA PERSONA FACESSE QUALCOSA?

Ecco cosa c'è di creativo in questo: gli permetti di essere se stesso e di fare tutto ciò che desidera. Inviti lui nella tua vita e inviti te stessa nella sua. Non gli dai il controllo né lo rendi responsabile della tua vita e lui non deve fare niente. Tu fornisci tutto ciò che funziona.

La maggior parte di voi si arrabbia quando l'altra persona non fornisce ciò che volete. E se non aveste mai voluto che un'altra persona facesse qualcosa?

Tutto ciò che hai messo in atto per entrare nel bisogno di avere bisogno di qualcosa dagli altri, in modo da sapere di essere abbastanza bisognosa da ottenere quello che vuoi, così dannatamente bisognosa, distruggerai e screerai tutto? Tutto ciò che è, per un dioziliardo, distruggerai e screerai tutto? Giusto e Sbagliato, Bene e Male, POD e POC, Tutti e Nove, Shorts, Boys e Beyonds

Mi state buttando a terra qui, gente!

Come sarebbe se non aveste mai voluto che un'altra persona facesse qualcosa? Ciò da cui state vivendo ora sono le proiezioni, le aspettative, le separazioni, i giudizi e i rifiuti; non dalla scelta, il desiderio, la domanda o il divertimento. State cercando di creare una relazione dai punti di vista di chi? Di vostra madre, vostro padre, la vostra amica, vostro fratello, il vostro altro significativo.

Tutto ciò che è, per un dioziliardo, distruggerai e screerai tutto? Giusto e Sbagliato, Bene e Male, POD e POC, Tutti e Nove, Shorts, Boys e Beyonds

Voi signore continuate a cercare di prendervi cura del

vostro uomo perché periodicamente volete essere madri del vostro bambino. Mettete l'uomo nel ruolo del bambino e poi vi chiedete come mai non è buono in camera da letto. "Tu farai quello che dico io perché lo dico io" è come molte persone definiscono la cura amorevole. Voi donne umanoidi non volete che ci si prenda cura di voi, ma fate finta di sì per fare il culo all'uomo che si prende cura di voi.

Dal punto di vista di questa realtà, prendersi cura significa controllare qualcuno. Per me, prendersi cura è responsabilizzare qualcuno. Fargli delle domande. Non cercare di risolvere i suoi problemi. Le donne sono state allenate a credere di dover risolvere i problemi. Quindi cercate di risolvere i problemi parlandone fino alla morte.

ACCORDO E CONSEGNA

La relazione è un accordo d'affari, quindi devi fare "accordo e consegna" proprio come si farebbe in qualsiasi business. Quando entri in una relazione, fai queste domande:
- Qual è l'accordo?
- Cosa hai intenzione di consegnare?
- Cosa ti aspetti che io ti consegni?
- Come sarà esattamente e come funzionerà?
- Cosa dovrò essere per te?

Ecco il resto di "accordo e consegna":
- Mai confrontarsi. Invece, dire: "Sono confusa. Mi aiuti, per favore?" Questo è un modo per cambiare l'energia su qualsiasi cosa, visto che non avete intenzione di essere in controllo.
- Non convalidare. Non dire: "Oh, so che sei così

occupato. Mi dispiace dovertelo chiedere." Non sei dispiaciuta di chiedere. Stai sperando che la persona riuscirà a rendersi conto che dovrebbe e potrebbe consegnarti ciò che chiedi.

- Non spiegare né giustificarti. Stai facendo quello che stai facendo. Questo è tutto. Se stai cercando di giustificarti o spiegarti, stai cercando di renderlo giusto. Questo non è un buon posto dove vivere. Se cerchi di giustificare il motivo per cui hai fatto una scelta, stai essendo presente? No. Stai facendo una scelta? No. Stai cercando di rendere ok il fatto di aver fatto una scelta. Che differenza c'è tra fare una scelta e rendere ok il fatto di aver scelto quello che si è scelto? Se si tenta di renderlo ok e giustificarlo con la scusa che si può giustificarlo, si pensa che l'altra persona debba accettarlo. Ma non è così che funziona.

Se stai cercando di validare, spiegare o giustificare, devi vivere delle immagini che hai di te, invece della realtà di ciò che si desidera creare come accordo. Se dici "Sono solo una donna" questa è una spiegazione? Sì. È una giustificazione. Convalida la scelta che hai fatto. Niente di tutto ciò è essere disposte ad essere consapevoli di ciò che si può creare con la tua scelta.

Partecipante del Salon:
Sono consapevole che "l'accordo e consegna" finale è da te verso di te e non è davvero possibile avere accordi e consegne con un'altra persona, se non si è chiari su ciò che è per noi.

Gary:

Esattamente. È quello che spero che tutte voi vi portiate a casa dopo questa classe in particolare.

ANCHE L'ALTRA PERSONA DEVE ESSERE CONSAPEVOLE?

Partecipante del Salon:

In un rapporto consapevole, anche l'altra persona deve essere consapevole? O devi tu restare consapevole per ottenere ciò che vuoi dall'altro?

Gary:

Se rimani consapevole, non avrai alcuna proiezione, aspettativa, separazione, rifiuto o giudizio. Una relazione cosciente non ha niente del genere.

Partecipante del Salon:

Cosa succede se l'altra persona funziona da queste cose?

Gary:

Va bene, basta che non lo faccia tu.

Partecipante del Salon:

Quindi, si resta consapevoli e si permette all'altra persona di funzionare da dove funziona?

Gary:

Sì. In un rapporto consapevole, si è consapevoli di ciò che sta succedendo con il proprio partner. Sei disposta a riconoscere che devi scegliere quello che funziona per te, non in relazione a lui, ma perché scaturisce da te, non da lui. Andiamo avanti con alcune domande.

PROSPERARE COME DONNA

Partecipante del Salon:
Puoi parlarci di più del prosperare come donna?

Gary:
Prosperare come donna è riconoscere come usare le astuzie femminili. Ad esempio, le donne hanno l'abilità di cambiare idea. Gli uomini fanno la stessa scelta? Non proprio. Un uomo che cambia idea è considerato poco determinato e inconsistente. Una donna che cambia punto di vista è considerata creativa ed enigmatica. Una donna è qualcuno che non può essere inquadrato, definito o rinchiuso in gabbia.

Devi imparare come usare quello che hai come donna. Chiedi: "Amore, per favore puoi fare questo per me?" Una mia amica aveva costantemente dolori. Le ho detto: "Devi chiedere alle persone di aiutarti." L'ha capito e ora, quando è in aeroporto, chiede: "Amore, puoi fare questo per me, per favore?" e i ragazzi rispondono: "Certo tesoro, prendo io la borsa. Qual è la tua?" Gli uomini sono disposti ad essere disponibili per lei.

Come donna, avete il diritto di chiedere ad un uomo di fare le cose per voi. Un uomo ha questo diritto? No, a meno che non sia impegnato con voi. Deve aver deciso che sta per sposarvi e vivere insieme felici e contenti perché possa chiedervi di fare qualcosa per lui.

Per prosperare come donna, è necessario utilizzare tutto il vostro fascino e anche riconoscere di essere la guerriera che va a combattere per creare un futuro che nessun altro può vedere. Voi avete abilità che gli altri non possono vedere, il che è piuttosto esaltante. Prosperare come una donna è riconoscere tutte le cose che potete chiedere e tutte le cose che non dovete eseguire.

Se userete il vostro fascino mondano e le armi che il Signore vi ha donato, potete ottenere che un uomo faccia delle cose per voi. Dovete essere disposte a farlo. Ma dato che siete così indipendenti, continuate a cercare di provare di non aver bisogno di nessuno. Avete ragione: non avete bisogno di nessuno, ma perché non usare le vostre astuzie femminili?

VEDERE REALTÀ NEGATIVE

Partecipante del Salon:
Vorrei chiedere a proposito del vedere cose che gli altri non vedono e come la mancanza di volontà, nel vedere le realtà negative, gioca in tutto questo.

Gary:
La maggior parte delle persone cerca di vedere che tutto sta andando bene, specialmente quando si tratta di decisioni, giudizi, conclusioni e computazioni. Diciamo che hai deciso di essere innamorata di un uomo. È un giudizio?

Partecipante del Salon:
Sì.

Gary:

Hai bisogno di chiedere: "Quale realtà negativa non sono disposta a vedere qui?"

Prima di mettermi con la mia ex moglie, ho fatto una lista di tutte le cose che volevo nella donna con la quale avere una relazione. Lei aveva tutte quelle cose. Quello che non ho fatto è una lista di tutte le cose che non volevo in quella persona. Così, ho ottenuto tutto quello che volevo e ho avuto anche tutto quello che non volevo. Si trattava di consapevolezza o scelta? O non ero disposto a guardare le realtà negative?

Partecipante del Salon:

Non volevi guardare realtà negative.

Gary:

Devi sempre essere disposta a guardare la realtà negativa di qualcuno se vuoi la consapevolezza totale. Una volta fatto questo, puoi creare una relazione con chiunque. Ma se non sei disposta a vedere la realtà negativa dalla quale vivono, rimarrai delusa e infelice. Deciderai che c'è qualcosa di terribilmente sbagliato.

Partecipante del Salon:

Ci puoi parlare un po' di più su cos'è la realtà negativa?

Gary:

Ci sono persone che vivono nella conclusione. Conosco una signora per la quale tutta la realtà è:

"Io ho ragione e gli altri devono vedere quant'è giusto il mio punto di vista." È una di quelle persone che scrivono lettere al direttore. Recentemente, è stata buttata fuori dal suo appartamento perché ha deciso che il suo vicino di sopra non era rispettoso e se ne è lamentata con la proprietaria dell'appartamento. Beh, caso vuole che il vicino di sopra fosse il nipote della proprietaria. Così, la giustezza del punto di vista della mia amica - che il vicino di sopra avesse torto e lei ragione, che lui se ne sarebbe dovuto andare e lei no - non l'ha servita granché bene. Non era disposta a guardare l'aspetto negativo di ciò che la sua scelta avrebbe creato. Devi essere disposta a vedere la realtà negativa. Devi chiedere: "Se scelgo questo, quale realtà si creerà?" Dovete sapere che la vostra scelta creerà una realtà positiva o negativa nel vostro mondo o in quello di altre persone.

CREARE OLTRE QUESTA REALTÀ

Partecipante del Salon:

Posso cambiare direzione? Di recente ho letto un libro sull'epoca dei Vichinghi. Dice che quando veniva eletto un capo di sesso maschile, i candidati dovevano presentarsi davanti a un gruppo di sette o nove donne e presentare una visione del futuro che volevano pianificare per le generazioni future. Se la visione del candidato piaceva alle donne, veniva scelto come capo. Cosa ne pensi di questo tipo di collaborazione tra le energie maschili e femminili?

Gary:

Questa è la collaborazione che dovrebbe esserci e che attualmente non c'è.

Partecipante del Salon:
　　Sì, mi è piaciuta quando l'ho sentita.

Gary:
　　Ti è piaciuta? O hai riconosciuto che funzionerebbe?

Partecipante del Salon:
　　Mi è piaciuta la dinamica tra maschio e femmina e il fatto che lavorassero insieme a un progetto a lungo termine. Il governo oggi è a breve termine; è per i prossimi quattro anni, fino alle prossime elezioni.

Gary:
　　Beh, non arrivano neanche così lontano. Si chiedono se verranno eletti nei prossimi dieci secondi.

Partecipante del Salon:
　　Sì, certo. Ho pensato di raccontarlo perché stiamo parlando tanto sulle dinamiche tra l'energia maschile e femminile. Sono sicura che dovremmo essere in grado di arrivarci.

Gary:
　　Possiamo fare un passo indietro? Quello che hai descritto non è una dinamica. È una creazione. Una dinamica parte dal punto di vista "È così e non possiamo cambiarlo."
　　Tu hai descritto una creazione. È ciò che si verrebbe a creare se la gente fosse disposta a funzionare da una realtà più grande, più vasta, da una prospettiva più globale. La gente non guarda abbastanza lontano nel futuro per determinare cosa la loro creazione creerà. Io lo faccio. Guardo ciò che le persone creeranno con le scelte che stanno facendo.

Non ce n'è una di voi che non abbia la capacità di vedere una possibilità più grande e migliore del novanta per cento delle persone che vi circondano, ma invece di sceglierla, continuate a cercare di riportarvi in questa realtà scegliendo l'uomo che renderà la vostra vita perfetta e il ripristino della vostra famiglia che renderà la vostra vita perfetta o qualche altra cosa che renderà la vostra vita perfetta.

E se stessi generando e creando al di là di questa realtà? Tutto ciò che non permette a questo di mostrarsi, per un dioziliardo, distruggerai e screerai tutto? Giusto e Sbagliato, Bene e Male, POD e POC, Tutti e Nove, Shorts, Boys e Beyonds

Quale attualizzazione fisica della creazione futura oltre il futuro di questa realtà sei ora in grado di creare, generare e istituire? Tutto ciò che non permette questo, per un dioziliardo, distruggerai e screerai tutto? Giusto e Sbagliato, Bene e Male, POD e POC, Tutti e Nove, Shorts, Boys e Beyonds

Partecipante del Salon:

C'è molta più leggerezza ora che hai fatto scorrere questo processo. Più eccitata.

Gary:

Non è eccitante perché l'eccitazione è quello che usi per venir fuori della depressione. È l'entusiasmo di vivere.

Partecipante del Salon:

Esatto, è così. Sei più bravo tu a descrivere l'energia con le parole.

LA VOLONTÀ DI VEDERE IL FUTURO

Partecipante del Salon:
Prima hai detto che sei disposto a vedere un futuro che va ben oltre quello che le altre persone sono disposte a vedere. Ci puoi parlare di come questo appare nel tuo universo e nel nostro?

Gary:
Beh, come appare nel mio universo è realizzare quello che la gente farà e non avere un punto di vista a riguardo. Ad esempio, c'era una donna molto attiva in Access Consciousness che ha lasciato Access. Sapevo che sarebbe accaduto un anno prima che se ne andasse. Potevo vedere cosa stava creando per lei e cosa ne avrebbe fatto e speravo che non l'avrebbe scelto. Ma l'ha scelto. L'ho guardato e ho chiesto: "Questo creerà un effetto negativo nella mia realtà?" No.

Bisogna guardare le scelte che fanno le altre persone e come queste scelte andranno a influenzare la vostra realtà. Chiedi: "Questo cambierà la mia realtà? La cambia? Sì. Incide sulla mia realtà in modo negativo? No. Espanderà le mie priorità? Sì. So in che modo? No." Ma sono disposto a domandare cosa si può mostrare, piuttosto che giungere ad una conclusione o una decisione o la determinazione di cosa devo fare per affrontare la situazione. Ti è utile?

IL COMFORT NON RIGUARDA LA CONSAPEVOLEZZA

Partecipante del Salon:

Sì. Grazie. In che modo il disagio della totale consapevolezza ha a che fare con questo?

Gary:

Il comfort non riguarda la consapevolezza. Il comfort riguarda le decisioni, i giudizi, le conclusioni e i calcoli che ti fanno avere ragione su ciò che hai scelto. La scomodità riguarda il vivere nella scelta; il comfort è vivere nella conclusione.

Partecipante del Salon:

Ci puoi parlare di come questo si collega al non avere nessun punto di vista ed essere consapevole di tutto?

Gary:

Se non hai nessun punto di vista, puoi essere consapevole di tutto. Se hai un punto di vista, elimini dalla consapevolezza qualsiasi cosa che non corrisponda al tuo punto di vista. E quando lo fai, dai il tuo potere alla conclusione. Rendi la conclusione il tuo guru, invece della scelta o della possibilità. Posso guardare qualcosa come la scelta di quella donna di lasciare Access Consciousness. È quello che mi sarebbe piaciuto? No, ma è la sua scelta e io lascio che sia la sua scelta. Creerà tutto ciò che lei pensa? No. Ma ho fiducia che se vuole distruggere se stessa o crearsi dei problemi, questa è la sua scelta e deve farlo. Sono disposto a lasciare che le persone muoiano, se è ciò che stanno scegliendo. Se qualcuno sta facendo qualcosa che lo sta uccidendo, io lo lascerò fare. Non voglio fermarlo. Perché non lo faccio? Perché è la loro scelta, non la mia.

Partecipante del Salon:

A meno che non ti facciano una domanda, Gary?

Gary:

Sì, a meno che non mi facciano una domanda. Ma la maggior parte delle persone che si distruggono non fanno domande. Evitano di fare domande, perché le domande possono sfidare le decisioni, i giudizi, le conclusioni e i calcoli che hanno fatto per creare le conclusioni alle quali sono giunte e le decisioni che hanno preso.

Partecipante del Salon:

Quando sapevi che quella donna se ne sarebbe andata, hai chiesto: "Questo inciderà su di me?" Non sei arrivato a una conclusione. Non hai detto: "Ora devo aggiustare la cosa o farle cambiare idea." Fai qualcosa di diverso da quello che faccio io. Quando percepisco qualcosa nel futuro, vado nell'azione.

Gary:

Piuttosto che essere consapevole, vai nell'azione. Sei disposta ad avere un mondo fare-fare, non un mondo essere-essere.

Partecipante del Salon:

A volte non è un'energia negativa o una realtà negativa, ma sai che non ci sarà un lieto fine per qualcuno. Sei ancora disposto a lasciare che la persona lo faccia, fintanto che non influisce sulla consapevolezza?

Gary:

La consapevolezza non può essere battuta, in nessun caso. Il lasciarla andare inciderà negativamente sulla consapevolezza alla quale sto lavorando? No. Perché lei farà sempre quello che farà.

L'altro giorno, parlavo con qualcuno a proposito di un sistema per supportare vari facilitatori e quindi poter espandere Access Consciousness. Devo mettere in piedi un sistema e non ho ancora tutti i pezzi del puzzle. Ho deciso di prendere cinque o sei persone e iniziare con loro fino a quando non avrò ottenuto un sistema che funzioni.

Qualcuno mi ha chiamato e ha chiesto: "Perché mi stai escludendo?"

Ho detto: "Non ti sto escludendo. Ho bisogno di qualcuno che segua le indicazioni e si muova come serve per poter ottenere che il sistema funzioni. Una cosa che so di te è che non segui mai nessuno. Vuoi sempre fare quello che vuoi."

Questa persona si è messa a ridere e ha detto: "Sì, faccio sempre così."

PUOI AVERE RAGIONE O PUOI ESSERE LEGGERO

Partecipante del Salon:

Un sacco di volte avrei voluto farti una domanda del tipo: "Che consapevolezza hai di me che sconvolgerebbe il mio universo ed espanderebbe la mia consapevolezza?"

Gary:

In una certa misura, hai preso un sacco di decisioni e conclusioni sulla tua vita che stanno funzionando. Sì o no?

Partecipante del Salon:

Sì.

Gary:

Cosa succederebbe se rinunciassi a tutte? Ogni singola decisione e conclusione?

Partecipante del Salon:

È leggero.

Gary:

Sì, ma non lo sceglierai.

Partecipante del Salon:

Io non sceglierò la leggerezza?

Gary:

No, perché hai una scelta. Puoi avere ragione oppure essere leggera.

Partecipante del Salon:

Mi viene da dire: "Sì, voglio rinunciarci."

Gary:

Non illuderti. Sii realistica. Cosa c'è di vero? Chiedi: "Preferirei la leggerezza o la giustezza?" Sii brutalmente onesta con te stessa. L'unico modo per creare il futuro è essere oneste con voi stesse. C'è stato un momento in cui Access Consciousness non stava avendo successo come avrei voluto. Ero brutalmente onesto con me stesso nel riconoscerlo. Ho cambiato il modo in cui lavorano i facilitatori di Bars. Ho eliminato tutte le royalties che dovevano pagare, il che va contro il modo in cui le cose vengono fatte in questa realtà. Ho tolto ogni necessità di pagarmi.

Quello che ho reso una necessità è che ci sia maggiore consapevolezza. Ogni volta che qualcuno fa scorrere i Bars, 300.000 altre persone si liberano di ciò di cui quella persona si è liberata in quel momento. Era il mio obiettivo originale con Access Consciousness: creare libertà per tutti sul pianeta. Ci sto ancora lavorando.

Partecipante del Salon:
Quindi, io non ho un obiettivo?

Gary:
No, non hai un obiettivo. Devi arrivare alla conclusione di aver raggiunto quello che ti eri prefissata di raggiungere.

Partecipante del Salon:
Eppure mi sto facendo delle domande.

Gary:
L'unica domanda che non sei disposta a farti è: "Cosa mi piacerebbe davvero creare per la mia vita?" Riguarda l'avere un futuro sostenibile. Hai bisogno di chiederti: "Cosa sarebbe la mia vita tra cinque anni, se scegliessi questo?"

Non puoi avere un punto di vista definito e una conclusione definita, che è ciò a cui cerchi sempre di arrivare. È la consapevolezza dell'energia. Ve ne rendete conto scegliendola, di poter creare e generare di più da lì.

Partecipante del Salon:

Che cosa manteniamo in piedi che ci impedisce di vedere il futuro con più facilità?

Gary:

Vi bevete il punto di vista di questa realtà. Se vi bevete questo punto di vista, si presume che dobbiate essere la piccola donna incinta che cucina per il marito. Funzionerebbe bene per voi?

Partecipante del Salon:

Per niente. Ho già provato.

Gary:

Bene. Devi avere una maggiore disponibilità a essere una conquistatrice del mondo e una creatrice del futuro.

Partecipante del Salon:

Quindi, è solo che ci siamo bevute le storie di questa realtà?

Gary:

Sì, questa realtà proprio non funziona. La amo? No. La tollero? Sì. È quello che voglio? No. È quello che vuoi tu? Probabilmente no. Ma che scelta hai avuto?

Partecipante del Salon:

Quali scelte ho? Qualcosa di diverso?

Gary:

    Questo è ciò che dovete essere disposte ad avere. Qualcosa di diverso.

    Quale attualizzazione fisica della creazione del futuro oltre la realtà di questo futuro sono ora in grado di creare, generare e istituire? Tutto ciò che non permette a questo di mostrarsi, per un dioziliardo, distruggerai e screerai tutto? Giusto e Sbagliato, Bene e Male, POD e POC, Tutti e Nove, Shorts, Boys e Beyonds

CONQUISTARE VS ESCLUDERE

Partecipante del Salon:

    Ho una confusione tra conquistare ed escludere. Mi puoi aiutare?

Gary:

    Anticamente, quando qualcuno conquistava un paese, aveva una scelta. Potevano uccidere tutta la gente e avere il paese o potevano includere quelle persone nella loro realtà e usarli per creare di più.

Partecipante del Salon:

    Ho fatto la prima.

Gary:

    Uccidere tutti?

Partecipante del Salon:

    Sì, penso di averlo fatto.

Gary:

La buona notizia è che ottieni di avere il paese. Ce l'hai tutto per te e non c'è nessuno con cui giocare.

Partecipante del Salon:

Sì, è proprio lì che sono.

Gary:

È davvero nel tuo interesse?

Partecipante del Salon:

Per niente. Puoi aiutarmi a cambiarlo, per favore?

Gary:

Quale stupidità stai usando per creare la conquista come modo di esclusione che stai scegliendo? Tutto ciò che è, per un dioziliardo, distruggerai e screerai tutto? Giusto e Sbagliato, Bene e Male, POD e POC, Tutti e Nove, Shorts, Boys e Beyonds

A quanto pare non sei la sola ad essersi comportata così.

Partecipante del Salon:

Grazie!

Partecipante del Salon:

È vero che quando le persone mostrano superiorità, in realtà credono che tutti siano meglio di loro? O stanno cercando di dimostrare il contrario? È bersi la menzogna che qualcuno sia migliore o peggiore di noi?

Gary:

Nessuno è migliore o peggiore di nessun altro; sono tutti

diversi! Non vedo qualcuno come migliore o peggiore di me. Abbiamo diverse esperienze e una diversa consapevolezza. Il mio punto di vista è:
- Cosa sai che potrebbe essere utile a me?
- Cosa sai che potrei usare per gli altri?
- Cosa sai che non mi hai ancora mostrato?

"COME POSSO DIMOSTRARE IL MIO CONTRIBUTO?"

Partecipante del Salon:
Qualcosa mi sta bloccando. Devo scrivere un testo molto lungo per i miei avvocati sugli ultimi tredici anni con il mio ex, per dimostrare il mio contributo alla relazione e al business e ottenere più del trentuno per cento che mi viene offerto. Ne ho fatto metà e mi chiedo cos'altro potrei fare o essere di diverso per dimostrare il mio contributo. Non riesco a mettere in parole il mio contributo così che la gente lo possa vedere.

Gary:
"Le favole possono diventare realtà, può succedere anche a te." Devi scrivere una favola se vuoi che gli altri ci credano.

Partecipante del Salon:
Devo solo fare ciò che è necessario?

Gary:
Stai cercando di raccontare la verità. Racconta la favola che tutti vogliono sentire.

Partecipante del Salon:
   Cosa vuol dire?

Gary:
   Per questo ti ho cantato quella canzoncina. Pensa a quella canzone e riscrivi tutto.

Partecipante del Salon:
   Stai dicendo che devo scrivere la favola che non è?

Gary:
   Devi scrivere la favola su quanto hai amato e quanto hai perso. Come hai fatto tutto il possibile per sostenerlo e tutte le lunghe conversazioni pensate per fargli vedere la meraviglia che lui è.

Partecipante del Salon:
   Sono andata là. Perché mi sono bloccata?

Gary:
   Hai deciso che era una favola, non la realtà. Devi essere in grado di fornire la favola che la gente può sentire.

Partecipante del Salon:
   Va bene.

Gary:
   Tutto ciò che questo ha fatto venire su o fatto scendere giù per tutte, per un dioziliardo, distruggerai e creerai tutto? Giusto e Sbagliato, Bene e Male, POD e POC, Tutti e Nove, Shorts, Boys e Beyonds

ESSERE CIÒ CHE È VERO PER TE

Partecipante del Salon:
   A volte interagisco con le persone con più forza di quanto vorrei. Non sono sicura se lasciare questa cosa com'è o cambiarla. Mi viene una stretta alla gola piuttosto spesso. Che cos'è?

Gary:
   È la tua consapevolezza di dove il resto del mondo non è disposto ad andare. Ogni volta che apri lo spazio della possibilità, senti e percepisci l'attualizzazione delle limitazioni degli altri.
   Devi essere disposta ad essere ciò che è vero per te. Non mentirò se qualcuno mi chiede qualcosa. Dirò la verità. Non voglio essere evasivo perché ho scoperto che, ogni volta che ho addolcito la pillola e non ho detto alla gente come stavano le cose, era come se stessi dicendo loro una bugia. Non mi interessa mentire alla gente.

Partecipante del Salon:
   C'è qualcos'altro che mi aiuterebbe a sapere cosa dire, come, a chi, quando e come dirlo in modo potente e con chiarezza?

Gary:
   Chiedi: "Quale stupidità sto usando per creare la mancanza di silenzio che sto scegliendo?"
   Puoi anche non dire nulla, ma hai una testa rumorosa. Devi avere chiarezza e facilità col silenzio, come con qualsiasi altra cosa.

Il novantanove per cento delle volte, il silenzio vi darà maggior controllo sulla gente che non il parlare.

ESSERE NEL CALCOLO DELLA PROPRIA VITA

Partecipante del Salon:
Mi puoi dire cosa sto facendo per distruggere la mia vita, il mio vivere e la realtà che se dovessi cambiarlo, creerebbe una realtà sostenibile per me?

Gary:
Non è quello che stai facendo; è quello che non stai facendo. Hai bisogno di chiedere:
Cosa posso essere o fare oggi che cambierebbe la mia vita e il mio futuro in una realtà sostenibile per tutta l'eternità? Tutto ciò che è, per un dioziliardo, distruggerai e creerai tutto? Giusto e Sbagliato, Bene e Male, POD e POC, Tutti e Nove, Shorts, Boys e Beyonds

Non è qualcosa che devi essere o fare. È qualcosa che devi scegliere. La maggior parte di noi non ha idea di cosa si tratta. Verità, quanto della tua vita hai creato basandoti su di te?

Partecipante del Salon:
Zero per cento.

Gary:
Questo è più o meno da dove ognuno di noi funziona. Una signora che ci stava aiutando con Access Consciousness aveva incasinato un paio di cose. Le ho detto: "La gente di

solito fa casino quando non vuole fare le cose. Quindi, verità: non vuoi più lavorare per Access?"

Lei disse: "No, non voglio."

Ho chiesto: "Cosa vuoi fare? Come ti piacerebbe che fosse la tua vita?"

Ha detto: "Non ne ho idea."

E io: "Questo perché hai speso tutta la vita a fare cose per i tuoi genitori, tua nonna, tuo marito e il tuo business; ma non per te. Come mai non sei nel calcolo della tua vita?" Non che questo si applichi a nessun altro in questa chiamata!

Quale stupidità stai usando per creare l'invenzione e l'intensità artificiale del non essere nel calcolo della tua vita che stai scegliendo? Tutto ciò che è, per un dioziliardo, distruggerai e creerai tutto? Giusto e Sbagliato, Bene e Male, POD e POC, Tutti e Nove, Shorts, Boys e Beyonds

TENTARLI, INSEGNARGLI E SPEDIRLI PER LA LORO STRADA

Partecipante del Salon:

Una volta, riguardo agli uomini, mi hai detto: "Tentali, insegnagli e spediscili per la loro strada." Potrei aver misidentificato come "insegnagli una lezione" e, benché a volte possa essere richiesto, non sono sicura che sia quello che intendevi. Puoi spiegarlo e approfondirlo?

Gary:

"Tentali, insegnagli e spediscili per la loro strada" è l'idea che tu non voglia veramente una relazione. Vorresti divertirti con qualcuno. Insegnargli riguarda l'insegnare tutto ciò che li renderà uomini migliori; non si tratta di insegnare loro una lezione.

Partecipante del Salon:
Cosa c'è di sbagliato nel tagliare le palle agli uomini e appenderle al muro come un trofeo?

Gary:
Beh, è carino, ma se lo fai, è probabile che non troverai molti uomini che vogliano venire a farti visita. Se vedono palle sul muro, probabilmente non vorranno avere niente a che fare con te. È questo che vuoi creare con gli uomini? È il futuro che ti piacerebbe avere?

Guardalo. Chiedi: "Se scelgo di tagliare le palle di quest'uomo, come sarà la mia vita tra cinque anni? Più espansa o più contratta? Se scelgo di lasciare le palle di quest'uomo attaccate al suo corpo ed accarezzarle e goderne e usarlo tanto quanto ho scelto, come sarà la mia vita tra cinque anni? Più espansa o meno espansa?" Senti l'energia e capiscilo da sola.

LA VERA PRAGMATICITÀ: INIZIA CON LA SCELTA

Partecipante del Salon:
Ci parli della pragmaticità dell'essere chiare su ciò che vogliamo davvero creare e dove ci rendiamo cieche?

Gary:
La vera pragmaticità è: inizia con la scelta. Se scelgo

questo, come sarà la mia vita tra cinque anni? Chiedi:
- Se scelgo questo, come sarà la mia vita tra cinque anni?
- Se non scelgo questo, come sarà la mia vita tra cinque anni?

Inizierai a sentire energicamente la differenza tra scelta e non scelta e lentamente, ma inesorabilmente, inizierai a scegliere ciò che funziona per te. Capirai cosa ogni scelta creerà nella tua vita in cinque anni.

Puoi avere l'energia di qualcosa, ma non puoi definirla. Devi piantarla di cercare di definire come vorresti che fosse la tua vita. La gente dice: "Mi piacerebbe avere milioni di dollari, mi piacerebbe fare questo, mi piacerebbe fare quello."

"Mi piacerebbe fare" non è come la creazione e la generazione.

GENERARE, CREARE ED ISTITUIRE

Partecipante del Salon:
Che ruolo hanno funzionalità e istituzione in questo? Quando si chiede: "Se scelgo questo, cosa si creerà?" cosa succede per attualizzarlo?

Gary:
Devi andare nella domanda. Ti darà l'indicazione delle energie dalle quali desideri creare. Generazione è l'energia che inizia a portare qualcosa in esistenza, la creazione è quando la metti in attualizzazione e l'istituzione è ciò che fai per creare una piattaforma dalla quale costruire di più. Ti sto dando il sistema con il quale puoi avere chiarezza su ciò che puoi creare. Non sarà un universo cognitivo. Se fosse

possibile creare un universo basato su un punto di vista cognitivo, l'avresti fatto secoli fa.

Devi riconoscere che la chiarezza nasce dalla consapevolezza di creare attorno a ciò che la tua scelta crea. La scelta è la fonte della creazione, non le decisioni, i giudizi, le conclusioni e i calcoli. Se cerchi di funzionare da decisioni, giudizi, conclusioni e calcoli, stai funzionando dai giudizi piuttosto che dalle possibilità.

Hai due scelte: puoi comprare questa sedia o puoi venderla. Come sarà la tua vita tra cinque anni se compri questa sedia? Come sarà la tua vita tra cinque anni se vendi questa sedia? Puoi sentire la differenza di energia in ciò che verrà creato.

Non rinunciare alla tua consapevolezza a favore della conclusione. Usa questo processo:

- Se scelgo questo, come sarà la mia vita tra cinque anni? Se non scelgo questo, come sarà la mia vita tra cinque anni?

Puoi capire la differenza tra la scelta che senti come più espansiva e la scelta che senti come più contratta. Per creare un futuro sostenibile, impara a sentire la differenza di energia in ciò che viene creato con le scelte che fai.

Impari a creare dalle scelte che fai, perché ogni scelta crea qualcosa.

Se sei una donna guerriera impegnata a fare battaglie per creare un futuro sostenibile, è un mondo diverso. Devi essere disposta a guardare a questo, scegliere questo ed essere questo e poi tutto il resto girerà. Renditi conto che la tua scelta crea.

Va bene, signore, è tutto per stasera. Per favore, uscite e siate le donne che siete, che può creare un futuro sostenibile e meraviglioso. Questo è il dono che siete per l'umanità.

11
Stare nel Potere della Scelta e della Consapevolezza

Tu inviti un demone ad entrare nella tua vita ogni volta che dai potere a qualcosa che non sia la consapevolezza.

Gary:

Salve, signore. Parliamo di cosa sono i demoni e come si rapportano al vostro essere donne guerriere che combattono per creare un futuro sostenibile.

DEMONI

Un demone è un essere o qualsiasi altra cosa che voglia avere un po' di controllo nella tua vita. Ogni volta che si dà il potere a qualcosa di diverso dalla consapevolezza, si invita un demone ad entrare nella vostra vita. Se siete alla ricerca di una relazione in cui qualcuno si prenderà cura di voi e del quale potrete essere le seguaci, state invitando le energie demoniache ad entrare nella vostra vita, perché essere una seguace richiede dare via te e la tua consapevolezza. I demoni e le entità vogliono che diventiate delle seguaci. Quindi, questo è un modo possibile per invitarli. Fortunatamente, voi fate schifo come seguaci! Non siete brave a stare tre passi dietro al vostro uomo.

L'altro modo per invitare i demoni è dare via il vostro potere per arrivare a una conclusione, perché la conclusione è l'opposto della consapevolezza. Quando avete un punto di vista, eliminate dalla vostra consapevolezza tutto ciò che non corrisponde a quel punto di vista. State dando il vostro potere alla conclusione, piuttosto che alla vostra consapevolezza.

Quando non avete alcun punto di vista, potete essere consapevoli di tutto. Inoltre, date via il vostro potere quando abbandonate la vostra consapevolezza in favore di quella di qualcun altro.

Partecipante del Salon:
Non ho ben capito cosa siano i demoni. Puoi ampliare questo concetto?

Gary:
A chi o a cosa dai il tuo potere?

Partecipante del Salon:
Agli altri.

Gary:
Davvero? Non penso proprio.

Partecipante del Salon:
Alla conclusione.

Gary:

La conclusione è una cosa. Il denaro è un'altra. Hai dei demoni della conclusione nella tua vita che ti dicono cosa fare o che c'è un problema con i soldi. Ti dicono che devi arrivare a una conclusione. Si tratta di riconoscere dove hai invitato i demoni nella tua vita per controllare le cose per te. I demoni ti dicono quali sono tutte le cose giuste da fare e da dire. Cercano di convincerti a dare via la tua vita in favore di ciò che hanno scelto loro. Ogni volta che si arriva a una conclusione, si invitano i demoni della conclusione per assicurarsi di essere arrivati alla giusta conclusione e concludere ciò che è giusto.

Partecipante del Salon:

Cosa ci vorrebbe per avere chiarezza su dove permetto ai demoni di prendere il controllo delle mie relazioni o del sesso? Che cosa ci vorrebbe per liberarmi dai demoni che mi fottono le amicizie e il sesso con gli uomini?

Gary:

Ecco un processo:

Quale stupidità stai usando per creare l'invenzione, l'intensità artificiale e i demoni dai quali devi essere liberata che stai scegliendo? Tutto ciò che è, per un dioziliardo, distruggerai e screerai tutto? Giusto e Sbagliato, Bene e Male, POD e POC, Tutti e Nove, Shorts, Boys e Beyonds

Funziona!

Quanto dei pensieri, sentimenti, emozioni, sesso e non sesso è in realtà l'universo dei demoni dal quale devi essere liberata? Un bel po'.

Tutto ciò che è, per un dioziliardo, distruggerai e screerai tutto? Giusto e Sbagliato, Bene e Male, POD e POC, Tutti e Nove, Shorts, Boys e Beyonds

Tutti i demoni dell'essere donna, essere femminile, essere femmina, essere la femme che ti richiede di diminuirti, chiederai loro ora di tornare da dove sono venuti e non tornare da te o in questa realtà per tutta l'eternità? Tutto ciò che non permette questo, per un dioziliardo, distruggerai e screerai tutto? Giusto e Sbagliato, Bene e Male, POD e POC, Tutti e Nove, Shorts, Boys e Beyonds

CREI DEMONI PIUTTOSTO CHE SCELTA

Questo è il luogo dove avete i demoni di ciò che è l'essere femmina, piuttosto che la scelta di essere ciò che è una femmina. Devi riconoscere il luogo in cui tu, come femmina, sei la persona che va in battaglia per la creazione futura. Se riconosci questo, il tuo obiettivo nella vita è di essere una futurista e non qualcuno che è disposto a essere l'effetto del passato, come se fosse la creazione del futuro. Ovunque questo esista nel mondo, tu crei i demoni dell'essere donna, dell'embodiment da donna e del fare come le donne.

Quanti demoni dell'embodiment da donna puoi ora distruggere e screare e rispedire da dove sono venuti senza mai più tornare in questa realtà o da te per tutta l'eternità? Tutto ciò che è, per un dioziliardo, distruggerai e screerai tutto? Giusto e Sbagliato, Bene e Male, POD e POC, Tutti e Nove, Shorts, Boys e Beyonds.

Partecipante del Salon:
   Nel processo hai detto: "Rispedire da dove sono venuti senza mai più tornare in questa realtà o da te per tutta l'eternità." Cosa intendi con "da dove"? (n.d.t. Nel testo la parola inglese corrispondente è whence)

Gary:
   È una parola in inglese antico che significa quando siete venuti. Un luogo dal quale provenite.

E SE NON CI FOSSE UNA FONTE DI POTERE PIÙ GRANDE DI TE?

Partecipante del Salon:
   Potresti spiegare Terra dominata dai demoni?

Gary:
   Tutto ciò che crea il potere dei demoni è il giudizio. I demoni non hanno alcun potere se non ci si allinea o si concorda o si resiste o si reagisce ai loro giudizi. Il loro compito è quello di inasprire il giudizio fino ad arrivare a un luogo dove voi date via il vostro potere o la potenza, a favore del loro punto di vista. Ovunque state funzionando dal giudizio come un senso di giusto o sbagliato, state invitando demoni nella vostra vita per dimostrare la giustezza del vostro punto di vista. Quando non avete alcun punto di vista, non ci possono essere giusto o sbagliato e non ci possono essere demoni del giudizio a inasprire o accrescere in modo esponenziale la sbagliatezza di voi, qualsiasi sia la forma.

Quanta energia stai utilizzando per creare la sbagliatezza di te, che è il dominio dei demoni del giudizio sul pianeta Terra? Tutto ciò che è, per un dioziliardo, distruggerai e screerai tutto? Giusto e Sbagliato, Bene e Male, POD e POC, Tutti e Nove, Shorts, Boys e Beyonds

Quale stupidità stai usando per creare l'assoluta invenzione e la totale intensità artificiale della fonte demoniaca e della Terra dominata dai demoni che stai scegliendo? Tutto ciò che è, per un dioziliardo, distruggerai e screerai tutto? Giusto e Sbagliato, Bene e Male, POD e POC, Tutti e Nove, Shorts, Boys e Beyonds

GLI UMANI CREDONO CHE I DEMONI SIANO UNA FONTE DI POTERE

Partecipante del Salon:
Io lavoro molto con donne umane. Sembrano aggressive; mentono e imbrogliano per ottenere ciò che vogliono. Si tratta di demoni?

Gary:
Gli umanoidi sono in grado di riconoscere i demoni per quello che sono. Gli esseri umani, invece, credono che i demoni siano una fonte di potere. Le donne umane sono interessate ad arrivare in un luogo dove possono avere il controllo degli uomini, in un modo o nell'altro. La loro vita è dedicata a invitare demoni per creare controllo sugli uomini. Quante di voi hanno invitato i demoni che creeranno il controllo sugli uomini?

Vuoi ora esigere che ritornino da dove sono venuti e non

facciano mai più ritorno da te o in questa realtà? Tutto ciò che non permette questo, per un dioziliardo, distruggerai e screerai tutto? Giusto e Sbagliato, Bene e Male, POD e POC, Tutti e Nove, Shorts, Boys e Beyonds

Signore, il mio obiettivo è farvi arrivare al punto in cui non avrete nessun giudizio su di voi o su qualsiasi cosa scegliete. È per arrivare al luogo in cui avete consapevolezza totale di come la vostra scelta sta creando il futuro, perché siete la fonte per creare il futuro che non è mai esistito su questo pianeta - basta che scegliate! Continuate a non scegliere come se steste aspettando qualcuno che scelga per voi e vi dica cosa fare. Vi adoro tutte e siete tutte capaci di seguire qualcun altro. Perché cavolo non seguite voi stesse, invece di qualcun altro? Perché state cercando di trovare un uomo da seguire, o chiunque altro da poter seguire? La buona notizia è che non potrò mai farmi seguire perché scapperò da voi. Non potete prendermi, non importa quanto velocemente mi rincorrete.

Tutto ciò che è, per un dioziliardo, distruggerai e screerai tutto? Giusto e Sbagliato, Bene e Male, POD e POC, Tutti e Nove, Shorts, Boys e Beyonds

Partecipante del Salon:
Ultimamente mi è venuto su di aver dato lavoro ai demoni negli ultimi quattro miliardi di anni. Il loro lavoro è stato mantenere al loro posto giudizi, controllo e punti di vista. Ho detto: "Ogni compito che vi ho dato, portatevelo con voi e non tornate mai più."

Gary:

Devi dire: "Torna da dove sei venuto, non ritornare mai più da me o in questa realtà per tutta l'eternità."

Partecipante del Salon:

Per me, un demone è sempre stata una piccola figura nera o qualcosa del genere. Ora sembra che un demone sia più un giudizio che viene su.

Gary:

Sì, ha a che fare con i giudizi che create. Se li vedete come piccole figure nere o rosse con le corna, la coda o cose del genere, vi state conformando a questa realtà. State insistendo nel dire che questa realtà ha la verità sui demoni.

Partecipante del Salon:

Vedere i demoni in quel modo mi ha impedito di capire dove li ho chiamati nella mia vita e dove li sto usando. Ora c'è un'energia completamente diversa sui demoni e io ti sono totalmente grata.

Gary:

Li hai invitati nella tua vita pensando che fosse il modo di avere potere su qualcosa. Ma il potere assoluto su tutto è la consapevolezza totale. E se non ci fosse una maggiore fonte di energia oltre a te?

Tutto ciò che non permette a questo di mostrarsi, per un dioziliardo, distruggerai e screerai tutto? Giusto e Sbagliato, Bene e Male, POD e POC, Tutti e Nove, Shorts, Boys e Beyonds

IL GIUDIZIO È IL MODO CON IL QUALE INVITIAMO I DEMONI A ENTRARE

Partecipante del Salon:

Prima, mentre mi parlavi, è venuta su parecchia energia. Era una sensazione del tipo "Non mettermi a tacere." Era "Tu non mi stai ascoltando. Mi stai fraintendendo." È stato strano.

Gary:

Senti che ti ho frainteso?

Partecipante del Salon:

Sì.

Gary:

Ovunque hai deciso cosa significa fraintendere, distruggerai e screerai tutto? Giusto e Sbagliato, Bene e Male, POD e POC, Tutti e Nove, Shorts, Boys e Beyonds

L'intera idea di comprensione è che qualcuno deve stare sotto di te per sostenerti. Ti piace stare al di sopra delle persone?

Partecipante del Salon:

Non particolarmente.

Gary:

Con o senza tacchi!

Partecipante del Salon:

Wow! Adesso vedo che tutte le mie domande stavano cercando di farti allineare con la giustezza dei miei giudizi su di me.

Gary:

Sì molto. Sfortunatamente non ho giudizi su di te, quindi mi è difficile allinearmi con i tuoi giudizi.

Partecipante del Salon:

Quando interagisco con le persone, cerco i loro giudizi che si allineano con qualcosa su di me, così posso arrabbiarmi con loro.

Gary:

No, così puoi arrabbiarti con te. Ti dedichi a vedere la sbagliatezza di te?

Partecipante del Salon:

Sto realizzando di avere questi giudizi.

Gary:

Tutto ciò che hai fatto per creare questo, per un dioziliardo, distruggerai e screerai tutto? Giusto e Sbagliato, Bene e Male, POD e POC, Tutti e Nove, Shorts, Boys e Beyonds

Quale stupidità stai usando per creare l'assoluta invenzione e la totale intensità artificiale della fonte demoniaca e della Terra dominata dai demoni che stai scegliendo? Tutto ciò che è, per un dioziliardo, distruggerai e screerai tutto? Giusto e Sbagliato, Bene e Male, POD e POC, Tutti e Nove, Shorts, Boys e Beyonds

Partecipante del Salon:

Recentemente, ho scelto di fare un progetto e ho avuto molto lavoro da fare. Poi non l'ho portato a termine e sono andata nella sbagliatezza di me. Adesso, ascoltando quello che dicevi, ho realizzato di essermi giudicata per la mia sbagliatezza.

Gary:

Ti faccio una domanda. Qual è il valore di andare nel giudizio di te stessa?

Partecipante del Salon:

Non vi è alcun valore.

Gary:

Deve esserci un valore o non ci andresti. Il giudizio è il modo col quale inviti i demoni. Ecco perché gli esseri umani giudicano gli altri. Gli esseri umani giudicano gli altri per avere potere su di loro. Ottengono il controllo sugli altri utilizzando il loro giudizio per invitare i demoni che creeranno il controllo. Il giudizio di sé è il modo in cui si crea l'invito.

Tutti i luoghi dove ti sei giudicata per invitare i demoni, vuoi distruggere e screare e rispedire tutto al mittente? Giusto e Sbagliato, Bene e Male, POD e POC, Tutti e Nove, Shorts, Boys e Beyonds

Cosa vi piacerebbe che fosse la vostra vita se non vi preoccupaste di avere giudizi?

Partecipante del Salon:

Divertimento.

Gary:

Quanta energia stai usando per creare valore preoccupandoti di avere giudizi? Tutto ciò che è, per un dioziliardo, distruggerai e screerai tutto? Giusto e Sbagliato, Bene e Male, POD e POC, Tutti e Nove, Shorts, Boys e Beyonds.

Ti preoccupi dei giudizi.

Partecipante del Salon:

Cosa ci vorrebbe per cambiare questo, così che non lo scelga più?

Gary:

Quale stupidità stai usando per creare l'invenzione, l'intensità artificiale e i demoni del preoccuparsi dei giudizi che stai scegliendo? Tutto ciò che è, per un dioziliardo, distruggerai e screerai tutto? Giusto e Sbagliato, Bene e Male, POD e POC, Tutti e Nove, Shorts, Boys e Beyonds

Partecipante del Salon:

Nel processo hai detto "intensità artificiale". Puoi dirci di cosa si tratta?

Gary:

Pensate a chi vi giudica. Quale parti di questo sono intense? Alcune? Tutte? O di più?

Partecipante del Salon:

Tutte.

Gary:

Voi ritenete che l'intensità abbia più valore della consapevolezza.

Tutto ciò che è, per un dioziliardo, distruggerai e screerai tutto? Giusto e Sbagliato, Bene e Male, POD e POC, Tutti e Nove, Shorts, Boys e Beyonds

Partecipante del Salon:

Gary, più vedo lavorare te e Dain, più mi rendo conto della capacità e della pazienza che avete nel dare alle persone solo ciò che possono sentire. Anche se sapete quanto in realtà sono in grado di aprirsi e ricevere in quel momento, è solo quando fanno una domanda che si apre la finestra indicante dove sono disposti ad andare.

Gary:

Sì, sono disposto a guardare il futuro che siete disposte ad avere.

Partecipante del Salon:

Dalle domande che facciamo?

Gary:

Già.

Partecipante del Salon:

Tendo a dare alle persone il mondo intero quando mi fanno una domanda.

Gary:

Continui a cercare di arrivare a una conclusione su ciò che puoi dar loro, che gli permetterà di giudicarti nel modo in cui senti di meritare di essere giudicata.

Partecipante del Salon:

Cioè che sono una persona di valore?

Gary:

Questo significa che ciò che conta è il tuo giudizio su di te.

Partecipante del Salon:
Qualunque sia il giudizio, dove mi sto bloccando qui? Mi sento pesante.

Gary:
Quale bugia stai rendendo più reale di te? Tutto ciò che è, per un dioziliardo, distruggerai e screerai tutto? Giusto e Sbagliato, Bene e Male, POD e POC, Tutti e Nove, Shorts, Boys e Beyonds

"NESSUN PUNTO DI VISTA" È SEMPLICEMENTE UNA SCELTA

Partecipante del Salon:
È possibile scegliere di non avere nessun punto di vista e renderlo più grande della decisione, del giudizio, della computazione e della conclusione?

Gary:
Sì.

Partecipante del Salon:
È semplicemente una scelta?

Gary:
Sì, si tratta semplicemente di una scelta.
Cosa stai creando come scelta che non è una scelta, che se non la creassi come scelta si attualizzerebbe come totale consapevolezza? Tutto ciò che è, per un dioziliardo, distruggerai e screerai tutto? Giusto e Sbagliato, Bene e Male, POD e POC, Tutti e Nove, Shorts, Boys e Beyonds

Partecipante del Salon:

Quali scelte abbiamo disponibili per creare un futuro totalmente diverso?

Gary:

C'è un'enorme quantità di scelte disponibili. Il problema è che trascorriamo la vita intera cercando di entrare nell'universo della non-scelta, l'universo infestato da demoni, che è uguale all'essere reale in questa realtà. E se non dovessi più essere reale in questa realtà? Che scelte avresti?

Partecipante del Salon:

Il processo che hai appena fatto scorrere ha creato così tanto spazio nel mio corpo. Sono consapevole della contrazione dell'universo di qualcuno attraverso il mio corpo, anche se non è mia.

Gary:

E se invece di essere attraverso il tuo corpo, fosse con il tuo corpo?

Partecipante del Salon:

Qual è la differenza?

Gary:

Attraverso il tuo corpo è l'idea che il tuo corpo abbia una consapevolezza che tu non hai. Con il tuo corpo è quando espandi ciò di cui tu e il tuo corpo siete a conoscenza.

Partecipante del Salon:

Quel processo ha creato più espansione di quella di cui il mio corpo e io siamo consapevoli. È molto bello. Grazie.

Partecipante del Salon:
   È questo che intendi con più spazio per il futuro?

NON ASPETTARE MAI QUALCUNO O QUALCOSA

Gary:
   Sì, è questo che devi avere come spazio per il futuro.
   Ecco un esempio. Qualcuno ha creato un bellissimo logo per noi e tutti cercano di decidere se si debba usare tutti lo stesso logo o se dovremmo avere ognuno un logo diverso. Le persone non vanno oltre. Sono in attesa che la questione si risolva. Io continuo a dire: "Mai aspettare qualcuno o qualcosa."
   Ragazze, dovete capire questo. Se avete intenzione di creare un futuro, non potete aspettare nessuno perché sarebbe come creare basandovi sulla linea temporale di un'altra persona, non su ciò di cui siete consapevoli.

Partecipante del Salon:
   Quando hai detto "Non aspettare nessuno", ho capito quanto scompaio aspettando le persone.

Gary:
   Nel momento in cui ti metti ad aspettare, cessi di esistere. Ti metti in attesa. È come trattenere il respiro e aspettare la prossima volta in cui potrai respirare. Funziona? No.
   Quando la gente aspetta, sta cercando di fare le cose per bene. Riguarda il giudizio. Tutto ciò che fanno è scegliere di fare le cose per bene. È troppo lento.

Recentemente abbiamo avuto a che fare con due persone che sono artisti e, quando hai a che fare con un artista, nulla sarà mai giusto o perfetto, non importa cosa fai. Può sempre essere migliorato. Gli artisti non sono mai nella domanda di ciò che stanno facendo. Sono sempre nella conclusione di cosa avrebbe dovuto essere o stanno giudicando quello che non è ciò che avevano pensato sarebbe stato.

Io non aspetto mai nessuno, continuo a creare. Dico: "Sai cosa? È fantastico. Andiamo."

Se vai lentamente, vivi la vita nell'universo di realtà del comportamento corretto. Il comportamento corretto di questa realtà è andare così lentamente da non creare onde. Ma voi siete generatori di onde. Quando eravate bambine e stavate nella vasca da bagno, rovesciavate tutto attorno e facevate onde che superavano i bordi. Stare calme nella vasca non era uno dei vostri punti di vista. Era "Quanto è divertente? Facciamo muovere tutto!" Stare tranquille non era una realtà per la maggior parte di voi, eppure continuavate a cercare di stare ferme, come se fosse possibile. Il fatto è che non potete. Mai aspettare nessuno. Iniziate, andate e create. Se si attende, ci si mette fuori dall'esistenza, finché qualcun altro non completa ciò che sta facendo e vi apre la porta affinché possiate essere.

Quale stupidità stai usando per creare l'attesa che stai scegliendo? Tutto ciò che è, per un dioziliardo, distruggerai e screerai tutto? Giusto e Sbagliato, Bene e Male, POD e POC, Tutti e Nove, Shorts, Boys e Beyonds

Quando aspetti, rinunci alla tua consapevolezza in favore del completamento di qualcun altro. Cosa succederebbe se le persone che stai aspettando non si completassero mai?

Quando arriverai a essere? Quando moriranno?

Ho conosciuto persone in attesa che i genitori morissero in modo da poter ottenere i loro soldi e i loro genitori sono andati avanti per anni. Quando i figli hanno finalmente ottenuto il loro denaro, non era la cifra che pensavano di ricevere. Non ha creato nulla nella loro vita e si sono incazzati perché i genitori non disponevano di più soldi! Perché aspettare per creare la vostra vita sulla base dei soldi o del resto che erediterete? Perché non creare la propria vita ora e divertirsi? Cosa stai aspettando?

Tutto ciò che è, per un dioziliardo, distruggerai e screerai tutto? Giusto e Sbagliato, Bene e Male, POD e POC, Tutti e Nove, Shorts, Boys e Beyonds

Ho conosciuto persone che aspettavano la pensione pensando che, una volta in pensione, tutto sarebbe andato bene. Un mio amico mi ha mandato una barzelletta. Qualcuno chiede a un tipo in pensione: "Che cosa fai ora che sei in pensione?" e il tizio risponde: "Beh, ho un background in ingegneria chimica e una delle cose che mi piace di più è la conversione di birra, vino e whisky in urina. È gratificante, edificante e soddisfacente. Lo faccio tutti i giorni e mi piace proprio!"

ESSERE UNA FUTURISTA

Partecipante del Salon:
   Com'è essere una futurista?

Gary:
   Per essere una futurista, dovete essere disposte a vedere ciò di cui siete capaci e che non avete ancora scelto.

Di quale creazione futura sei capace che non hai ancora scelto, domandato e creato come una possibilità? Tutto ciò che è, per un dioziliardo, distruggerai e screerai tutto? Giusto e Sbagliato, Bene e Male, POD e POC, Tutti e Nove, Shorts, Boys e Beyonds

Partecipante del Salon:
Ci puoi parlare di fato, spirito e destino, per favore?

Gary:
Se avete intenzione di essere il futuro, dovete essere disposte a riconoscere dove potete essere il fato, lo spirito e il destino. Riguarda l'essere foriera di possibilità future.

Quale stupidità stai usando per evitare di essere la foriera delle possibilità future che potresti scegliere? Tutto ciò che è, per un dioziliardo, distruggerai e screerai tutto? Giusto e Sbagliato, Bene e Male, POD e POC, Tutti e Nove, Shorts, Boys e Beyonds

Partecipante del Salon:
Che cosa significa essere foriera?

Gary:
Essere foriera significa essere in grado di portare in attualizzazione ciò che può esistere. Siete come le indovine di ciò che sarà.

Partecipante del Salon:
La domanda "Se scelgo questo, cosa sarà la mia vita tra cinque anni?" ha cambiato tutto il mio focus d'attenzione e le scelte che sto facendo. La faccio con tutto e sono molto

più consapevole di come vorrei che fosse la mia vita.

Gary:

Esattamente. Ecco perché è necessario fare questa domanda. Se non la fai, stai creando la stessa cosa che hai fatto in passato. Non stai cercando le tue priorità né ciò che ti permetterebbe di creare il tuo futuro. Non lo scegli e basta. Questa è una domanda trabocchetto per farvi arrivare là. Ve la sto dando perché non basta scegliere. Devo portarvi nella consapevolezza con un trucco. Scusate, signore.

Partecipante del Salon:

Mi sto concentrando sul presente, non sul futuro. Mi sono bevuta l'idea di dover essere presente, nel momento. Devo essere adesso. Cosa porta questo nel futuro?

Gary:

Dovete essere disposte a guardare l'adesso e il futuro e riconoscere che le scelte che fate creeranno il futuro. Dovete essere disposte a creare il futuro. Focalizzarsi esclusivamente sul qui ed ora serve ad evitare la creazione e la generazione.

Partecipante del Salon:

Allora, da chi mi sono bevuta l'idea di vivere nel qui ed ora?

Gary:

Da qualche stronzo!

Partecipante del Salon:

Vivere nel qui ed ora è stato uno dei miei obiettivi. Ti adoro! Questo è enorme per me. Vivere nel qui ed ora in realtà sta bloccando il mio futuro.

Gary:

Vuoi essere presente e vivere per creare adesso e nel futuro. Se non lo fai, il momento in cui arriverà il futuro non avrai nulla. Se vivi nel qui ed ora senza creare il futuro, quando arriverai al futuro dovrai vivere nel qui ed ora per non creare il futuro in modo da poter avere l'adesso che hai deciso essere buono piuttosto che cattivo, il che significa essere nel giudizio. Il futuro che stai creando è giudizio. Funziona per te?

Partecipante del Salon:

No. Grazie.

Gary:

Tutto ciò che è, per un dioziliardo, distruggerai e screerai tutto? Giusto e Sbagliato, Bene e Male, POD e POC, Tutti e Nove, Shorts, Boys e Beyonds

Partecipante del Salon:

Puoi spiegare cos'è il conquistare nell'ambito di creazione e unità?

Gary:

Se stai funzionando dall'unità e dalla consapevolezza, conquistare significa che conquisterai i tuoi limiti e non cercherai di conquistare gli altri.

In questa realtà, conquistare riguarda sempre l'avere controllo sugli altri. E il più delle volte viene fatto con rabbia o giudizio. Quindi, il giudizio e la rabbia sono le due fonti primarie per avere il controllo sugli altri.

Quante di voi hanno dedicato la propria vita al giudizio e alla rabbia come un modo per ottenere il controllo su chi e cosa non potevate dominare? Tutto ciò che è, per un dioziliardo, distruggerai e screerai tutto? Giusto e Sbagliato, Bene e Male, POD e POC, Tutti e Nove, Shorts, Boys e Beyonds

SCEGLIERE UNA REALTÀ

Partecipante del Salon:
Al momento, tutto si sta aprendo per me. Percepisco che sto creando tutte le mie realtà, una delle quali sta quasi funzionando per me e un'altra che è come la mia vecchia realtà.

Gary:
Non è quasi. Stai avendo due realtà. Ora, cosa succede se vai oltre questo?

Partecipante del Salon:
È eccitante.

Gary:
Mi piacerebbe creare un punto di vista diverso qui. L'eccitazione è l'idea di dover andare fuori da qualcosa per creare l'eccitamento, l'intensità che hai definito come eccitazione. Fuori dalla stasi verso qualcosa di più grande.

Provate, invece, ad usare entusiasmo. Chiedi: "Di cosa sono entusiasta?" invece di: "Cosa trovo eccitante?"

Se si inizia a funzionare dall'entusiasmo delle cose, si proseguirà alterando e cambiando le possibilità. Se funzioni dall'eccitamento, questo dovrà sempre giungere al termine. Ciò che è eccitante deve necessariamente finire, perché l'eccitazione è solo fuori da qualcosa, non in qualcosa. L'entusiasmo è un "nell'universo".

Partecipante del Salon:

Grazie, lo farò. Sento che l'eccitazione può dare dipendenza. Si può eliminare, per favore?

Gary:

Non è una dipendenza. È un accordarsi. Avete imparato ad essere eccitate. L'eccitazione è qualcosa che tutti danno per scontato essere un miglioramento. Pensano che significhi uscire da una limitazione. È sufficiente per la maggior parte delle persone. Ma l'eccitazione non è una possibilità infinita.

Tutto ciò che hai fatto per creare eccitamento come un miglioramento della tua limitazione piuttosto che l'entusiasmo verso possibilità più grandi, vuoi distruggere e screare tutto? Giusto e Sbagliato, Bene e Male, POD e POC, Tutti e Nove, Shorts, Boys e Beyonds

Partecipante del Salon:

L'eccitazione mantiene il giudizio, Gary? Vedo giudizi tutto intorno a me.

Gary:

L'eccitazione mantiene il giudizio come parte integrante di ciò che si continua a scegliere.

Partecipante del Salon:

Quindi, la vecchia realtà non serve più?

Gary:

Purtroppo devi scegliere, cara. Chiedi:
- Se scelgo questa realtà, cosa sarà la mia vita tra cinque anni?
- E se scelgo l'altra realtà, cosa sarà la mia vita tra cinque anni?

Otterrai chiarezza su ciò che è il tuo vero obiettivo e ciò che ti piacerebbe davvero creare per la tua vita. Non c'è una sola persona in questa chiamata che è mai stata incoraggiata a scegliere qualcosa che creerebbe un futuro. Ci avete fatto caso?

Partecipante del Salon:

Sì, mi piace proprio. Va bene lasciare andare una realtà completamente?

Gary:

Sì, oppure puoi lasciarle andare entrambe e magari trovarne una terza.

Partecipante del Salon:

Forte, quindi niente di tutto ciò è reale.

Gary:

Realtà è quando due o più persone si allineano e concordano con il tuo punto di vista.

Partecipante del Salon:

Non sto nemmeno allineandomi o concordando con me stessa.

Gary:

Esattamente! Io non mi allineo né concordo con il mio punto di vista, pertanto non ho un punto di vista, pertanto ho sempre scelta.

Ogni scelta crea possibilità, ogni scelta crea consapevolezza e ogni scelta crea un diverso futuro di possibilità. Mi interessa quante scelte ho e quali possibilità posso creare e generare qui.

Guardo ogni cosa nella mia vita e mi chiedo:
+ Vuoi ancora essere nella mia vita?
+ Sta funzionando?
+ Sta attualizzando ciò che vorresti essere e fare nel mondo?

Anche con i miei mobili, mi guardo intorno e lo faccio. Oggi, una signora è venuta a vedere casa mia per farla eventualmente fotografare per una rivista e ne è rimasta sopraffatta. Ha detto: "Hai troppa roba in casa perché possiamo fotografarla tutta."

Mi sono reso conto che l'avrebbero voluta il più vuota possibile; lo considererebbero una grande possibilità. Se non hai niente sugli scaffali, nulla nella casa e niente in vista tranne una cosa, questo significa che sei elegante.

È rimasta di sale quando ho detto: "Mi piacciono gli oggetti antichi, vengono da un'epoca di maggiore eleganza rispetto a quella che abbiamo oggi. Alla gente non piace vivere con eleganza. Alla gente piace vivere nella scarsità." Non era d'accordo.

Prima di andarsene, ha detto: "Torneremo da voi in autunno, è il periodo in cui facciamo scatti all'interno. D'estate facciamo foto all'esterno."

Ho pensato: "Wow, ho spazio all'aperto in estate,

primavera, inverno e autunno. Perché tu no?" Non ho detto niente. Ma ne ero consapevole perché, per me, è il non avere un punto di vista su niente che crea tutte le possibilità.

Quindi, ovunque hai preso dei punti di vista che creano ed eliminano ciò che potresti avere come possibilità, distruggerai e screerai tutto? Giusto e Sbagliato, Bene e Male, POD e POC, Tutti e Nove, Shorts, Boys e Beyonds

Stava prendendo una realtà visivamente limitata, al fine di creare ciò che aveva deciso essere accettabile per le persone che si allineano e concordano con il suo punto di vista. La maggior parte del mondo funziona così. Eliminano il futuro come una possibilità.

Dove ti sei allineato e hai concordato con i punti di vista di qualcun altro per eliminare le possibilità future che avresti potuto scegliere? Tutto ciò che è, per un dioziliardo, distruggerai e screerai tutto? Giusto e Sbagliato, Bene e Male, POD e POC, Tutti e Nove, Shorts, Boys e Beyonds

DIVENTARE UNA FONTE DI MAGGIORI POSSIBILITÀ

Partecipante del Salon:
Ieri qualcosa è cambiato nel mio universo e sono diventata disposta ad essere consapevole del futuro essendo presente nell'adesso, come abbiamo detto. Ho chiesto: "Quale informazione c'è qui che potrebbe essere implementata adesso e che creerà quel futuro?" Potresti contribuire di più su questo?

Gary:

Se non hai un punto di vista, crei una possibilità. Ogni scelta crea e ogni creazione porta qualcosa a realizzazione. Quali scelte stai facendo, quali realizzazioni stai scegliendo? Come sarebbe se foste disposte ad essere la fonte di maggiore possibilità?

Quale attualizzazione fisica di percepire, sapere, essere e ricevere sei adesso capace di generare, creare e istituire, come fonte di maggiori possibilità? Tutto ciò che non permette questo, per un dioziliardo, distruggerai e screerai tutto? Giusto e Sbagliato, Bene e Male, POD e POC, Tutti e Nove, Shorts, Boys e Beyonds.

LA SCELTA È LA FONTE DI TUTTA LA CREAZIONE

Gary:

La possibilità crea una maggiore domanda, scelta, possibilità e contributo. Queste cose sono correlate. E sono la fonte per creare una possibilità diversa.

Partecipante del Salon:

Hai detto: "Ogni scelta crea" e hai chiesto: "Quale attualizzazione stai scegliendo?"

Gary:

La scelta è la fonte di tutta la creazione. Per questo vi suggerisco di chiedere: "Se scelgo questo, cosa sarà la mia vita tra cinque anni?" Voi state facendo la vostra vita, ma non essendo ciò che crea la vita. Se fate una scelta basata sull'essere il futuro, si apre la porta ad ogni possibilità che è a vostra disposizione, ogni scelta che non avete mai visto, ogni scelta che nessuno vi ha mai chiesto di scegliere.

La tua famiglia cerca di farti scegliere tra questo e quello. Dicono: "Puoi avere il gelato al cioccolato o vaniglia."

Tu dici: "Ma io voglio fragola."

E loro: "No, puoi avere cioccolato o vaniglia."

E tu: "No, voglio fragola."

Dicono: "Ma la scelta è cioccolato o vaniglia."

Alla fine dici: "Va bene, prendo vaniglia" o "Ne prendo un po' di ciascuno." Tu crei "non scelta" come l'unica scelta che hai in questa realtà.

Partecipante del Salon:

Ho un problema con la parola scelta. Ho sentito cosa hai detto, ma proprio non si registra nella mia testa. È come se stessi parlando un'altra lingua.

Gary:

Cos'è la scelta per te?

Partecipante del Salon:

Per me la scelta è una decisione. O questo o quello. Non vedo al di là della scelta.

Gary:

Questo significa che non sei disposta a scegliere veramente. Sei disposta solo a vedere ciò che è possibile prima di scegliere. Sei bloccata nella scelta di giusto o sbagliato. E se non ci fosse scelta giusta o sbagliata, ma solo scelta?

Partecipante del Salon:
   Com'è quella scelta? Ti sento parlarne come di una cosa singola. Nella mia mente la scelta è qualcosa di multiplo.

Gary:
   Se hai scelte multiple, devi essere disposta a vedere quale scelta crea un futuro che funziona per te, ragione per cui chiedo: "Se scelgo questo, cosa sarà la mia vita tra cinque anni?"

Partecipante del Salon:
   E se non si ottiene una risposta?

Gary:
   Non ci sarà una risposta. Lo scopo di una domanda non è quello di ottenere una risposta; lo scopo di una domanda è la consapevolezza. Potresti aver misidentificato e misapplicato che la scelta riguardi l'ottenere una risposta.
   Se abbiamo il punto di vista di dover fare una domanda per ottenere una risposta o arrivare a una conclusione, decisione o giudizio, stiamo cercando di creare la nostra vita come una realtà della conclusione. Non è questa la realtà nella quale vuoi vivere.

Partecipante del Salon:
   Penso che sia questo.

Gary:
   Ovunque hai creato le domande e la scelta come risposte, distruggerai e screerai tutto? Giusto e Sbagliato, Bene e Male, POD e POC, Tutti e Nove, Shorts, Boys e Beyonds

Partecipante del Salon:

Ho appena realizzato che ci chiediamo: "Che scelta posso fare?" come se si trattasse di fare; quando in realtà, si tratta più di essere la scelta.

Gary:

Sì, ecco perché ti ho detto che devi guardare da un luogo diverso. Devi chiedere:
- Che tipo di cosa voglio creare?
- Se scelgo questo, cosa sarà la mia vita nei prossimi cinque anni?

Cinque anni nel futuro è un periodo troppo lungo per poter essere definito o reso concreto. Si può avere solo la consapevolezza di ciò che sarà. Non puoi avere la consapevolezza della conclusione a cui sei arrivata, le limitazioni che si possono creare e così via. Tutto ciò che puoi avere è la consapevolezza di ciò che è effettivamente possibile.

Questo è il luogo dal quale devi essere disposta a vedere che c'è una possibilità diversa.

Sto cercando di portarti a scegliere diverse possibilità, perché quando inizi a farlo dal punto di vista di scelta, domanda e possibilità, tutto riguarda il creare consapevolezza, non arrivare a delle conclusioni. Sfortunatamente, molto di questa realtà è creato attorno all'idea della conclusione.

Quante conclusioni hai su ciò che significa essere una donna? Tutto ciò che è, per un dioziliardo, distruggerai e screerai tutto? Giusto e Sbagliato, Bene e Male, POD e POC, Tutti e Nove, Shorts, Boys e Beyonds

Quante conclusioni hai su quali scelte hai, quale sia lo

scopo della scelta, qual è il valore della scelta e cosa dovresti fare con la scelta? Tutto ciò che è, per un dioziliardo, distruggerai e screerai tutto? Giusto e Sbagliato, Bene e Male, POD e POC, Tutti e Nove, Shorts, Boys e Beyonds

VEDERE CIÒ CHE È SBAGLIATO VS. VEDERE CIÒ CHE È POSSIBILE

Partecipante del Salon:
Sono diventata più consapevole di quanto mia madre scelga di essere manipolativa, crudele, bugiarda, violenta e controllante dietro il velo della gentilezza, falsità e grazia. Sin da quando ero piccola, mi ha sempre detto quanto sono bella e amabile e mi ha accusato di essere cattiva, viziosa, crudele e dipendente. Prima credevo alle cose che diceva, ma ora so che mi stava solo accusando di ciò che faceva lei.

Gary:
Sì, la gente ti accusa solo di quello che sta facendo.

Partecipante del Salon:
Trovo difficile averci a che fare. Vuole qualcuno che si prenda cura di lei e le faccia da genitore e io ho cercato di farlo. Ho anche cercato di aiutarla ad aggiustare la cosa.

Gary:
Smetti di fare l'uomo. Solo gli uomini cercano di aggiustare le cose.

Ovunque avete cercato di essere un uomo che aggiusta i genitori che non funzionano per voi, tutte voi, distruggerete e screerete tutto? Giusto e Sbagliato, Bene e Male, POD e POC, Tutti e Nove, Shorts, Boys e Beyonds

Partecipante del Salon:

Gary, puoi usare questo in ogni rapporto? Cercare di non aggiustare nulla in nessuna relazione, incluso il matrimonio?

Gary:

Sì, se cerchi di essere l'uomo che cerca sempre di aggiustare cos'è sbagliato, significa che devi concentrarti su cosa? Ciò che è possibile? O ciò che è sbagliato?

Partecipante del Salon:

Ciò che è sbagliato.

Gary:

Sì e, ogni volta che ti concentri su ciò che è sbagliato, cosa vedi? Altra sbagliatezza. Non arrivi a vedere quello che è possibile. Essere nel futuro significa che sei sempre in grado di vedere, percepire, sapere, essere e ricevere ciò che è possibile.

Quando ti concentri su ciò che è sbagliato, quanta della tua energia stai utilizzando per distruggere la tua capacità di percepire, sapere, essere e ricevere ciò che è effettivamente possibile?

Tutto ciò che è, per un dioziliardo, distruggerai e screerai tutto? Giusto e Sbagliato, Bene e Male, POD e POC, Tutti e Nove, Shorts, Boys e Beyonds

Partecipante del Salon:

Mi piacerebbe cancellare e cambiare quella roba con mia

madre.

Gary:

Chiedi: "Quale stupidità sto usando per creare la mamma che sto scegliendo?" Smettila di cercare di sostenere questa donna stupida.

PUOI ODIARE TUA MADRE O PUOI AVERE LIBERTÀ TOTALE

Partecipante del Salon:
La odio. La odio proprio.

Gary:
La odi così tanto da creare tutta questa energia per odiarla? Il che ti dà libertà totale, giusto?

Partecipante del Salon:
Chiaramente ho creato un luogo dove mi sto bevendo questa cosa, ma non posso essere niente di diverso.

Gary:
Hai due scelte qui. Puoi odiare tua madre o puoi avere libertà totale. Quale scegli?

Partecipante del Salon:
Libertà totale.

Gary:
Sei sicura che sia totale libertà? Ti è molto più familiare odiarla, non è vero?

Partecipante del Salon:

Sì, l'ho fatto per parecchio tempo.

Gary:

L'hai odiata. Questo ha creato la libertà per te?

Partecipante del Salon:

L'ho odiata come un modo per barricare me stessa contro di lei.

Gary:

Ti stai barricando per non avere te stessa, non essere te e non scegliere te? O è per credere che sia lei la ragione che ti impedisce di essere tutto quello che vuoi essere?

Partecipante del Salon:

Questo.

Gary:

Tutto ciò che è, per un dioziliardo, distruggerai e screerai tutto? Giusto e Sbagliato, Bene e Male, POD e POC, Tutti e Nove, Shorts, Boys e Beyonds
Verità, eri la sua competizione?

Partecipante del Salon:

Sì.

Gary:

Le piace la competizione?

Partecipante del Salon:

L'adora. Le piace combattere con tutti.

Gary:
   Il che comprende combattere con se stessa?

Partecipante del Salon:
   Sì.

Gary:
   Ovunque hai provato a duplicarla così non saresti stata come lei, il che ti rende come lei, il che significa che combatti te stessa tutto il tempo, distruggerai e screerai tutto? Giusto e Sbagliato, Bene e Male, POD e POC, Tutti e Nove, Shorts, Boys e Beyonds
   Ti sei arrabbiata con K quando ha riso di qualcosa che hai detto su tua madre. Ti rendi conto che, in quel momento, stavi difendendo tua madre dalla risata di K?

Partecipante del Salon:
   Difendere mia madre dalla risata di K? Sì, è andata così.

Gary:
   Sì, ti sei bevuta il punto di vista di tua madre. Perché? Questo è l'addestramento a essere una donna.
   Tutto ciò che hai fatto per addestrarti ad essere una donna, per renderti come tua madre, che odi, il che significa che devi piacerti o odiarti? O vederti come buona, cattiva o sbagliata? Non è forte? Tu odi tua mamma, così la duplichi e diventi come lei per assicurarti di non essere lei, ma questo ti rende lei. Tutto ciò che è, per dioziliardi, distruggerai e screerai tutto? Giusto e Sbagliato, Bene e Male, POD e POC, Tutti e Nove, Shorts, Boys e Beyonds.

Partecipante del Salon:
Ho un'intensità nel mio lato sinistro. Comincia dal petto e arriva fino al collo.

Gary:
Su cosa si basa? Quanta parte di te hai reso sbagliata?
Tutto ciò che hai fatto per renderti sbagliata e tutto quello che hai rinchiuso nel lato sinistro del corpo e tutti i demoni che hai utilizzato per bloccarti nella sbagliatezza di te, distruggerai e screerai tutto? Ed esigerai che tornino indietro da dove sono venuti e non tornino mai più in questa realtà? Giusto e Sbagliato, Bene e Male, POD e POC, Tutti e Nove, Shorts, Boys e Beyonds

Ti senti meglio?

Partecipante del Salon:
Già.

Gary:
Ogni volta che hai qualcosa al lato sinistro del corpo, voglio che tu chieda: "È mio o di mia madre?"

Partecipante del Salon:
E se capisco che è di mia madre?

Gary:
Devi dire: "POD e POC a tutto ciò che ho fatto per duplicare questo."
La maggior parte di noi, quando abbiamo un genitore che non ci ama, cerca di duplicarlo per far sì che ci ami. Funziona?

Partecipante del Salon:

No. Ci incoraggiano a essere come loro in modo da avere qualcosa da giudicare?

Gary:

No. Li hai già giudicati. Il tuo giudizio su di loro potrebbe in realtà non essere il tuo giudizio su di loro, ma piuttosto la consapevolezza del giudizio che hanno verso se stessi. E tu che pensavi di non avere consapevolezza!

Partecipante del Salon:

Grazie, Gary.

Gary:

Tutto ciò che hai fatto per bere i loro giudizi su di loro come se fossero i tuoi giudizi su di loro, in modo da poter avere giudizi su di loro ed essere giudicante come sono loro con se stessi per poter essere certi di avere ragione di essere nel torto e tutto ciò che hai fatto per duplicarli in modo da fare la stessa cosa, avere ragione di essere nel torto e questo farà funzionare tutto, giusto? Non proprio. Tutto ciò che è, per un dioziliardo, distruggerai e screerai tutto? Giusto e Sbagliato, Bene e Male, POD e POC, Tutti e Nove, Shorts, Boys e Beyonds

LA VENDETTA PIÙ GRANDE

Stai attenta T, le cose stanno cominciando a saltare. Se non stai attenta, sarai di nuovo felice. Posso dirtelo? La vendetta più grande verso i tuoi genitori è essere felice.

Partecipante del Salon:
    Lo sarò.

Gary:
    Quale attualizzazione fisica della capacità di essere, fare, avere, creare e generare felicità sei ora in grado di creare, generare e istituire? Tutto ciò che non permette questo, per un dioziliardo, distruggerai e screerai tutto? Giusto e Sbagliato, Bene e Male, POD e POC, Tutti e Nove, Shorts, Boys e Beyonds
    Tutte voi dovete capire che ogni volta che qualcuno ride di qualcosa che avete reso serio, è perché ci vede dell'ironia. Se questo vi fa arrabbiare, state cercando di difendere la persona con cui siete arrabbiate. Avrete una tale libertà quando vi renderete conto di questo. Parte della commedia di questa realtà è che il nostro odio può essere giudicato o creato solo sulla base dei nostri giudizi di noi stessi ai quali abbiamo acconsentito. Se state cercando di esserne turbate, state difendendo le persone per le quali siete turbate. Questo dimostra che le avete a cuore, ma non volete riconoscere di averle a cuore.

Partecipante del Salon:
    Se qualcuno ti odia, come si fa a gestirlo?

Gary:
    Se qualcuno ti odia, intimidiscilo con la consapevolezza di ciò che questa persona potrebbe essere e che non vuole essere.

Partecipante del Salon:
   Quanto può essere divertente?

Gary:
   No, non ti è permesso di divertirti! Devi essere infelice.
   Va bene signore, spero che sia stato divertente per voi. Per me è stato davvero interessante. Mi portate sempre in posti dove non avevo intenzione di andare, che mi piaccia o meno! Grazie.

12
Diventare un radicale libero della Consapevolezza

*La Consapevolezza è una realtà liquida.
Non è mai solidificata dalla limitazione.*

Gary:
   Salve signore. Qualcuno ha una domanda?

LO SPAZIO FACILE DELLE POSSIBILITÀ

Partecipante del Salon:
   Sto cercando di venire a capo di una cosa e sto rendendo me stessa più piccola del compito. Potresti suggerirmi un processo che mi aiuti a restare nell'espansivo, esuberante e facile spazio delle possibilità?

Gary:
   Quale stupidità stai usando per creare l'evitamento dello spazio facile delle possibilità che potresti scegliere? Tutto

ciò che è, per un dioziliardo, distruggerai e screerai tutto? Giusto e Sbagliato, Bene e Male, POC e POD, Tutti e 9, Shorts, Boys e Beyonds

Questo processo funziona anche su altre persone, a quanto pare!

Quale stupidità stai usando per creare l'evitamento dello spazio facile delle possibilità che potresti scegliere? Tutto ciò che è, per un dioziliardo, distruggerai e screerai tutto? Giusto e Sbagliato, Bene e Male, POC e POD, Tutti e 9, Shorts, Boys e Beyonds

Partecipante del Salon:

Sto creando un business al di là di questa realtà e ho bisogno di assistenza. Ho bisogno di essere in grado di lavorare dieci ore al giorno e attrarre persone con capacità fenomenali per aiutarmi e lo sto scegliendo. Che processo posso fare?

Gary:

Quale stupidità stai usando per evitare la facilità della creazione e della generazione che potresti scegliere? Tutto ciò che è, per un dioziliardo, distruggerai e screerai tutto? Giusto e Sbagliato, Bene e Male, POD e POC, Tutti e 9, Shorts, Boys e Beyonds

Quale stupidità stai usando per creare l'invenzione, l'intensità artificiale e i demoni del calcolo matematico e del campo medio per l'istituzione della mediocrità come la formula per la creazione della massimizzazione della realtà umana nel sesso, nella copulazione, nel denaro e nell'altro sesso che stai scegliendo nelle relazioni? Tutto ciò che è, per un dioziliardo, distruggerai e screerai tutto? Giusto e Sbagliato, Bene e Male, POC e POD, Tutti e 9, Shorts, Boys e Beyonds

ANDARE OLTRE LE DEVIAZIONI STANDARD DELLA REALTÀ UMANA

Partecipante del Salon:
Puoi spiegare cos'è la massimizzazione della realtà umana, per favore?

Gary:
La massimizzazione della realtà umana è quando vi concedete di avere solo una certa quantità di ciò che non si adatta alla realtà umana. Avete momenti in cui venite fuori e create cose meravigliose e poi tornate dove eravate prima, in modo da essere "normali" e all'interno della norma di accettabilità della realtà umana. Guadagnate una certa quantità di denaro, ma è dentro la deviazione standard dalla norma, che riguarda il non diventare mai troppo grandi. A causa di questo, mettete un tappo alla quantità di denaro che potete guadagnare. State massimizzando la realtà umana.

Chiedete: "Come posso massimizzarmi in qualcosa di più grande di così?" La massimizzazione, a questo punto, non è più di due deviazioni standard dalla norma. Così vi rendete sbagliate o distruggete quanto avete, o vi stancate al momento sbagliato, o non vi piace creare di più di questo, o uscite con dei fannulloni e poi dite: "Tanto non posso farlo comunque." È il modo in cui vi rendete soddisfatte con meno, invece che con più. È un punto di vista totalmente deviante.

Ci rifiutiamo di andare al di là delle deviazioni standard della realtà umana.

Quanto sesso, copulazione, relazione e denaro stai scegliendo sulla base del non deviare dalla norma più di due gradi di deviazione standard? Tutto ciò che è, per un dioziliardo, distruggerai e screerai tutto? Giusto e Sbagliato, Bene e Male, POC e POD, Tutti e 9, Shorts, Boys e Beyonds

Quale stupidità stai usando per creare l'invenzione, l'intensità artificiale e i demoni del calcolo matematico del terreno mediano per l'istituzione della mediocrità come la formula per la creazione della massimizzazione della realtà umana nel sesso, nella copulazione, nel denaro e nell'altro sesso che stai scegliendo nelle relazioni? Tutto ciò che è, per un dioziliardo, distruggerai e screerai tutto? Giusto e Sbagliato, Bene e Male, POD e POC, Tutti e 9, Shorts, Boys e Beyonds

La consapevolezza è una realtà liquida. Non viene mai solidificata da una limitazione, ma siamo bloccati con il calcolo della gestione del terreno mediano per la realtà umana.

Partecipante del Salon:

In questa realtà, si parla di massimizzare il nostro vantaggio. Quindi, quando lo fai, stai solo massimizzando quello che sai già.

Gary:

Sì, questo è tutto ciò che puoi fare. Non puoi mai andare oltre due deviazioni standard dal terreno mediano. È l'unico modo per andare bene in questa realtà.

Quale stupidità stai usando per creare l'invenzione, l'intensità artificiale e i demoni del calcolo matematico e del terreno mediano per l'istituzione della mediocrità come la formula per la creazione della massimizzazione della realtà umana nel sesso, nella copulazione, nel denaro e nell'altro sesso che stai scegliendo? Tutto ciò che è, per un dioziliardo, distruggerai e screerai tutto? Giusto e Sbagliato, Bene e Male, POD e POC, Tutti e 9, Shorts, Boys e Beyonds

LA REALTÀ UMANA È CONCENTRATA SULLA MEDIOCRITÀ

Siete concentrate sulla mediocrità. Tutto deve rimanere uguale. In poche parole, questa è più o meno la realtà umana. Non deviare troppo né da un lato né dall'altro. Ci sono alcune persone che deviano di un grado e che fanno un sacco di soldi.

Ci sono anche persone come S che sono gravemente devianti nelle relazioni, perché sono disposte ad avere più di ciò che la maggior parte delle persone è disposta ad avere. Siete andate al di là della deviazione standard, ma continuate a cercare di vedere come siete sbagliate e come tutti gli altri dovrebbe scegliere quello che scegliete voi, il che è vero, ma non possono farlo finché sono bloccati nel terreno mediano.

Quale stupidità stai usando per creare l'invenzione, l'intensità artificiale e i demoni del calcolo matematico e del terreno mediano per l'istituzione della mediocrità come la formula per la creazione della massimizzazione della realtà umana nel sesso, nelle relazioni, nella copulazione, nel denaro e nel corpo che stai scegliendo? Tutto ciò che è, per un dioziliardo, distruggerai e screerai tutto? Giusto e Sbagliato, Bene e Male, POD e POC, Tutti e 9, Shorts, Boys e Beyonds

Il terreno mediano è il luogo dove tutto è equilibrato.

Non c'è mai nessuno che si catapulta in qualcosa di diverso che non si conosce, voi incluse. Ecco perché non permettete a voi stesse di avere un rapporto meraviglioso. Cercate in ogni uomo quel terreno comune. Non permettete a voi stesse di avere un uomo che entri nella vostra vita e vi catapulti in qualcosa di più grande, fuori da questa realtà.

Tutto ciò che è, per un dioziliardo, distruggerai e screerai tutto? Giusto e Sbagliato, Bene e Male, POD e POC, Tutti e 9, Shorts, Boys e Beyonds

Partecipante del Salon:
Dov'è la consapevolezza in questo?

Gary:
Non c'è consapevolezza nel terreno mediano. Questo è il suo scopo, tenervi fuori dalla consapevolezza.

Partecipante del Salon:
Quando si dice "al di là del terreno mediano" e "l'altro sesso", a cosa assomiglia?

Gary:
Conosco donne che si sono identificate con l'essere mascoline. Cercano di creare se stesse con un taglio maschile, il che le porta a creare il loro corpo come non totalmente femminile. Ecco perché usiamo le parole corpo e altro sesso,

piuttosto che sesso opposto.

Se siete disposte a funzionare fuori dall'ordinario, potete avere tutto a vostra disposizione, invece di una parte. Tutte potete avere i tratti maschili che volete ed essere la donna più femminile del mondo.

Uno degli errori più grandi che fanno le donne è prendere il sopravvento, mettersi al comando e poi odiare l'uomo. Non c'è altro spazio per l'uomo che essere uno schiavo o un capro espiatorio. Non appena diventa un capro espiatorio, non piace più alle donne. Escono e si trovano un'altra persona da mettere sotto. Purtroppo, un sacco di donne ha il punto di vista "Posso metterlo sotto in un batter d'occhio." Perché dovresti volerlo fare? Perché non vuoi invece espandere la sua realtà e la tua?

Ovunque hai deciso di mettere sotto qualcuno, distruggerai e screerai tutto? Giusto e Sbagliato, Bene e Male, POD e POC, Tutti e 9, Shorts, Boys e Beyonds

Quale stupidità stai usando per creare l'invenzione, l'intensità artificiale e i demoni del calcolo matematico e del terreno mediano per l'istituzione della mediocrità come la formula per la creazione della massimizzazione della realtà umana nel sesso, nelle relazioni, nella copulazione, nel denaro, nel corpo e nell'altro sesso che stai scegliendo? Tutto ciò che è, per un dioziliardo, distruggerai e screerai tutto? Giusto e Sbagliato, Bene e Male, POD e POC, Tutti e 9, Shorts, Boys e Beyonds

Partecipante del Salon:
I miei genitori mi hanno insegnato a ricevere da un uomo in modo da poter crescere come una buona moglie e madre.

Vedo come questo interrompe l'energia che potrei generare. Mi impedisce di co-creare cose come i rapporti o co-facilitare classi. Mi tiro indietro. È di questo che si tratta?

Gary:

Questa è la mediocrità. È la massimizzazione della realtà umana. Nella realtà umana, cosa si presume che tu faccia?

Partecipante del Salon:

Essere una buona moglie e madre e avere una carriera ridotta.

Gary:

L'hai fatto?

Partecipante del Salon:

No, non ero brava in questo. Mi sento come se avessi resistito e reagito per tutta la vita. Cosa mi sto perdendo qui e non sto ripulendo?

Gary:

Devi capire che sei stata una grande madre e anche un ottimo padre. Hai imparato a usare gli uomini, ma non hai imparato a goderne. Se ti piacciono gli uomini, usali come una pietra d'appoggio per espandere sia la loro vita che la tua.

La ragione per cui molte di voi hanno scelto di restare single è che non c'è bisogno di avere un uomo, ma in questa realtà avere un uomo è la massimizzazione della realtà umana. Vuoi vivere quella vita?

Partecipante del Salon:

No, voglio generare e creare l'espansione del pianeta con

uomini umanoidi.

DIVENTARE DEVIANTE TANTO QUANTO TI PIACEREBBE ESSERE

Gary:
Spero di darvi un processo che vi aiuti tutte a diventare devianti tanto quanto vi piacerebbe essere. Essere un deviante significa che non fai le cose secondo gli standard di questa realtà. Non cerchi il terreno mediano. Non sei perfettamente bilanciata sull'altalena di questa realtà. Quando scendi dall'altalena, vieni catapultata fuori da "nessuna scelta" e dentro le "possibilità". Non devi tornare allo stato in cui eri prima. In Access Consciousness, abbiamo scelto di farti scendere dall'altalena in modo da poter creare e generare ciò che vuoi. Ma finché cerchi di tornare nel territorio mediano, stai cercando di sintonizzarti con gli altri. Voglio farti de-sintonizzare. Voglio farti uscire dai binari della tua realtà così da montare in sella alla motocicletta della tua vita.

Quale stupidità stai usando per creare l'invenzione, l'intensità artificiale e i demoni del calcolo matematico e del terreno mediano per l'istituzione della mediocrità come la formula per la creazione della massimizzazione della realtà umana nel sesso, nelle relazioni, nella copulazione, nel denaro, nel corpo e nell'altro sesso che stai scegliendo? Tutto ciò che è, per un dioziliardo, distruggerai e screerai tutto? Giusto e Sbagliato, Bene e Male, POD e POC, Tutti e 9, Shorts, Boys e Beyonds

ALTRE COSE SONO POSSIBILI, MA DEVI FARE UNA DOMANDA

Partecipante del Salon:
Ho divorziato dieci anni fa e non ho avuto altre relazioni da allora. Capisco di non essere stata disposta a fare qualcosa di mediocre. Quindi, cos'altro è possibile?

Gary:
Questa è la cosa che vorrei che tutte voi capiste. Altre cose sono possibili, ma dovete fare una domanda. Se pensate di avere una relazione mediocre e siete nel "Non intendo farlo di nuovo" dovete giudicare piuttosto che essere nella domanda "Che cosa è possibile generare e creare con questa persona?"

Se decidi di non avere nulla di mediocre, quante persone potrai far entrare nella tua vita? Solo i mediocri. Noi istituiamo continuamente ogni punto di vista limitato che abbiamo nella nostra vita. Ne facciamo la cosa che dobbiamo sempre fare.

Quando dici: "Non ho intenzione di avere qualcosa di mediocre" devi sempre guardare dal giudizio: "Questa persona è mediocre?" piuttosto che: "Cosa posso creare con questa persona?" Se inizi a guardare da lì, puoi aprire le porte a nuove possibilità che non sono mai esistite. Per farlo, devi diventare decisamente deviante.

Quale stupidità stai usando per creare l'invenzione, l'intensità artificiale e i demoni del calcolo matematico e del terreno mediano per l'istituzione della mediocrità come la formula per la creazione della massimizzazione della realtà umana nel sesso, nelle relazioni, nella copulazione, nel denaro, nel corpo e nell'altro sesso che stai scegliendo? Tutto ciò che è, per un dioziliardo, distruggerai e screerai tutto? Giusto e Sbagliato, Bene e Male, POD e POC, Tutti e 9, Shorts, Boys e Beyonds

Recentemente, mi ha scritto una signora per chiedermi un parere sull'eventualità di prendere integratori disintossicanti per il corpo. Ha chiesto al suo corpo? No, ha determinato di aver bisogno di disintossicarsi. È andata nella conclusione. Questo non crea una possibilità.

Vale per tutto nella vostra vita. Se state cercando di creare abbondanza e avete attorno persone a cui manca, dovete chiedere: "Se scelgo di stare con queste persone, cosa sarà la mia vita tra cinque anni?" Potreste lasciar perdere quegli amici, perché non stanno andando dove state andando voi. Cercare di farli andare dove state andando voi è come gettare l'ancora nell'oceano. Continuate a cercare di andare avanti, ma senza riuscire a spostarvi da quel luogo.

Partecipante del Salon:
Quando vedi qualcuno fare qualcosa che sembra essere qualcosa che piacerebbe anche a te e dici: "Prendo un po' di quello" oppure: "Avrò l'energia di quello" si tratta ancora di mediocrità?

Gary:
Lo stai facendo sulla base di ciò che loro possono fare. Ma il punto è: Stai cercando di creare una vita mediocre?

Partecipante del Salon:
No.

Gary:
   Quindi iniziare a creare da:
   + Come posso usare questo?
   + Quale vantaggio posso ottenere da questo?
   + Cos'è che voglio davvero creare?

   In gran parte, quando c'è in atto un calcolo matematico, non è possibile creare oltre due deviazioni standard da quelle che tutti hanno deciso essere la norma appropriata.

Partecipante del Salon:
   È ciò che abbiamo deciso essere la norma appropriata?

Gary:
   No, è quello che ti sei bevuta come norma appropriata. È quello che ti è stato insegnato dal primo giorno. Ad esempio, G ha detto che avrebbe dovuto imparare ad essere una buona moglie e prendersi cura di un uomo. Vorrei guardare G in faccia e dire: "Non c'è speranza che questo possa funzionare!"

ESSERE DISPOSTE A VEDERE QUELLO CHE GLI ALTRI HANNO INTENZIONE DI FARE

Ho due figlie. Una potrebbe essere a posto facendo la mamma purché il ragazzo sia abbastanza ricco. L'altra sarebbe felice di stare a casa e avere dei figli. Questa è la loro natura di base. Dovete essere disposte a vedere ciò che gli altri hanno intenzione di fare. Alcune coppie hanno figli, ma uno dei genitori non è interessato a crescerli. Questo dimostra che l'altro genitore non ha scelto la persona migliore al mondo con la quale avere figli. È questo che si intende con deviazione standard.

Un uomo potrebbe essere disposto a essere sufficientemente deviante da avere una relazione e un figlio, ma non essere disposto ad essere abbastanza deviante da creare e mantenere ciò che vuole veramente. Ritorna al punto di vista normale, pensando che un giorno troverà qualcuna che possa andare bene per lui. Non appena si rende conto che la donna che si adatta a lui non è quella che vuole veramente, ne cerca un'altra e non funziona mai. Perché? Perché sta facendo una deviazione standard.

Partecipante del Salon:

Si tratta della consapevolezza che non appena ti bevi qualcosa come vero e reale, stai entrando nella realtà di qualcun altro?

Gary:

La maggior parte delle persone non capisce di stare entrando nella realtà di qualcun altro e non domanda:
- Sto entrando nella realtà di qualcun altro?
- È il mio punto di vista o è qualcosa che non sono disposta a sapere, essere o ricevere?

Dovete guardare questo e chiedere: Come funzionerà per me?

Partecipante del Salon:

Piuttosto che: "Come posso fare in modo di funzionare per questo?"

IN QUANTO UMANOIDE, TU SEI UNA DEVIANTE

Gary:

Sì. Devi chiedere: "Come faccio a mettermi al di là delle limitazioni di questa realtà?"

Quale stupidità stai usando per creare l'invenzione, l'intensità artificiale e i demoni del calcolo matematico del terreno mediano per l'istituzione della mediocrità come la formula per la creazione della massimizzazione della realtà umana nel sesso, nelle relazioni, nella copulazione, nel denaro, nel corpo e nell'altro sesso che stai scegliendo? Tutto ciò che è, per un dioziliardo, distruggerai e screerai tutto? Giusto e Sbagliato, Bene e Male, POD e POC, Tutti e 9, Shorts, Boys e Beyonds

Qualcuna di voi ha mai guardato al fatto di essere stata piuttosto deviante per la maggior parte della vostra vita?

Partecipante del Salon:

Esattamente! Ci stavo proprio pensando. Mi ricordo che, in collegio, la direttrice mi fece alzare in piedi davanti a tutti e mi disse che ero il seme nero nei pomodori che rovina l'insalata. Ha detto che ero una deviante e mi ha messo in isolamento per il resto del semestre. A me in realtà è piaciuto. Ho avuto la mia stanza. Davvero, non siamo sempre state devianti?

Gary:

Sì. In quanto umanoide, sei una deviante. Provi a essere come gli altri, come persone limitate e non funziona per te, il che è il motivo per il quale sei venuta in Access Consciousness in primo luogo.

Quale stupidità stai usando per creare l'invenzione, l'intensità artificiale e i demoni del calcolo matematico del terreno mediano per l'istituzione della mediocrità come la formula per la creazione della massimizzazione della realtà umana riguardo il sesso, le relazioni, la copulazione, il denaro, il corpo e l'altro sesso che stai scegliendo? Tutto ciò che è, per un dioziliardo, distruggerai e screerai tutto? Giusto e Sbagliato, Bene e Male, POD e POC, Tutti e 9, Shorts, Boys e Beyonds

FACILITÀ TOTALE E TROPPI SOLDI

Partecipante del Salon:

Ho avuto la consapevolezza della devianza con il sesso, il corpo e la copulazione.

Ho avuto la consapevolezza di ciò che potrebbe essere per me.

Gary:

Posso dirti cosa potrebbe essere per te: facilità totale e troppi soldi. Se non ti permetti di avere facilità totale e troppi soldi, puoi tornare indietro e non essere in una categoria deviante.

La cosa che ho notato di te è che ti fai coinvolgere con un uomo e sei contenta e soddisfatta con lui. Poi, ad un tratto, cerchi di mettere le cose in una forma in cui non c'entra più quello che puoi creare con lui, ma piuttosto "Come posso utilizzare questo ragazzo a mio vantaggio?" e "Cosa posso fare per ottenere tutto ciò che voglio?" Rinunci a ciò che vuoi veramente per diventare parte della realtà standard di qui.

Partecipante del Salon:
Già. Tu mi hai detto che funzionerei meglio se avessi un uomo diverso per ogni cosa che vorrei fare.

Gary:
Sì, ti serve un uomo che ti compri gioielli, trovi le cose per te e ti porti fuori a cena.

Partecipante del Salon:
Come faccio a creare più di questo?

Gary:
Invece di dire: "Figo, ho intenzione di creare questa come la mia realtà" passi a: "Come posso farlo?" come se non ci fosse nessun posto dove andare tranne la massimizzazione della realtà umana, che è quella in cui devi diventare un amante.

Come sarebbe se tu potessi creare il modo di essere nel mondo semplicemente essendo ciò sei nel mondo?

Per anni, le persone mi hanno detto: "Tu sei strano, Douglas" e poi mi chiedevano "Perché non fai questo?"

Io rispondevo: "Perché non voglio."

E loro: "Sì, ma è così che fanno tutti."

E io: "Sì, ma io non voglio vivere la mia vita in questo modo."

Loro commentavano: "È proprio strano."

Io dicevo: "Sì, so che avrò la vita che voglio."

Molto di tutto ciò aveva a che fare con il fatto che mio padre è morto quando avevo diciassette anni. Negli ultimi anni della sua vita, ha iniziato per la prima volta a fare le cose per se stesso. Mi sono reso conto che, per creare una maggiore facilità per la sua famiglia, lui lavorò fino a morirne. Tutto riguardava la famiglia. Lavorava cinque giorni a settimana e anche il week-end per fare soldi, in modo che la sua famiglia potesse avere una vita migliore. Abbiamo ottenuto una vita migliore facendolo morire? No.

Se avesse seguito il suo sapere, avrebbe potuto avere tante possibilità. Ci sono stati due momenti in cui ha avuto l'opportunità di trasformarsi in un multi-milionario e mia madre l'ha fermato. Voleva un terreno mediano, l'istituzione del matrimonio e l'istituzione di una corretta copulazione. Queste sono le cose che istituiamo. Continui a guardare come devi fare per essere più realistica. No. Devi chiedere:

+ In che modo questo crea la mia vita?
+ È davvero da questo che voglio creare?

Ieri, un gruppo di noi è andato in un ristorante. Eravamo le uniche persone. Solo noi e il cameriere, che era un uomo carino. Simone gli ha fatto una serie di domande. Ci ha detto che era stato allevato dal nonno e che non vedeva la madre da dieci-quindici anni. Stava per venire a trovarlo. Gli ho detto: "Ecco 200 dollari per te da spendere con tua madre." Li ha presi. L'ho fatto per nessun altro motivo se non che funzionava per me.

Quale stupidità stai usando per creare l'invenzione, l'intensità artificiale e i demoni del calcolo matematico del terreno mediano per l'istituzione della mediocrità, come la formula per la creazione della massimizzazione della realtà umana per quanto riguarda il sesso, le relazioni, la copulazione, il denaro, il corpo e l'altro sesso che stai scegliendo? Tutto ciò che è, per un dioziliardo, distruggerai e screerai tutto? Giusto e Sbagliato, Bene e Male, POD e POC, Tutti e 9, Shorts, Boys e Beyonds

Partecipante del Salon:

Mi sto guardando attorno per vedere cosa sia la deviazione standard, invece di vedere cosa richiediamo come deviazione standard.

Gary:

Prima di tutto, non hai bisogno di una deviazione standard, hai bisogno di essere una cavolo di deviante. Devi deviare dal terreno medio. Il campo medio non è un buon posto dal quale istituire nulla.

Partecipante del Salon:

Avevo in testa l'immagine di una curva a campana e del culmine superiore della campana. Ecco dove sono gli umanoidi.

Gary:

E se tu fossi la tua personale curva a campana? Sulla curva, dove atterreresti da un momento all'altro?

Partecipante del Salon:

Ovunque scelgo, immagino.

Gary:

Esattamente. Potresti andare a destra, a sinistra, in alto o in basso. Dovresti avere ogni scelta di qualsiasi punto possibile sulla curva della possibilità. La deviazione standard è trovare la linea mediana dalla punta estrema della curva a campana, come se questo fosse necessario.

Quale stupidità stai usando per creare l'invenzione, l'intensità artificiale e i demoni del calcolo matematico del terreno mediano per l'istituzione della mediocrità come la formula per la creazione della massimizzazione della realtà umana per quanto riguarda il sesso, le relazioni, la copulazione, il denaro, il corpo e l'altro sesso che stai scegliendo? Tutto ciò che è, per un dioziliardo, distruggerai e screerai tutto? Giusto e Sbagliato, Bene e Male, POD e POC, Tutti e 9, Shorts, Boys e Beyonds

Come state? C'è ancora qualcuna viva?

Partecipante del Salon:

C'è una tale gioia in questo. Grazie mille davvero.

Gary:

Quale attualizzazione fisica dell'essere il radicale libero della consapevolezza, gentilezza, generosità e possibilità nel sesso, nei rapporti, nella copulazione, nel denaro, nel corpo e nell'altro sesso sei ora in grado di generare, creare e istituire? Tutto ciò che non permette a questo di mostrarsi, per un dioziliardo, distruggerai e screerai tutto? Giusto e Sbagliato, Bene e Male, POD e POC, Tutti e 9, Shorts, Boys e Beyonds.

RADICALI LIBERI

Partecipante del Salon:
Puoi spiegarci i radicali liberi?

Gary:
Nella fisica quantistica, i radicali liberi sono le particelle libere che fanno tutto ciò che vogliono fare. Vanno in giro, interagiscono con altre particelle e cambiano i risultati possibili delle cose. I radicali liberi stanno sempre cambiando la realtà di ciò che è possibile. Quando diventi un radicale libero della consapevolezza, gentilezza, generosità e possibilità con i soldi, il sesso e la copulazione, i corpi, le relazioni e l'altro sesso, non sei fissata sul cercare di far sì che qualcosa funzioni. Chiedete:

+ Bene, cos'altro è possibile?
+ Cosa possiamo creare e generare?
+ Cosa sarebbe divertente qui?

Quale stupidità stai usando per creare l'evitamento dell'essere così radicalmente diversa come potresti essere che stai scegliendo? Tutto ciò che è, per un dioziliardo, distruggerai e screerai tutto? Giusto e Sbagliato, Bene e Male, POD e POC, Tutti e 9, Shorts, Boys e Beyonds

Lo scopo di massimizzare la realtà umana è che così le persone possono essere controllate. Nessuna di voi è mai stata brava a essere controllata. E vi rifiutate anche di controllare gli altri. Un punto di vista radicalmente deviante sarebbe quello di riconoscere come e quando controllare e che cosa dovete fare.

Entriamo nel giudizio di "Va bene, controllerò questo

tizio e gli farò fare questo, questo e questo." Questa è una conclusione, non una domanda. E non sta creando e generando dalla possibilità. È generare e istituire dalla conclusione. Quasi tutto ciò che istituiamo nella nostra vita si basa su una conclusione: non su scelta, domanda, possibilità e contributo.

Tutto ciò che è, per un dioziliardo, distruggerai e screerai tutto? Giusto e Sbagliato, Bene e Male, POD e POC, Tutti e 9, Shorts, Boys e Beyonds

USCITA DAL PALCO A SINISTRA

Partecipante del Salon:
Al momento, mio padre sta morendo. Ha il cancro e si è diffuso ovunque. Mi sono chiesta: "Cos'altro è possibile qui?" Mi rendo conto di essere arrivata a un sacco di conclusioni energetiche riguardo a questo. Ci sono alcune domande che non ho proprio preso in considerazione?

Gary:
Quale stupidità sto usando per creare il trattenere mio padre nel suo corpo che sto scegliendo? Tutto ciò che è, per un dioziliardo, distruggerai e screerai tutto? Giusto e Sbagliato, Bene e Male, POD e POC, Tutti e 9, Shorts, Boys e Beyonds

Gary:
Hai fatto Uscita dal Palco a Sinistra? Chiedigli (mentalmente): "Papà, cosa non hai completato che se sapessi di averlo completato, ti permetterebbe di andartene

con facilità?"

L'ho chiesto a mia madre e la risposta che ho ricevuto è stata "Non ho portato la vita ovunque nella galassia."

Io dissi: "Bene mamma, in questo punto nel tempo non puoi farlo da questo pianeta, perché non hanno la tecnologia o altri modi per farlo, ma se ci lavori senza un corpo, potresti essere in grado di farlo". È morta il giorno dopo. Sapeva che non avrebbe avuto successo con il corpo che aveva.

Tendiamo a massimizzare la realtà umana. Nella realtà umana, non dovresti desiderare che qualcuno muoia. Nella realtà umana, la nascita è meravigliosa e la morte è orribile. È così in natura?

Partecipante del Salon:
No.

Gary:
La morte è parte di ciò che è. Nella realtà umana, diciamo: "Oh, lo amo talmente tanto. La mia vita sarà finita quando morirà." No, affatto! So di una famiglia che ha perso un figlio e la madre è rimasta in lutto per sempre, anche dopo che avevano avuto altri cinque figli. Non so come si possa essere in lutto quando si hanno cinque bambini da accudire. Io, personalmente, sarei troppo occupato.

Perché non chiedi: "Quale energia, spazio e consapevolezza posso essere che permetterebbe a tutto questo di giungere a fruizione con facilità?"

Partecipante del Salon:
Grazie. Così è bello, facile e semplice.

Gary:

Già, lo so che odi la roba semplice. Vuoi che sia complesso in modo da poter stare nella massimizzazione della realtà umana. Se lo rendi complicato, allora devi aver ragione.

Tutto ciò che è, per un dioziliardo, distruggerai e screerai tutto? Giusto e Sbagliato, Bene e Male, POD e POC, Tutti e 9, Shorts, Boys e Beyonds

LA DEVIANZA DEFINITIVA

Partecipante del Salon:

Nell'ultima settimana o giù di lì, quello che mi è venuto su è la separazione o le barriere e oggi, che ti sento parlare così, sto capendo che non sto essendo una deviante totale perché questo significherebbe separazione.

Gary:

Cosa c'è di sbagliato nella separazione?

Partecipante del Salon:

Ho l'idea di non voler essere separata da niente.

Gary:

Tranne il fatto che stai creando una separazione non essendo una deviante totale. La devianza definitiva dalla massimizzazione della realtà umana è il Tutt'Uno.

Partecipante del Salon:

Sì, sto usando la separazione come motivo per non essere una deviante.

Gary:

Siete state addestrate in questo modo. Siete state addestrate a credere che deviare dalla norma è la cosa peggiore che si possa fare. Tutto parla di appartenere, essere parte di, avere la propria comunità, avere le tue amiche fuori-di-testa, avere altre persone come te, avere il tuo gruppo. E se non avessi nessun gruppo? La vita non sarebbe più così dolce senza il tuo gruppo.

Quale stupidità stai usando per creare il totale evitamento della devianza dalla massimizzazione della realtà umana che stai scegliendo? Tutto ciò che è, per un dioziliardo, distruggerai e screerai tutto? Giusto e Sbagliato, Bene e Male, POD e POC, Tutti e 9, Shorts, Boys e Beyonds

Partecipante del Salon:

Ancora una volta, mi viene su che questo significa separazione.

Gary:

Da cosa ti devi separare?

Partecipante del Salon:

Loro?

Gary:

Chi sono "loro?"

Partecipante del Salon:

Ricevo quello, loro, la realtà e così via.

Gary:

Ti devi separare dalla realtà limitata, ma la buona notizia

è che non la sceglierai, quindi non devi preoccuparti.

Partecipante del Salon:
Ha- ah! Bugiardo, bugiardo!

Gary:
Tutto ciò che è, per un dioziliardo, distruggerai e screerai tutto? Giusto e Sbagliato, Bene e Male, POD e POC, Tutti e 9, Shorts, Boys e Beyonds

Partecipante del Salon:
Mi sento come se mi fosse stato chiesto di non separarmi da niente e nessuno e stessi combattendo come la deviante che sono, tutto allo stesso tempo.

Gary:
Questo si chiama tornare nella media. Devi combattere contro le opzioni e le possibilità che esistono nella vita. Devi lottare contro la scelta, le domande e ciò che ti contribuisce.

Partecipante del Salon:
Sì, per tenermi occupata e non creare davvero le possibilità che so essere possibili.

Gary:
No, così è come mantieni e istituisci un costante stato di azione con la sola reazione.

Quale stupidità stai usando per creare l'assoluta e totale avversione, rifiuto e repulsione dell'essere la devianza totale dalla massimizzazione della realtà umana che stai scegliendo? Tutto ciò che è, per un dioziliardo, distruggerai e screerai tutto? Giusto e Sbagliato, Bene e Male, POD e

POC, Tutti e 9, Shorts, Boys e Beyonds

Partecipante del Salon:

Quando K parlava di separazione, ho capito che ci stiamo separando dal futuro.

Gary:

Già. In questo momento state attraversando un divorzio ed entrambi state andando verso la norma per determinare come dividere le vostre vite. Avrete una relazione deviante nella quale tu e tuo marito vivrete in case diverse e avrete ancora i ragazzi. Dovete crearvi la relazione che volete e non bervi il punto di vista di tutti gli altri.

Partecipante del Salon:

Sono così entusiasta di essere un futuro. Per gran parte della mia vita mi è stato detto che ero in anticipo sui miei tempi. Qui è dove sono stata una foriera di possibilità future?

Gary:

No, qui è dove sei stata una profetessa di possibilità future.

Partecipante del Salon:

Qui è dove mi sono bevuta che questo fosse una sbagliatezza? Dovrei smettere di creare me stessa nella norma?

Gary:

Chi è che non ti rende sbagliata per il fatto di essere consapevole? Ecco perché ho fatto il processo sulla norma.

Quale attualizzazione fisica dell'essere il futuro totale

che sono veramente sono ora in grado di generare, creare e istituire? Tutto ciò che non permette a questo di mostrarsi, per un dioziliardo, distruggerai e screerai tutto? Giusto e Sbagliato, Bene e Male, POD e POC, Tutti e 9, Shorts, Boys e Beyonds

La consapevolezza ha una leggerezza, mentre il giudizio ti fa sempre sentire di merda.

Va bene signore, grazie per aver partecipato alla chiamata. Ci sentiamo la prossima volta!

13
Riconoscere il Dono che Sei per il Mondo

Tutti vorrebbero credere che, se sei consapevole, ottieni quello che vuoi.
No, essere consapevole significa che hai più possibilità degli altri; non significa ottenere quello che vuoi.

Gary:
   Buongiorno, signore. Chi ha una domanda?

ESSERE L'EDONISTA, SEDUTTRICE E LIBERTINA CHE SEI VERAMENTE

Partecipante del Salon:
   Ho una domanda stupida sulle relazioni. A volte mi sento di essere piccola, inadeguata e in giudizio di me quando sono con persone di successo. Mi sento inferiore. Per favore, potresti darmi un processo per poter essere libera di essere me?

Gary:

Non esistono domande stupide sulle relazioni. Un'altra persona mi ha fatto una domanda simile in una di queste chiamate. Ha detto: "Vedo dove sono la guerriera e la creatrice del futuro e poi mi perdo quando si tratta di relazioni con gli uomini."

Prima di tutto, devi smettere di considerare gli uomini come separati da te. Secondariamente, devi vedere il dono che sei. Quante volte, quando ti senti inadeguata, è tuo? E quante volte è dell'uomo? Anche gli uomini hanno il punto di vista di essere inadeguati, signore. Non sono solo le donne ad avere quel problema.

Partecipante del Salon:

Io mi perdo nella fase sessuale della relazione. Provo a tenermi il ragazzo o a diventare qualcuno che penso lui voglia. Nel momento in cui lo faccio, non riesco più a vedere l'essere potente e magnifico che sono. Come facciamo a fare sesso o ad avere una relazione senza perderci dentro ad essa?

Gary:

Ecco un processo che dovrebbe andare bene per tutte voi, mettetelo in loop e ascoltatelo no stop:

Quale stupidità stai usando per creare l'invenzione, l'intensità artificiale e i demoni del non essere mai l'edonista, la libertina e la seduttrice che sei veramente, che stai scegliendo? Tutto ciò che è, per un dioziliardo, distruggerai e screerai tutto? Giusto e Sbagliato, Bene e Male, POD e POC, Tutti e Nove, Shorts, Boys e Beyonds

Visto il grado di intensità di questo processo, posso dirvi

signore che vi siete spente in modo piuttosto significativo. Come farà questo a creare ciò che realmente volete?

Partecipante del Salon:
   Cosa intendi con spegnerci?

Gary:
   Non realizzare di essere una creatura ammaliante.

Partecipante del Salon:
   Cos'è una creatura ammaliante?

Gary:
   Una creatura ammaliante è una donna che è civettuola al momento giusto, seduttiva al momento giusto e sprezzante al momento giusto. Non funziona mai dal punto di vista di quello che dovrebbe essere; vuole sempre vedere cos'altro è possibile.

   Libertina é una che si gode il meglio della vita. Un'edonista apprezza il piacere della vita. Quante di voi hanno fatto del sesso piacevole? Fate un sacco di sesso, ma molto poco è basato sul piacere del sesso; è basato sulla necessità di provare qualcosa. Anche questo proviene dal lato maschile.

   Seduttrice è una che coinvolge l'uomo. Non deve necessariamente farci qualcosa, ma può farlo se lo sceglie. É una realtà completamente differente.

   Quale stupidità stai usando per creare l'invenzione, l'intensità artificiale e i demoni del non essere mai l'edonista, la libertina, la seduttrice e l'ammaliante che sei veramente che stai scegliendo? Tutto ciò che è, per un dioziliardo, distruggerai e screerai tutto? Giusto e Sbagliato, Bene e

Male, POD e POC, Tutti e Nove, Shorts, Boys e Beyonds

Parte del problema di aver ricevuto il titolo di guerriere è che qualche donna pensa che ciò la renda migliore degli uomini. Voi non siete migliori degli uomini - siete più grandiose. Più grandiose significa che potete andare oltre e fare di più; migliori significa che siete sempre nel confronto e nel giudizio di voi e di loro. A me non sembra una buona idea - ma è solo il mio punto di vista.

Quale stupidità stai usando per creare l'invenzione, l'intensità artificiale e i demoni del non essere mai l'edonista, la libertina, la seduttrice e l'ammaliante che sei veramente che stai scegliendo? Tutto ciò che è, per un dioziliardo, distruggerai e screerai tutto? Giusto e Sbagliato, Bene e Male, POD e POC, Tutti e Nove, Shorts, Boys e Beyonds

Queste cose che riguardano le donne sono state disprezzate nel corso della storia. Non era previsto che le donne ricercassero il piacere; avrebbero dovuto ricercare il dolore per contrastare la loro natura di base, che le voleva libertine e seduttrici. Per impedire questo, fate cose come disprezzare voi stesse, rendervi piccole e provare a vedere come non dovreste mai essere tutto ciò che potete essere. Attraverso la storia, questo è stato il problema con le donne.

Quale stupidità stai usando per creare l'invenzione, l'intensità artificiale e i demoni del non essere mai l'edonista, la libertina, la seduttrice e l'ammaliante che sei veramente, che stai scegliendo? Tutto ciò che è, per un dioziliardo, distruggerai e screerai tutto? Giusto e Sbagliato, Bene e Male, POD e POC, Tutti e Nove, Shorts, Boys e Beyonds.

Partecipante del Salon:

Tagliamo via il ricevere quando tagliamo via l'essere l'ammaliante, l'edonista, la libertina e la seduttrice?

Gary:

Sì, ovunque tagliate via l'essere queste cose, tagliate via metà del ricevere. Guardatela da questo punto di vista: diciamo che state vendendo qualcosa. Se non siete l'ammaliante, l'edonista, la libertina e la seduttrice, non indurrete nessuno, uomo o donna, a comprare il vostro prodotto. Le donne giudicano le donne gentilmente o severamente?

Partecipante del Salon:

Severamente!

Gary:

Esatto, le donne sono incredibilmente dure nel giudicare altre donne, se queste donne non rientrano in ciò che loro hanno deciso che una donna dovrebbe essere o fare. Determinano cosa non rientra nella loro realtà - e questo è ciò che le donne non dovrebbero fare o essere.

Partecipante del Salon:

Mi ricordo che, da bambina, correvo nuda per casa. Lo adoravo. Ma non appena ho iniziato a svilupparmi, i miei genitori mi hanno detto che dovevo mettermi dei vestiti addosso. Resero sbagliato l'essere nuda.

Gary:

È all'incirca così in questa realtà. È sbagliato essere una seduttrice, un'ammaliante, un'edonista e una libertina.

Dovresti essere il genere di ragazza dolce e ordinaria che sta a casa e bada ai gatti, cosa che molte di voi non potrebbero fare nemmeno se la vostra vita dipendesse da questo. Potreste avere un gatto ma non badare a un gatto - perché un gatto dà decisamente troppi ordini.

Quale stupidità stai usando per creare l'invenzione, l'intensità artificiale e i demoni del non essere mai l'edonista, la libertina, la seduttrice e l'ammaliante che sei veramente, che stai scegliendo? Tutto ciò che è, per un dioziliardo, distruggerai e screerai tutto? Giusto e Sbagliato, Bene e Male, POD e POC, Tutti e Nove, Shorts, Boys e Beyonds.

L'ESSERE ECCITANTE CHE STAI SCEGLIENDO

Voi ragazze state rinunciando proprio a una gran parte di voi stesse. Una delle cose che ho fatto scorrere nella chiamata di Gentlemen's Club dell'altro giorno è stata: Quale invenzione stai usando per evitare l'erezione che stai scegliendo? Alle donne non viene duro. Che cosa fanno loro? Eccitano.

Quale invenzione stai usando per evitare l'essere eccitante che stai scegliendo? Tutto ciò che è, per un dioziliardo, distruggerai e screerai tutto? Giusto e Sbagliato, Bene e Male, POD e POC, Tutti e Nove, Shorts, Boys e Beyonds

Così, se un ragazzo vi fa eccitare, voi immediatamente diventate un mucchio di macerie. Avete notato?

Partecipante del Salon:
Cosa significa?

Gary:

E se a eccitarvi fossero la vita e il vivere? Come sarebbe se tutto ciò che volete fosse l'abilità di essere eccitate a quel livello? Se fate eccitare tutti quanti, più persone sarebbero disposte a ricevervi? Più persone sarebbero disposte a farvi un dono? Più persone parlerebbero male di voi?

Partecipante del Salon:

Probabilmente tutte queste cose

Gary:

No. Tutti sarebbero ispirati dalla vostra presenza.

Quale invenzione stai usando per evitare l'essere eccitante che stai scegliendo? Tutto ciò che è, per un dioziliardo, distruggerai e screerai tutto? Giusto e Sbagliato, Bene e Male, POD e POC, Tutti e Nove, Shorts, Boys e Beyonds

Partecipante del Salon:

A me è venuto su il giudizio o la denigrazione dell'essere eccitata. È la bugia che sto usando per fermare me stessa?

Gary:

È la bugia che stai usando per fermarti. Invece di realizzare "Voglio qualcosa di diverso", te ne esci con "Ho bisogno di essere accettata dalle donne." Molto raramente vieni accettata dalle donne. Perché una donna non dovrebbe accettare una donna? Perché in questa realtà, la competizione riguarda l'assicurarsi di essere più grandiose di altre donne. Non più grandiose degli uomini.

Tutta la questione della Liberazione della Donna ha creato un'enorme confusione. In passato, le donne erano disposte a vedere di aver bisogno di essere migliori l'una dell'altra; adesso sono disposte ad essere migliori degli uomini. Quindi, quanto giudizio di loro stesse hanno per voler essere migliori degli uomini?

Partecipante del Salon:
Parecchio.

Gary:
Tu non vuoi giudicare te stessa. Vuoi scegliere cosa funziona per te. Hai rinunciato ad essere un'edonista, una seduttrice e una libertina, tutte cose che ti davano il controllo sia sugli uomini che sulle donne, per poter essere migliore di un uomo e non renderti mai migliore di una donna.

Partecipante del Salon:
Nelle ultime due settimane, ho messo su del peso. Non mi sento sexy e sto rifiutando il sesso.

Gary:
Questo è il motivo per cui sto facendo scorrere questo processo. Questi sono tutti i luoghi nei quali state cercando di tagliare via l'energia che siete, che vi darebbe tutto quello che volete. Prova a far scorrere:

Quale invenzione sto usando per creare il corpo che sto scegliendo di odiare? Tutto ciò che è, per un dioziliardo, distruggerai e screerai tutto? Giusto e Sbagliato, Bene e Male, POD e POC, Tutti e Nove, Shorts, Boys e Beyonds

Partecipante del Salon:
Mi viene tristezza.

Gary:

Sì, ti stai inventando di essere triste riguardo a questa roba.

Partecipante del Salon:

Non lo sono?

Gary:

La tristezza è o non è un'invenzione?

Partecipante del Salon:

È un'invenzione.

Gary:

È un'invenzione per fare cosa? Massimizzare la realtà umana.

Tutto ciò che è, per un dioziliardo, distruggerai e screerai tutto? Giusto e Sbagliato, Bene e Male, Tutti e Nove, POD e POC, Shorts, Boys e Beyonds

Continuate a farlo scorrere.

Partecipante del Salon:

Grazie.

Gary:

Quale stupidità stai usando per creare l'invenzione, l'intensità artificiale e i demoni del non essere mai l'edonista, la libertina, la seduttrice e l'ammaliante che sei veramente, che stai scegliendo? Tutto ciò che è, per un dioziliardo, distruggerai e screerai tutto? Giusto e Sbagliato, Bene e Male, POD e POC, Tutti e Nove, Shorts, Boys e Beyonds

Questa sta funzionando bene. Come vi sentite tutte?

Partecipante del Salon:
La tristezza è ancora qui per me.

Gary:
La tristezza è un'invenzione. La usi per sminuire te stessa. Quale invenzione, intensità artificiale e i demoni dei pensieri, sentimenti, emozioni, sesso e non sesso stai usando per creare la vita da schifo che stai scegliendo? Tutto ciò che è, per un dioziliardo, distruggerai e screerai tutto? Giusto e Sbagliato, Bene e Male, POD e POC, Tutti e Nove, Shorts, Boys e Beyonds

PENSIERI, SENTIMENTI, EMOZIONI, SESSO E NON SESSO

Voi ragazze sembrate non capire che pensieri, sentimenti, emozioni, sesso o non sesso sono le armoniche basse di percepire, sapere, essere e ricevere. Tornate sempre al sentire tristezza. Dite: "Mi sento bla bla bla" o "Quando parlo con un uomo che mi piace, mi trasformo in un mucchio di spazzatura." Tutte queste cose riguardano pensieri, sentimenti ed emozioni. Nessuna di queste riguarda l'essere.

Partecipante del Salon:
Quando dico: "La tristezza è ancora qui" è più come se un'energia di tristezza fosse qui. Non è che io sia triste.

Gary:
Chiedi mai: "È davvero mio?"

Partecipante del Salon:

Sì, lo faccio. Non è mio.

Gary:

Quindi, perché continui a bertelo come se fosse reale? Non devi bertelo come reale.

Partecipante del Salon:

Me lo bevo come se dovessi distruggerlo e screarlo.

Gary:

Non devi bertelo come reale.

Partecipante del Salon:

Cos'è che sto cercando di aggiustare?

Gary:

Se funzioni dal punto di vista di dover aggiustare la tristezza o liberartene, devi renderla reale. L'hai resa più reale di qualsiasi altra scelta che hai.

Partecipante del Salon:

Anche se mi dico che non me la accollerò, è lì, così sento di doverla aggiustare.

Gary:

Te la sei già accollata se senti di doverla aggiustare. Se devi aggiustarla, se senti di doverla cambiare, se devi fare qualcosa a riguardo, l'hai resa più reale della capacità di percepire, sapere, essere e ricevere.

Tutto ciò che è venuto su, per un dioziliardo, distruggerai e screerai tutto? Giusto e Sbagliato, Bene e Male, POD e

POC, Tutti e Nove, Shorts, Boys e Beyonds

Partecipante del Salon:

Grazie, Gary. Ho capito. La sto ancora rendendo reale e reclamando come mia.

Gary:

Stai affermando che non è tua; stai affermando che ce l'ha qualcuno, come se non fosse una scelta che le persone scelgono di fare. E perché sceglierebbero questo, invece che qualcosa di diverso?

Partecipante del Salon:
Grazie.

CON QUELLO CHE SCEGLI, CREI POSSIBILITÀ PIÙ GRANDI

Gary:

Nel mio libro Oltre gli ideali utopici parlo di come, per creare e generare qualsiasi cosa, devi funzionare dalla scelta, dalla domanda, dalla possibilità e dal contributo. Se hai scelta, in base a quello che scegli, crei possibilità più grandi. Una possibilità riguarda sempre i livelli di consapevolezza; non riguarda mai le conclusioni.

Ogni volta che fai una domanda, attivi gli entanglements quantistici nel mondo cosicché ti possano dare qualcosa. Gli entanglements quantistici sono la teoria delle stringhe, secondo cui tutte le cose sono interconnesse. Se guardi l'universo, è chiaro che ogni cosa è interconnessa con ogni altra cosa. Domanda, scelta e possibilità attivano gli entanglements quantistici per creare più possibilità, più scelte e più domande, le quali portano in attualizzazione qualsiasi cosa desideri, richiedi o domandi. Ma invece di scegliere questo, tendi a scegliere secondo il punto di vista di qualcuno.

In questa realtà, per le persone, se fai una domanda sei in cerca di una conclusione; se hai una scelta, stai cercando la scelta giusta e la giusta conclusione e, se hai delle possibilità, stai soppesando e misurando ciò che hai. Non stai avendo più scelta, più possibilità e più domande.

Quale invenzione stai usando per creare la sconfitta che stai scegliendo? Tutto ciò che è venuto su, per un dioziliardo, distruggerai e screerai tutto? Giusto e Sbagliato, Bene e Male, POD e POC, Tutti e Nove, Shorts, Boys e Beyonds

DIFENDERTI DA QUALCOSA

Partecipante del Salon:
Puoi parlare dell'essere a proprio agio al 100%? Quando ho iniziato Access Consciousness, ero a quattro su una scala di dieci; adesso sono a sei su dieci e sto scegliendo di essere a dieci su dieci.

Gary:
Stai difendendo un punto di vista. Ovunque ti vedi come debole o ti rendi meno di quanto sei, stai difendendoti da qualcosa invece di essere te.

Da chi o cosa ti stai difendendo o chi o cosa stai difendendo, che se non lo difendessi o non te ne difendessi, ti darebbe tutto di te? Tutto ciò che è, per un dioziliardo, distruggerai e screerai tutto? Giusto e Sbagliato, Bene e Male, POD e POC, Tutti e Nove, Shorts, Boys e Beyonds

A quanto pare, voi ragazze vi difendete parecchio.

Da chi o cosa ti stai difendendo o chi o cosa stai difendendo, che se non lo difendessi o non te ne difendessi, ti darebbe tutto di te? Tutto ciò che è, per un dioziliardo, distruggerai e screerai tutto? Giusto e Sbagliato, Bene e Male, POD e POC, Tutti e Nove, Shorts, Boys e Beyonds

Partecipante del Salon:

Una volta hai detto che, se difendiamo qualcosa, non lo possiamo cambiare.

Puoi parlare un po' di come uscire da questo loop?

Gary:

Riconosci che stai difendendo. Perché dovrei difendere un punto di vista?

Un giornalista dell'Houston Press, che stava provando a scrivere un articolo su Access Consciousness, pensò di diffamarci. Lasciò un messaggio a C, dicendole che l'articolo sarebbe stato su di lei. Perché farlo? Perché C è una personalità nota a Houston e, se poteva diffamare lei, dal suo punto di vista avrebbe fatto qualcosa di buono. Perché il diffamare qualcuno è un prodotto di valore? Perché prova che stai difendendo la giustezza del tuo punto di vista. Gran parte degli articoli di stampa sono fatti per difendere un punto di vista. Prendono un punto di vista e lo chiamano "vero".

Partecipante del Salon:

Qual è la differenza tra difendere e giudicare?

Gary:

Non c'è molta differenza. Giudichi che qualcosa debba essere in un certo modo e poi devi difendere la giustezza del tuo giudizio.

Partecipante del Salon:

Sono interconnessi.

Gary:

Sì, senza l'uno non puoi avere l'altro. Se non hai un giudizio, non c'è niente da difendere. Se hai un giudizio, tutto ciò che ricade nell'ambito di quel giudizio deve essere difeso.

Partecipante del Salon:

Ogni volta che non sei in "nessun punto di vista" o "interessante punto di vista", è lì che stai difendendo o ti stai difendendo?

Gary:

Proprio così. Funzionare da "interessante punto di vista" o "nessun punto di vista" implica il non doverti difendere o difendere nulla. Io non devo mai difendere o difendermi da nulla.

Quando ho saputo del tizio dell'Houston Press, ho pensato di scrivergli e dirgli: "Le suggerisco di andare altrove a seminare queste malignità." Proprio maligno. Poi mi sono chiesto: "Questo cambierà qualcosa? Posso dire o fare qualcosa per migliorare la situazione? No. Okay, lasciamo perdere."

Ci sono persone che hanno un punto di vista fisso e non

c'è niente che tu possa fare a riguardo. Devi riconoscere che ci sono alcune cose su cui non hai il controllo. Tutti vogliono credere che, se sei consapevole, ottieni tutto ciò che vuoi. No, essere consapevole significa che hai più possibilità rispetto agli altri; non significa che ottieni ciò che vuoi.

Io sono sempre disposto ad essere nella domanda, a non difendere o difendermi. Quando siete fuori dalla domanda, dovete difendere la giustezza di qualsiasi punto di vista avete assunto.

La stessa cosa avviene con le relazioni. La maggior parte delle relazioni non funziona perché provate a difendere qualcosa. Io lo facevo. Se qualcuno aveva un punto di vista su di me, io provavo a difendermi. Non chiedevo: "Cos'è possibile qui?" ma piuttosto: "A questa persona non piace questo di me" e così usavo la difesa. Non lasciavo che vedessero quella parte di me. Iniziavo a tagliare via parti di me per creare relazioni. Funziona? No.

Da chi o cosa ti stai difendendo o chi o cosa stai difendendo, che se non lo difendessi o non te ne difendessi ti darebbe tutto di te? Tutto ciò che è, per un dioziliardo, distruggerai e screerai tutto? Giusto e Sbagliato, Bene e Male, POD e POC, Tutti e Nove, Shorts, Boys e Beyonds

DEFINIRE CHI SEI

Partecipante del Salon:
Mi è venuto su "Io". Mi dico: "È ridicolo" ma non lo è, giusto?

Gary:

Hai definito chi sei. E quando definisci chi sei, provi a mettere tutto a posto per poter difendere chi sei, così da provare che sei quello che sei.

Tutto ciò che è, per un dioziliardo, distruggerai e screerai tutto? Giusto e Sbagliato, Bene e Male, POD e POC, Tutti e Nove, Shorts, Boys e Beyonds

Partecipante del Salon:

La cosa che mi viene su è l'energia delle vite passate, dove ho difeso ciò che avevo definito come me stessa.

Gary:

Se ti definisci come donna, stai difendendo tutto ciò che una donna dovrebbe essere, invece di essere solo ciò che scegli di essere? Sì. Essere un difensore è come vivere in un castello. Devi alzare dei muri, così che nessuno possa entrare. E "nessuno" include te.

Da chi o cosa ti stai difendendo o chi o cosa stai difendendo, che se non lo difendessi o non te ne difendessi, ti darebbe tutto di te? Tutto ciò che è, per un dioziliardo, distruggerai e screerai tutto? Giusto e Sbagliato, Bene e Male, POD e POC, Tutti e Nove, Shorts, Boys e Beyonds

Partecipante del Salon:

Quando N raccontava che, da bambina, andava in giro nuda e si sentiva dire di rivestirsi, si trattava dei suoi genitori che si bevevano le realtà degli altri?

Gary:

No. Stavano cercando di difendere la loro reputazione.

Ho una domanda per te. Pensi davvero, considerato chi erano i tuoi genitori, che gliene fregasse davvero di qualcosa, a parte di come il tuo comportamento si riflettesse su di loro?

Facevano così in modo che tu non li mettessi in cattiva luce. Stavano difendendo la loro reputazione attraverso quello che ti facevano fare. Quanto di quello che stai facendo si basa sul desiderio della tua famiglia di difendere la propria reputazione?

Un sacco di cose sono possibili in questa realtà, ma non puoi arrivarci finché stai difendendo qualcosa. La mia ex moglie difendeva il punto di vista che nostra figlia Shannon non aveva tanto quanto gli altri nostri figli. Difendeva sempre quel punto di vista. Anche quando le mostravo che Shannon a Natale aveva più regali degli altri ragazzi, il punto di vista della mia ex moglie era che Shannon non aveva mai abbastanza.

Quel punto di vista proiettato e quell'aspettativa creavano un effetto nel mondo di Shannon? Pensava o sentiva di non ottenere tanto quanto gli altri? Questo genere di cose vengono proiettate su di voi tutto il tempo. Gran parte di voi ne ha fatto esperienza.

Quanto di quello che stai difendendo o dal quale ti stai difendendo riguardo i tuoi genitori, è basato sulle proiezioni e le aspettative che hanno su di te - e non ha niente a che vedere con te? Tutto ciò che è, per un dioziliardo, distruggerai e screerai tutto? Giusto e Sbagliato, Bene e Male, POD e POC, Tutti e Nove, Shorts, Boys e Beyonds.

Partecipante del Salon:

Se mi avessero detto che sto sprecando il mio talento, da cosa mi starei difendendo?

Gary:

Se decidessi che i tuoi genitori ti amano, allora dovresti difendere il fatto che ti amavano e, al tempo stesso, difenderti dal fatto di aver sprecato il tuo talento. Sei in un Catch-22 (n.d.t = circolo vizioso). Questo ti dà molte scelte? O ti porta via le scelte?

Partecipante del Salon:

Tutto ciò che hai detto.

Gary:

Tutto ciò che è, per un dioziliardo, distruggerai e screerai tutto? Giusto e Sbagliato, Bene e Male, POD e POC, Tutti e Nove, Shorts, Boys e Beyonds

"IO NON SONO QUELLO"

Partecipante del Salon:

Quindi, quando mi difendo da qualcosa, sto cercando di non renderlo reale. Mi sto difendendo per non essere quella cosa. Difendo il fatto che non sono quella cosa e la solidifico perché mi difendo da essa.

Gary:

Sì, perché te ne stai difendendo piuttosto che essere in grado di sceglierla o non sceglierla, in base alla tua volontà.

Partecipante del Salon:

Mi sto giustificando dicendo: "Mi difenderò, perché non sono quella cosa."

Gary:

Sì. Tutto ciò che dici di non essere, lo stai difendendo. Il mio punto di vista è che sono tutto. Quindi, come posso difendere qualcosa?

"Cosa potrei scegliere che non ho scelto?" è un punto di vista diverso. Se puoi scegliere qualsiasi cosa, cosa è disponibile per te? Poi è una questione di: "Cosa è davvero disponibile per me adesso?" invece di "Cosa devo scegliere?", "Cosa è importante per me scegliere?", "Cosa ho bisogno di scegliere?", "Cosa lo renderebbe reale per me?" o "Cosa funzionerà per me?". Queste sono tutte posizioni difensive.

Quando esci fuori dal difendere, la domanda diventa: "Cos'altro è possibile che non ho mai saputo di poter scegliere?"

Tutto ciò che è, per un dioziliardo, distruggerai e screerai tutto? Giusto e Sbagliato, Bene e Male, POD e POC, Tutti e Nove, Shorts, Boys e Beyonds

Partecipante del Salon:

Quando mi trovo in una situazione così, mi dico: "Non importa." Sento che c'è un'energia. Lo faccio con mio padre, ad esempio. Dico "Non importa." Sto mentendo a me stessa?

Gary:

"Non importa" è difendersi da qualcosa. Se davvero avessi detto "Interessante punto di vista che ho questo punto di vista", allora davvero non avrebbe importato e non avresti dovuto dire niente a riguardo. "Non importa" è per difendersi da qualcosa. Stai rendendo te stessa giusta. E rendendoti giusta, stai rendendo lui sbagliato. Se rendi qualcuno giusto o sbagliato, ti stai difendendo.

Partecipante del Salon:

Faccio piccole cose che penso espandano la mia consapevolezza, ma in effetti mi prendo in giro in un sacco di modi.

Gary:

Stai espandendo la tua consapevolezza? È vero? O stai difendendo un punto di vista per provare che è vero, piuttosto che permettergli di essere vero?

Partecipante del Salon:

Mi piaci proprio!

Partecipante del Salon:

Sono in grado di essere fuori dalla massimizzazione umana, benché sia consapevole di stare provando a proteggermi dall'essere così diversa. Da cosa sto cercando di proteggermi?

Gary:

Stai difendendoti.

Partecipante del Salon:

Perché mi sto difendendo?

Gary:

Non c'è motivo; lo fai e basta. Quante di voi pensano che,

se potete trovare il perché, sarete in grado di lasciar andare, invece di scegliere semplicemente qualcosa di diverso? La domanda perché è la posizione difensiva che assumete.

Quante difese hai per proteggere il perché della tua realtà? Tutto ciò che è, per un dioziliardo, distruggerai e screerai tutto? Giusto e Sbagliato, Bene e Male, POD e POC, Tutti e Nove, Shorts, Boys e Beyonds

Partecipante del Salon:
Essere in grado di giustificare qualcosa, in caso ne abbia bisogno.

Gary:
Sì, quello è ancora difendersi

Partecipante del Salon:
Quindi, cos'altro è possibile?

Gary:
Ecco la domanda! Adesso andiamo da qualche parte. Se chiedi: "Cos'altro è possibile?" allora è possibile che tu abbia una diversa scelta.

DIFENDERTI DALLA REALTÀ UMANA

Partecipante del Salon:
È completamente okay essere al di fuori della massimizzazione umana tutto il tempo, qualsiasi sia la situazione?

Gary:

Perché ne saresti al di fuori? Perché non dovresti essere in grado di esserne consapevole?

Io non devo esserne fuori; so solo che non devo berla come vera.

Partecipante del Salon:

Ah, sto cercando di creare una realtà differente al di fuori della realtà umana?

Gary:

Certo, stai cercando di difenderti dalla realtà umana, scegliendo al di fuori della realtà umana, piuttosto che voler scegliere qualsiasi cosa funzioni per te in qualsiasi situazione o realtà si mostri.

Tutto ciò che è, per un dioziliardo, distruggerai e screerai tutto? Giusto e Sbagliato, Bene e Male, POD e POC, Tutti e Nove, Shorts, Boys e Beyonds

Partecipante del Salon:

Stamattina mio padre mi ha telefonato. Era caduto e c'è stato un sacco di dramma. Io ho solo chiesto: "Cos'altro è possibile qui?" e ho scelto di essere qui per la chiamata. L'energia di questo era espansiva per me.

Gary:

Quello è scegliere per te e per questa realtà; non è scegliere quello che non funziona.

Partecipante del Salon:

Questo è essere nell'energia di "Cos'altro è davvero possibile qui?"

Gary:

Quando chiedi: "Cos'altro è davvero possibile qui?" gli entanglements quantistici vanno verso: "Oh, vuoi qualcosa di diverso! Ti mostreremo come." Contribuiscono alla creazione e all'attualizzazione di ciò che desideri nella vita.

LA MAGGIOR PARTE DEGLI UOMINI SONO RICERCATORI DI PIACERE

Partecipante del Salon:

A volte mi trovo più a mio agio con gli uomini che con le donne. Si tratta della competizione della quale parlavi?

Gary:

Sì. In genere, per le donne a cui piacciono gli uomini è più semplice vedersi in amicizia con loro. C'è la possibilità di una realtà migliore.

Partecipante del Salon:

Com'è per gli uomini, se ci piace uscire in amicizia con loro?
Come ci percepiscono?

Gary:

Se sono a loro agio, pensano che siate delle amiche. Non vi vedono necessariamente come seduttrici o libertine. Dovete avere tutto. Puoi farli diventare da amici in scopamici. Come fai? Prima di tutto, si tratta di essere l'edonista, libertina, seduttrice e l'ammaliante che sei veramente. Quanto spesso usi la tua capacità edonistica di lusingare?

Partecipante del Salon:
Non ancora. Non spesso.

Gary:
La maggior parte degli uomini sono ricercatori del piacere. Se usi le tue capacità edonistiche, gli dai qualcosa che gli dà piacere e dicono: "Oh, non avevo visto questo aspetto di questa donna."

Nei casi in cui è più facile uscire in amicizia con uomini, tende a essere come quando si fa business. Devi riconoscere che c'è una possibilità diversa.

COME SAREBBE SE VENISSI ECCITATA DA TUTTO NELLA VITA?

Partecipante del Salon:
Saresti disposto a permettere ad ogni cosa di farti eccitare? Stavo percependo che tutto diventa irrilevante e tu sei spazio totale con totale scelta e nel Tutt'Uno.

Gary:
Quale invenzione stai usando per creare l'eccitamento che stai scegliendo? Tutto ciò che è, per un dioziliardo, distruggerai e screerai tutto? Giusto e Sbagliato, Bene e Male, POD e POC, Tutti e Nove, Shorts, Boys e Beyonds

Partecipante del Salon:
Questo è l'opposto di ciò che ci è stato detto essere il modo corretto di essere.

Gary:

Esatto. Qual è il modo corretto di essere e tutta questa roba appropriata e pia? Sono tutte invenzioni. Le hanno inventate per controllarvi. Perché la gente dovrebbe volervi controllare? Per avere ciò che vogliono da voi. Quando non siete controllabili, nessuno può confinarvi, definirvi o tenervi separate da voi stesse.

Quale invenzione stai usando per evitare l'eccitamento che potresti scegliere? Tutto ciò che è, per un dioziliardo, distruggerai e screerai tutto? Giusto e Sbagliato, Bene e Male, POD e POC, Tutti e Nove, Shorts, Boys e Beyonds

Le donne che hanno gente al seguito sono quelle costantemente eccitate da ogni cosa nella vita. Quando non siete eccitate, tendete ad essere positive o negative?

Partecipante del Salon:

Negative.

Gary:

È qualcosa che fa spegnere gli uomini?

Partecipante del Salon:

Sì.

Gary:

Quando siete positive riguardo a voi stesse e ad ogni cosa attorno a voi, ispirate le persone alle possibilità, il che è la consapevolezza che darà voi a loro - se è questo che state scegliendo. Dovete essere disposte a riconoscere ciò che state scegliendo.

Tendete a scegliere uomini che non sceglieranno loro

stessi, piuttosto che uomini con i quali sarebbe divertente stare. Non chiedete: "Qual è la persona con la quale sarebbe più divertente fare sesso? Quale sarebbe la persona più divertente da avere nella mia vita? Chi espanderebbe la mia vita e la renderebbe migliore?" Quella è una realtà differente. Invece, tendete a dire: "Voglio un uomo che mi ami totalmente per ciò che sono."

Ma se voi non vi amate totalmente per ciò che siete, può un uomo amarvi totalmente per ciò che siete? No. State cercando di tagliare via le parti e i pezzi di voi per difendere il fatto di non essere amabili, il che è corretto, in effetti. Voi non siete così amabili. Siete più amabili di così, ma non volete essere amate in quel modo perché così sareste fuori controllo - e questo sarebbe un male per quale motivo?

Quale invenzione stai usando per evitare l'eccitamento che potresti scegliere? Tutto ciò che è, per un dioziliardo, distruggerai e screerai tutto? Giusto e Sbagliato, Bene e Male, POD e POC, Tutti e Nove, Shorts, Boys e Beyonds

Partecipante del Salon:

A proposito del giornalista a Houston, hai detto di aver fatto la domanda: "C'è qualcosa che posso fare per cambiare questo?" e hai ottenuto un no.

È qui che usi l'eccitamento per creare e generare qualcosa che sia oltre?

Gary:

È dove realizzi che in tutto, praticamente sempre, avere qualcosa di più grande o meno grande è solo una scelta.

Partecipante del Salon:

E ogni volta che difendi o ti difendi, questo blocca la creazione e la generazione.

Gary:

Cosa stai difendendo o da cosa ti stai difendendo, che se non lo difendessi o non te ne difendessi, ti permetterebbe di creare oltre te stessa? Tutto ciò che è, per un dioziliardo, distruggerai e screerai tutto? Giusto e Sbagliato, Bene e Male, POD e POC, Tutti e Nove, Shorts, Boys e Beyonds

Partecipante del Salon:

Mi viene su "Io" ogni volta che ti sento far scorrere questo processo. Sono in competizione con me stessa?

Gary:

No. Tu hai creato il "te" che hai deciso essere te. Quello è il "te" che mostri al mondo, così da non dover essere la vera te che hai difeso contro tutti, così che nemmeno tu puoi trovarti.

Partecipante del Salon:

Sì, capisco tutto quello che dici.

Gary:

Tutto ciò che è, per un dioziliardo, distruggerai e screerai tutto? Giusto e Sbagliato, Bene e Male, POD e POC, Tutti e Nove, Shorts, Boys e Beyonds

Partecipante del Salon:

Sono d'accordo con te. Cos'altro è possibile? Dove vado?

Gary:

E se fossi in grado di essere qualcosa che non hai mai scelto di essere?

Cosa stai rifiutando di essere, che se scegliessi di esserlo, ti permetterebbe di essere tutto ciò che sei veramente? Tutto ciò che è, per un dioziliardo, distruggerai e screerai tutto? Giusto e Sbagliato, Bene e Male, POD e POC, Tutti e Nove, Shorts, Boys e Beyonds

Partecipante del Salon:

Nell'ultima chiamata, hai parlato dello scegliere qualcuno che ci catapulti fuori dal passo barcollante di questa realtà. È possibile farlo mentre ci si sta ancora difendendo?

Gary:

È possibile, ma dubito che possa durare. Non appena ti catapulti fuori della tua zona di comfort, difendi la giustezza della zona di comfort che scegli.

Partecipante del Salon:

Puoi parlarci ancora di com'è scegliere qualcuno così?

Gary:

È qualcuno che non sta difendendo un punto di vista, qualcuno disposto ad essere qualsiasi punto di vista che possa creare una realtà migliore.

Partecipante del Salon:

Sarebbe funzionare da "Cos'è questo? Cosa ci faccio con questo?"

Gary:

Devi essere disposta a guardare a una possibilità diversa.

Partecipante del Salon:

Mi sono appena resa conto che sto continuamente rendendo questa realtà superiore o inferiore a me. È un giudizio che mi tiene bloccata. Ha a che fare col confronto. Puoi darmi un processo su questo?

Gary:

Chiedi: "Che cosa sto difendendo che ha creato tutto questo?"

Se fai confronti di qualsiasi tipo, stai facendo del giudizio, che è qualcosa che stai difendendo. Stai operando dalla giustezza o sbagliatezza di questa realtà, non dalla scelta di questa realtà.

SCELTA, DOMANDA, POSSIBILITÀ E CONTRIBUTO

Partecipante del Salon:

Sì, lo sento. Grazie. Domanda, scelta, possibilità e contributo - sono degli stati energetici simultanei?

Gary:

Non proprio. Sì e no. Scelta è scelta. Devi fare una scelta e ogni scelta crea un'altra domanda, che crea un altro insieme di possibilità. Ogni possibilità è un livello di consapevolezza che puoi avere su qualcos'altro. Ci sono sottili livelli di consapevolezza che esistono e che ti daranno più spazio e possibilità, ovvero più consapevolezza che ti dà più scelte, più domande e così via. Ogni volta che viene su una domanda, attiva gli entanglements quantistici per darti più scelte, più possibilità e più domande. Sono tutte le cose che contribuiscono a creare e generare oltre questa realtà.

Partecipante del Salon:
Mi sento tagliata fuori dal contributo. Qui è dove sento che mi ritiro.

Gary:
No, penso che tu non sia tagliata fuori dal contributo e dal dono che puoi essere, ma dal dono che puoi ricevere. Stai tagliando fuori il contributo del ricevere dagli entanglements quantistici, che provano ad attualizzare ciò che chiedi. Tu chiedi cose - o no?

Partecipante del Salon:
No.

Gary:
Il che significa che non sei disposta a ricevere. Quanto di ciò che fai è difenderti contro il ricevere? Molto, poco o megatonnellate?

Partecipante del Salon:
Megatonnellate.

Gary:
Tutto ciò che è, per un dioziliardo, distruggerai e screerai tutto? Giusto e Sbagliato, Bene e Male, POD e POC, Tutti e Nove, Shorts, Boys e Beyonds

Partecipante del Salon:

Quindi, sto difendendo la "me" che non riceve?

Gary:

Stai difendendo il modo nel quale ricevi. Se vai nel: "Posso ricevere solo così" o "Posso ricevere solo un certo tipo di persone", stai difendendo le scelte che hai fatto in passato e che non hanno funzionato.

Partecipante del Salon:

Possiamo ripulire questo, per favore?

Gary:

Quanto del tuo passato stai difendendo per renderti non sbagliata o renderti giusta? Tutto ciò che è, per un dioziliardo, distruggerai e screerai tutto? Giusto e Sbagliato, Bene e Male, POD e POC, Tutti e Nove, Shorts, Boys e Beyonds

Partecipante del Salon:

Grazie, Gary. La pulizia che hai fatto è lo spazio delle infinite possibilità.

Partecipante del Salon:

Come sarebbe un mondo di infinito ricevere?

Gary:

Un mondo di infinito ricevere è un mondo nel quale non tagli via alcuna consapevolezza. A prescindere da ciò che succede, sei consapevole che c'è una diversa possibilità. Stai sempre cercando infinite possibilità e ogni possibilità è il numero di scelte e consapevolezze che puoi avere, che si stanno solo espandendo e non contraendo.

OGNI RISPOSTA È UN'INVENZIONE

Partecipante del Salon:
Da quando sto partecipando a questa chiamata, mi sento bruciare nel petto e in gola e mi viene da vomitare.

Gary:
Quale invenzione stai usando per creare la sensazione che stai scegliendo?

Partecipante del Salon:
Quindi, me la sto solo inventando?

Gary:
Non ho detto che te la stai inventando. Creare e inventare sono due universi differenti. Quanto inventi qualcosa, tu prendi una creazione e decidi che sia così. Dici: "Ecco com'è." Inventi da quel punto di vista. Creazione è un luogo dove realizzi che c'è una diversa possibilità che non hai ancora scelto. Hai appena detto: "Mi sento così, così e così." È una domanda?

Partecipante del Salon:
Stavo chiedendo: "Corpo, quale consapevolezza sto percependo?" e sono arrivata alla conclusione.

Gary:
Perché è necessario arrivare a una conclusione?

Partecipante del Salon:
>Per aggiustare o cambiare.

Gary:
>Quello è il motivo per cui è un'invenzione.
>Quale invenzione sto usando per creare lo schifo di sensazione che sto scegliendo? Tutto ciò che è, per un dioziliardo, distruggerai e screerai tutto? Giusto e Sbagliato, Bene e Male, POD e POC, Tutti e Nove, Shorts, Boys e Beyonds

Partecipante del Salon:
>Ancora non capisco quale invenzione sia. È invenzione quando distorciamo qualcosa in qualcos'altro?

Gary:
>No, invenzione è dove giungi a una conclusione. L'ufficio brevetti chiuse quando inventarono la TV a colori, perché dicevano che nient'altro sarebbe stato inventato. Perché fare una cosa del genere?

Partecipante del Salon:
>Avevano deciso che era tutto. Era quella la risposta.

Gary:
>Sì, ecco cosa succede con tutto quello che inventi. Dici: "Questa è la risposta. Ecco cos'è.". Ovunque sei andata nella risposta è un'invenzione. Niente è una risposta; è solo una consapevolezza. Ogni risposta è un'invenzione.
>Quale invenzione stai usando per creare lo schifo di vita che stai scegliendo? Tutto ciò che è, per un dioziliardo, distruggerai e screerai tutto? Giusto e Sbagliato, Bene e

Male, POD e POC, Tutti e Nove, Shorts, Boys e Beyonds Continua a farla scorrere.

Partecipante del Salon:
Grazie.

Gary:
Come state? Vorreste fare un processo sull'ultimo tizio che avete avuto nella vostra vita e che pensavate valesse la pena avere?

Quale invenzione stai usando per creare la relazione che stai scegliendo? Tutto ciò che è, per un dioziliardo, distruggerai e screerai tutto? Giusto e Sbagliato, Bene e Male, POD e POC, Tutti e Nove, Shorts, Boys e Beyonds

Partecipante del Salon:
In ogni chiamata, capisco quanto non sono incasinata e quante possibilità sono disponibili ogni secondo. Posso continuare a scegliere qualcosa di nuovo e di diverso. Anche se non lo faccio, c'è comunque scelta. Grazie davvero.

Gary:
Mi piace che stiate finalmente realizzando di non essere così incasinate come pensavate. E mi piace che vediate che c'è una possibilità diversa.

Partecipante del Salon:
Tutte le invenzioni dalle quali la gente pensa di dover funzionare - il dispiacere, il trauma, il dramma e i problemi - tutto ciò sta diventando davvero divertente. Grazie.

Gary:

Continuate a far scorrere questo: Quale invenzione sto usando per creare il turbamento che sto scegliendo?

Partecipante del Salon:

Gary, se potessi avere per noi qualsiasi cosa da questa chiamata, cosa sarebbe?

Gary:

Libertà per voi di riconoscere il dono che siete nel mondo, invece di provare ad essere quello che siete come donna.

Va bene, dolci signore. Vi amo tutte. Alla prossima.

14
Avere la Tua Grandezza

Gran parte di voi ha passato la vita guardando alla sbagliatezza, al passato e alle cose che non funzionavano.
Raramente guardate al futuro e a cosa davvero funzionerà.
Che tipo di futuro vorreste creare?
Perché la vostra attenzione non è rivolta là?

Gary:
  Benvenute, signore. Ci sono domande?

TI PIACCIONO DAVVERO GLI UOMINI?

Partecipante del Salon:
  Puoi facilitare qualche pulizia per la mia avversione agli uomini, per favore? Ho permesso a me stessa di essere stuprata, usata e abusata dagli uomini quando ero una prostituta.

Gary:
  Quale stupidità sto usando per creare l'invenzione,

l'intensità artificiale e i demoni dell'essere una prostituta usata e abusata che sto scegliendo? Tutto ciò che è, per un dioziliardo, distruggerai e screerai tutto? Giusto e Sbagliato, Bene e Male, POD e POC, Tutti e 9, Shorts, Boys e Beyonds

Una volta o un'altra, tutti siamo stati usati e abusati. Tu hai bisogno di avere consapevolezza se davvero ti piacciono gli uomini. Fatti questa domanda: "Verità, mi piacciono davvero gli uomini?"

Se la risposta è no, significa che devi andare con le donne? No, significa solo che non ti piacciono gli uomini. Quindi, devi scegliere uomini con i quali non coinvolgerti. Ecco cosa fa chi sceglie di essere una prostituta: sceglie uomini con i quali non sarà coinvolta per sempre. Avrai sempre gli uomini di qualità, quando scegli di essere una prostituta o una zoccola, perché gli uomini di qualità vorranno sempre quello. Oh sì!

Quale stupidità sto usando per evitare la scelta di uomini e donne che sto scegliendo? Tutto ciò che è, per un dioziliardo, distruggerai e screerai tutto? Giusto e Sbagliato, Bene e Male, POD e POC, Tutti e 9, Shorts, Boys e Beyonds

LA PRAGMATICA DI FAR FUNZIONARE TUTTO CON UN UOMO

Partecipante del Salon:

Puoi parlarci della pragmatica di far funzionare tutto con un uomo?

Gary:

Devi partire dal punto di vista: "Cosa farebbe funzionare

questa cosa?", invece di "Amo quest'uomo?" o "Mi piace quest'uomo?" o "È uno buono?" Questi sono giudizi usati per includere o escludere. E se non dovessimo includere o escludere niente? Come sarebbe se potessimo avere tutto? Dobbiamo arrivare a un punto dove riconosciamo una diversa possibilità, invece di scegliere una limitazione.

Partecipante del Salon:

Puoi essere più specifico? Quando dici: "Farlo funzionare" intendi seguire ciò che è leggero?

Gary:

Non può essere sempre leggero. La cosa principale è chiedere: "Qual è il modo migliore perché qualcosa di buono avvenga?"

Partecipante del Salon:

Oh, intendi per te e per tutti gli altri? Il Regno di Noi?

Gary:

Sì. Devi guardare a cosa funzionerà per te e per tutti gli altri. Spesso, ciò che funziona per te distrugge molti altri nel processo, perché non hai un luogo dove includere te nella tua realtà. Devi essere disposta a scegliere te e la tua realtà.

Se funzioni come se ci fosse un problema per te, creerai molti problemi. Questo è più importante di qualsiasi altra cosa. Se hai il punto di vista che ci sarà un problema, creerai un problema. Perché dovresti creare un problema? Perché un problema fa sentire tutti più reali. Problemi sono uguali a realtà qui sul pianeta Terra; non creano possibilità. Tu vuoi avere più possibilità che problemi. Chiedi: "Cosa creerà la possibilità più grande?" invece di "Cosa creerà il più grande problema?"

"OGNI GIORNO VOGLIO DIVORZIARE"

Partecipante del Salon:

Ho una relazione fantastica con i miei figli. Balliamo e cantiamo ma, nel frattempo, mio marito dice continuamente cose assurde come: "Perché non ho dei maschi?" Stiamo ristrutturando casa. Lui continua a chiedermi di fare la mia parte e rinunciare ad Access Consciousness per avere più soldi da mettere in questo progetto. Ogni giorno voglio divorziare. Oggi stavo per fare i documenti, ma l'ufficio era chiuso. Cosa sto difendendo qui con questa intensità?

Gary:

Stai difendendo la giustezza del matrimonio?

Partecipante del Salon:

Credo di stare difendendo tutto - famiglia, matrimonio, relazioni.

Gary:

Tutto ciò che è, per un dioziliardo, distruggerai e screerai tutto? Giusto e Sbagliato, Bene e Male, POD e POC, Tutti e 9, Shorts, Boys e Beyonds.

Come sarebbe se tu dicessi a tuo marito: "Evidentemente questo matrimonio non sta funzionando per te. Perché continui a restare sposato con me?"

Partecipante del Salon:

L'ho fatto. Quando gliel'ho chiesto, ha detto: "Mi costerebbe di più divorziare da te."

Gary:

Beh, questo è un buon motivo per restare sposati!

Partecipante del Salon:

Lo so. Ecco perché mi trovo in un circolo.

Gary:

Perché stai scendendo nella tana del coniglio delle tue emozioni?

Partecipante del Salon:

Non mi è chiaro.

Gary:

Le emozioni non ti daranno chiarezza. Ti chiuderanno nello stesso vecchio posto dove vai sempre come se, andando là, potessi arrivare da qualche altra parte. Le tue emozioni ti hanno mai portato in un posto che fosse davvero un buon posto?

Partecipante del Salon:

Per niente.

Gary:

Quindi, magari potresti considerare che le tue emozioni non sono un modo per creare.

Partecipante del Salon:

Condivido totalmente.

Gary:

Tutto ciò che è, per un dioziliardo, distruggerai e screerai tutto? Giusto e Sbagliato, Bene e Male, POD e POC, Tutti e 9, Shorts, Boys e Beyonds

DIFENDERE QUALCOSA O DIFENDERSI DA QUALCOSA

Partecipante del Salon:

A volte, quando sono attaccata al risultato di qualcosa e sono in interazione con un'altra persona, la paura mi soffoca. Mi paragono, mi giudico inferiore e incasino tutto il lavoro che ho fatto prima di quell'incontro. Mi puoi dare qualche pulizia che mi aiuti a restare espansa senza contrarmi ed essere me stessa senza scusarmi?

Gary:

Usa questa:

Chi o cosa sto difendendo e da chi o da cosa mi sto difendendo che, se non lo difendessi e non me ne difendessi, mi permetterebbe di essere tutto di me?

Falla scorrere una decina di volte prima di andare a qualsiasi incontro o interazione. Se sei in un'interazione e senti che stai diventando piccola, chiedi: "Un essere infinito sceglierebbe davvero questo?"

Se un essere infinito non lo sceglierebbe, perché dovresti sceglierlo tu? Devi iniziare a funzionare dai dieci comandamenti. Se non hai ascoltato le chiamate sui Dieci Comandamenti, per favore prendile e ascoltale.

SCEGLIERE IN ACCORDO CON LE SCELTE DEGLI ALTRI

Partecipante del Salon:

Ho avuto una consapevolezza negli ultimi due giorni riguardo a come scelgo in accordo con le scelte degli altri. Puoi aiutarmi con questo?

Gary:

Perché per te le scelte degli altri sono più reali delle tue?

Partecipante del Salon:

Perché permetto che influenzino la mia vita.

Gary:

Perché?

Partecipante del Salon:

Perché queste sono le persone che ho scelto di essere nella mia vita.

Gary:

Oh, intendi dire che hai scelto di essere loro nella tua vita, invece di essere con loro nella tua vita. Tu dici: "Queste sono le persone che ho scelto di essere nella mia vita." Ti piace essere loro quando sei con loro quindi, invece di essere con loro, stai essendo loro. Non stai mantenendo te. Stai distruggendo te per stare con loro.

Essere loro significa che devi diventare loro, il che significa che devi lasciare che loro scelgano cosa funziona per te. Stai dicendo esattamente le cose come si mostrano per te. Stai essendo loro invece di essere con loro. Quando sei qualcuno in una relazione, rinunci a te stessa in favore dell'altro. Sempre.

Partecipante del Salon:

Va bene, quindi quando qualcuno sceglie qualcosa, come faccio perché non influenzi la mia vita? È questo il mio obbiettivo.

Gary:

Sì, ma se tu stai essendo loro, questo influenza la tua vita.

Partecipante del Salon:

Ogni volta che dici: "Stai essendo loro" mi attraversa una corrente elettrica.

Gary:

Quale invenzione stai usando per creare la mancanza di te in ogni relazione che stai scegliendo? Tutto ciò che è, per un dioziliardo, distruggerai e screerai tutto? Giusto e Sbagliato, Bene e Male, POD e POC, Tutti e 9, Shorts, Boys e Beyonds

Partecipante del Salon:

Quindi, essere con loro includerebbe tutto e non influenzerebbe la mia vita?

Gary:

Essere con loro non ti limiterebbe né ti fermerebbe.

Partecipante del Salon:

Ciò che viene su è: "Questo è l'unico modo per avere una relazione, Gary."

Gary:

    Bella idea!

Partecipante del Salon:

    Questo è l'unico modo in cui sono stata fino ad ora. È il momento di cambiare.

Gary:

    Quale invenzione stai usando per creare la mancanza di te in ogni relazione che stai scegliendo? Tutto ciò che è, per un dioziliardo, distruggerai e screerai tutto? Giusto e Sbagliato, Bene e Male, POD e POC, Tutti e 9, Shorts, Boys e Beyonds

Partecipante del Salon:

    È possibile qualcos'altro oltre a questo? Ancora una volta, per favore!

Gary:

    Quale invenzione stai usando per creare la mancanza di te in ogni relazione che stai scegliendo? Tutto ciò che è, per un dioziliardo, distruggerai e screerai tutto? Giusto e Sbagliato, Bene e Male, POD e POC, Tutti e 9, Shorts, Boys e Beyonds

MANTENERTI FUORI DALL'ESISTENZA

Partecipante del Salon:

    Così è anche come tengo la separazione in esistenza?

Gary:

No, è come tieni te al di fuori dell'esistenza.

Partecipante del Salon:

Wow. Sì!

Partecipante del Salon:

Poco fa, mentre K parlava di come sceglie in base alle scelte di altri, mi sono resa conto di farlo anch'io.

Gary:

Quando decidi che ti piace qualcuno, che sia un uomo, una donna o un amico/a, da quanto di te devi divorziare per creare quella cosa? La mancanza di te.

Partecipante del Salon:

E il "tu" è ciò che si sceglie?

Gary:

È quello che sei in questi dieci secondi.

Partecipante del Salon:

Come divorzi da te stesso, quando ti piace qualcuno?

Gary:

Continui a cercare di provare che, il fatto che ti piaccia abbastanza qualcuno, è tutto ciò che serve. In realtà, tu devi piacerti di più. Devi fare qualcosa di diverso, tipo amarti.

Partecipante del Salon:

Stai dicendo che la mia sensazione era vera, che non c'è vero amore?

Gary:
Sì, stai difendendo l'idea che l'amore sia reale.

Tutte voi che state difendendo la realtà dell'amore, distruggerete e screerete questo? Giusto e Sbagliato, Bene e Male, POD e POC, Tutti e 9, Shorts, Boys e Beyonds

È questo l'oggetto della tua sensazione. Chi stai difendendo e cosa stai difendendo? Stai difendendo che ci debba essere della giustezza nell'amore che stai scegliendo per le persone che stai scegliendo di amare. Il tuo scegliere di amarle è più importante di essere te.

Chi o cosa stai difendendo o da chi o da cosa ti stai difendendo, che se non lo difendessi e non te ne difendessi, cambierebbe tutta la realtà? Tutto ciò che è, per un dioziliardo, distruggerai e screerai tutto? Giusto e Sbagliato, Bene e Male, POD e POC, Tutti e 9, Shorts, Boys e Beyonds

ALLOWANCE E AVERE LA GRANDEZZA DI TE

Partecipante del Salon:
Puoi parlarci dell'allowance?

Gary:
Se stai difendendo qualcosa, sei in allowance con tutti?

Partecipante del Salon:
No.

Gary:
Sei nell'allowance di te?

Partecipante del Salon:
No.

Gary:
Perché non sei nell'allowance di te?

Partecipante del Salon:
Perché non sto essendo me.

Gary:
No, perché non stai avendo niente della grandezza di te. Quale stupidità stai usando per difenderti dalla grandezza di te che stai scegliendo? Tutto ciò che è, per un dioziliardo, distruggerai e screerai tutto? Giusto e Sbagliato, Bene e Male, POD e POC, Tutti e 9, Shorts, Boys e Beyonds

Partecipante del Salon:
Dici che non sto avendo niente della grandezza di me. Qual è la differenza tra avere ed essere?

Gary:
Se non puoi essere te, non puoi avere e, se non puoi avere, non puoi essere. Avere è la volontà di vedere tutto e non giudicarlo. Scegli chi e cosa hai sulla base del tuo giudizio. Questo determina cosa puoi essere.

Partecipante del Salon:
Wow, tutto ciò è limitante.

Gary:
Sì, è limitante, invece di essere illimitato, dove puoi avere tutto. Una volta che sai di poter avere tutto, hai veramente

scelta. Quando puoi avere solo quello che gli altri sono disposti a darti, non hai scelta.

Partecipante del Salon:
Come gioca in tutto questo il "Non ho bisogno di niente?"

Gary:
Gran parte delle persone dicono: "Posso avere questo" o "Ho bisogno di quest'altro."

Quando puoi avere, non hai bisogno di niente. Puoi scegliere. Se non ti piacciono gli uomini e lo sai, il punto non è che ci sia qualcosa di sbagliato. È: "Cosa mi piacerebbe scegliere qui? Mi piacerebbe scegliere le donne? Mi piacerebbe scegliere di non fare sesso? O mi piacerebbe scegliere qualcos'altro?" Allora puoi arrivare alla domanda di cosa ti piacerebbe davvero scegliere. Ma quando hai il punto di vista di dover avere un uomo o una relazione o i soldi per essere completa, stai limitando la scelta in favore del non avere. Per non avere, devi non essere.

Partecipante del Salon:
Hai detto "Non aver bisogno." Non capisco.

Gary:
Se non hai bisogni, puoi avere tutto?

Partecipante del Salon:
Sì.

Gary:
Ora capisci?

Partecipante del Salon:

Oh! Capisco. Stavo pensando fosse una sbagliatezza.

Gary:

Lo so. Non è una sbagliatezza! Tu non mi ascolti mai. Per caso siamo sposati?

Partecipante del Salon:

Capisco. Questo cambia parecchio.

ISPIRARE IL RAGAZZO

Partecipante del Salon:

Quando vivi con un uomo, come fai a non raccogliere tutta la sua roba? Come facciamo, come donne umanoidi che creano il proprio futuro, a ispirare i nostri partners a creare una realtà differente?

Gary:

Vuoi ispirare il ragazzo a pensare di aver avuto lui l'idea che andrà ad istituire. Quindi dici: "Ho la sensazione che questo sia possibile. Cosa ne pensi, caro?" Quando torna dicendo che pensa sia una grande idea, lo farà.

Devi essere un po' più circospetta nei modi in cui crei le cose. Chiedi:
- Cosa voglio creare qui?
- Cos'è davvero possibile?
- Di cosa è davvero capace che non ha ancora realizzato?

Non:
- Cosa penso di dover fare?

+ Cosa ho bisogno di fare per ispirarlo di più?

Partecipante del Salon:

Ho notato che difendo una credenza negativa riguardo alla sensazione di essere un bluff. Mi sento come se stessi facendo finta.

Gary:

Tu sei un bluff e stai facendo finta.

Non è una sbagliatezza. È così che inizi a creare - facendo finta di essere in grado di fare qualcosa che non pensi di poter fare … finché non lo sai fare. Sei in grado di fare di più di quasi chiunque nel pianeta e continui a comportarti come se potessi fare di meno. Perché? Io continuo a dirvi che voi, ragazze, siete umanoidi. Questo vi rende maestre in tutti gli affari e tirapiedi di nessuno. Voi non avete problemi. Perché cercate continuamente di creare il fatto di avere problemi?

Tutto ciò che è, per un dioziliardo, distruggerai e screerai tutto? Giusto e Sbagliato, Bene e Male, POD e POC, Tutti e 9, Shorts, Boys e Beyonds

NON PUOI CREARE UN FUTURO BASANDOTI SULLE LIMITAZIONI

Partecipante del Salon:

Possiamo parlare del corpo e del creare un futuro che vorremmo avere? Un sacco di cose stanno cambiando nel mio corpo grazie alle classi che ho fatto recentemente e grazie all'essere la domanda di quali capacità ho per cambiare ogni limitazione.

Gary:

Limitazioni? Perché ti stai focalizzando sulle limitazioni invece che su quello di cui sei capace?

Partecipante del Salon:

È quello che ho detto. Quali capacità ho che disferebbero le mie limitazioni?

Gary:

Sì, ma stai ancora guardando le limitazioni. Vuoi guardare da: "Quali capacità ho che non ho ancora istituito, generato o creato?"

Abbiamo la tendenza a focalizzarci sulle limitazioni, come se le limitazioni creassero. Le limitazioni non fanno nulla, eccetto il validare le limitazioni. La creazione avviene solo quando siamo disposti a fare un passo nella creazione. Devi guardare a: "Cosa sono in grado di generare, creare ed istituire fisicamente che non ho mai nemmeno considerato?"

Partecipante del Salon:

Grazie. È quello che stavo cercando. Puoi parlare dell'essere fuori dalla definizione con il corpo?

Gary:

Se stai facendo un qualsiasi tipo di limitazione, pensando che ci sia qualche problema col tuo corpo o se stai cercando qualche problema o quello che non sta funzionando col tuo corpo o cosa c'è di sbagliato nel tuo corpo, stai cercando dalla limitazione. Non stai essendo fuori dal controllo, fuori dalla definizione, fuori dalla limitazione, fuori da forma, struttura e significato, fuori dalle linearità e concentricità per tutta l'eternità.

Quale energia, spazio e consapevolezza possiamo essere io e il mio corpo che ci permetterebbe di essere fuori dal controllo, fuori dalla definizione, fuori dalla limitazione, fuori da forma, struttura e significato, fuori dalle linearità e concentricità per tutta l'eternità? Tutto ciò che è, per un dioziliardo, distruggerai e screerai tutto? Giusto e Sbagliato, Bene e Male, POD e POC, Tutti e 9, Shorts, Boys e Beyonds

Questo è il luogo dove inizi a guardare a cosa potrebbe essere possibile, invece di ciò che pensi non sia possibile.

Partecipante del Salon:

Mio marito dice sempre: "Voglio che tu cambi." Vuole che faccia soldi, ma io vedo che tutto quello che faccio contribuisce all'avere i soldi che abbiamo. Sto difendendo qualcosa?

Gary:

Vuole che tu ti trovi un lavoro.

Partecipante del Salon:

Ho giocato a quel gioco per anni. Sono andata a cercare un lavoro e poi lui se ne lamentava. Continuo a non vivere la vita per me. Ho bisogno di fare una domanda tipo: "Se stessi davvero vivendo questa vita per me, cosa sceglierei?"

Gary:

Questa è una buona domanda.

Partecipante del Salon:

So che posso far funzionare ogni cosa nella mia relazione

e nella mia vita, ma a volte ci sono cose con le quali non voglio giocare.

Gary:

Qual è la limitazione qui? Sei stata nel passato. Non hai cominciato la creazione futura. Se stessi andando in battaglia per avere una vita dal futuro, cosa avrebbe valore per te? Cosa sceglieresti? Cosa stai cercando? Vuoi essere una donna guerriera che lotta per creare un futuro che non è mai esistito qui - il che sarebbe un mondo sostenibile, non un mondo conflittuale.

Partecipante del Salon:

Proprio ora, mentre stavi parlando a N del corpo, ho capito che tutto quello che inizio è basato sulla limitazione, non sto creando il futuro.

Gary:

Corretto. Stai cercando di creare il futuro creando dal passato. Vedi la limitazione come più grande della possibilità. Stai rendendo la limitazione più grande della possibilità.

Partecipante del Salon:

Questo succede parecchio nella mia vita. Mettermi a dieta, fare esercizio, fare business, prendermi cura di mio figlio. Capisco che comincio dalla limitazione. Voglio aggiustare o curare la limitazione e in qualche modo saltare dalla limitazione al futuro, ma in realtà mi blocco nella limitazione.

Gary:

Sì, perché hai reso la limitazione reale. Non sei stata disposta a spostarti verso qualcosa di più grande.

Partecipante del Salon:

Se non iniziassi basandomi sulla limitazione, che domanda dovrei fare? Se basassi tutto sulla limitazione, come lo faccio?

Gary:

Che cosa vuoi creare?

Partecipante del Salon:

Voglio creare una realtà diversa per tutto.

Gary:

E allora perché non stai creando questo, invece di provare a disfare la limitazione?

Partecipante del Salon:

È quello che pensavo di dover fare.

Gary:

Vuoi liberarti dalle limitazioni quando te ne trovi una davanti, ma devi iniziare a creare il futuro o tutto ciò con cui avrai a che fare saranno le limitazioni.

Partecipante del Salon:

Grazie. In realtà, non si tratta di liberarsi dalla limitazione. Si tratta di creare il futuro e gestire la limitazione quando si presenta.

Gary:

Esattamente. Se non stai creando il futuro, stai scegliendo di dar credito alla limitazione e renderla più rilevante e reale della tua capacità creativa.

Partecipante del Salon:

Sì, è proprio bello. Grazie.

Gary:

Non fissarti mai sul passato. Crea il futuro. Finché ti fissi sul passato, stai innanzitutto provando a risolvere il problema che avevi creato tu. Piuttosto, chiedi:

Quale invenzione sto usando per creare il problema che sto scegliendo? Tutto ciò che è, per un dioziliardo, distruggerai e screerai tutto? Giusto e Sbagliato, Bene e Male, POD e POC, Tutti e 9, Shorts, Boys e Beyonds

Sii sempre la guerriera della creazione del futuro che non esiste. Finché stai cercando di creare un futuro che non esiste, sei sull'orlo creativo della possibilità. Sii la domanda. La domanda non è: "Cos'ho di sbagliato?" o "Come faccio a smettere di giudicarmi?" La domanda è: "Per quale motivo dovrei giudicarmi?" Perché dovresti giudicarti, invece di goderti te stessa?

Se sei in una relazione, devi chiedere: "Verità, cosa renderebbe questa persona felice?" Devi anche capire che ci sono delle persone che non vogliono essere felici. Si illudono su ciò che la relazione dovrebbe essere secondo loro. Quando è così, ciò che faccio è dir loro: "Fammi un esempio di una relazione che funziona nel modo in cui tu pensi che le relazioni funzionino."

Sareste alquanto sorprese da quante poche persone, tra quelle a cui lo chiedo, sono davvero in grado di mostrarvi delle relazioni che funzionano nel modo in cui loro pensano che debbano funzionare. Succede perché non stanno usando ciò che davvero funzionerebbe in una relazione, ma quello che pensano di dover scegliere.

Quale stupidità stai usando per evitare il futuro che potresti creare e scegliere? Tutto ciò che è, per un dioziliardo, distruggerai e screerai tutto? Giusto e Sbagliato, Bene e Male, POD e POC, Tutti e 9, Shorts, Boys e Beyonds

Quale stupidità stai usando per evitare la capacità di creazione che potresti scegliere, ma che ti rifiuti di scegliere per essere sicura di non dover "essere" davvero? Tutto ciò che è, per un dioziliardo, distruggerai e screerai tutto? Giusto e Sbagliato, Bene e Male, POD e POC, Tutti e 9, Shorts, Boys e Beyonds

ESSERE CHIARA SU QUELLO CHE VUOI

Partecipante del Salon:

Mi piacerebbe davvero creare un uomo nella mia vita. Magari del sesso. Quando ho attorno degli uomini, chiedo: "Cosa creerebbe questo in cinque anni?" e, in genere, non ottengo niente di espansivo.

Gary:

Stai scegliendo uomini che genererebbero e creerebbero di più nella tua vita? Hai scelto questo in passato?

Partecipante del Salon:

Decisamente no.

Gary:

Quindi non hai un'immagine precisa di quello che vuoi.

Partecipante del Salon:

Proprio così. Tu chiedevi: "Come sarebbe se scegliessi chi ti porti fuori a cena, ti tratti bene e ti regali gioielli?" Sembra carino. Suona diverso. Suona vago. Mi piacciono davvero gli uomini. So di aver creato roba schifosa in passato. Non avevo chiarezza.

Gary:

Quale stupidità stai usando per creare l'evitamento della consapevolezza sugli uomini che potresti scegliere? Tutto ciò che è, per un dioziliardo, distruggerai e screerai tutto? Giusto e Sbagliato, Bene e Male, POD e POC, Tutti e 9, Shorts, Boys e Beyonds

Devi riconoscere che un uomo non crea o distrugge la tua vita. Gli uomini sono fatti per essere un'aggiunta alla tua vita. Se non stai vivendo la relazione con un uomo come un'aggiunta alla tua vita, stai essendo te?

Partecipante del Salon:

No.

Gary:

Devi fare così. Ti aiuta? Fai scorrere questo processo più volte:

Quale stupidità stai usando per creare l'evitamento della consapevolezza sugli uomini che potresti scegliere? Tutto ciò che è, per un dioziliardo, distruggerai e screerai tutto? Giusto e Sbagliato, Bene e Male, POD e POC, Tutti e 9, Shorts, Boys e Beyonds

Per tutte voi, se non avete guardato a ciò che è vero per voi con gli uomini, dovete soprattutto essere oneste con voi stesse. Conosco donne che dicono: "Devo avere una relazione!"

Una signora venne ad Access Consciousness, partecipò a parecchie classi e poi un giorno smise. Le chiesi: "Come puoi smettere?" Lei disse: "Perché ciò che volevo era l'abilità di sapere che andavo bene se non avere un fidanzato e che sarei stata in grado di gestire le mie amiche che mi riempivano di stronzate sulla necessità di avere un fidanzato. Con Access Consciousness, ho scoperto che non ho bisogno né voglio un fidanzato, sono perfettamente felice da sola."

Ho detto: "Bene."

E lei: "Ho ottenuto quello per cui ero venuta."

Ecco il modo in cui dovreste guardare a questo. Chiedetevi

+ Per cosa lo sto facendo davvero?
+ Cosa voglio?

Siate chiare riguardo a ciò che volete. Cosa volete davvero in una relazione? Volete compagnia maschile? Come potete ottenerla? Trovatevi un amico maschio. Fatelo e avrete il meglio da entrambi i mondi. Non dovete fare sesso con lui e potete andarci a fare shopping. Potete parlare di qualsiasi cosa con lui e cos'altro è possibile? Come sarebbe se foste disposte a darvi questo?

Dovete essere disposte a guardare a cosa è vero per voi. Poi potete creare un futuro con gran facilità. Vi accorgerete che siete disposte ad avere qualsiasi cosa avete - oppure saprete che non è abbastanza o che volete qualcosa di più grande. Anche questo ha valore. È: "Cosa voglio creare davvero qui?"

Partecipante del Salon:

Nella prima chiamata, hai parlato del modo in cui veniamo addestrate all'idea di cavalcare con un principe sul cavallo bianco. Hai detto di non avere molta chiarezza su cosa l'avesse creato. Hai più chiarezza adesso?

Gary:

No, è un mito che esiste nella nostra società. Se puoi essere dipendente dall'idea del principe sul cavallo bianco, allora non devi avere te. Se stai sempre cercando qualcuno che ti salvi, devi poi salvarti tu?

QUELLO CHE PENSI È QUELLO CHE SI MOSTRA NELLA TUA VITA

Partecipante del Salon:

Al momento, sento come se ci fosse un mix di tanta roba che sta succedendo nella mia vita. Mi sento di essere un magnete per la merda. Ho soffocato il flusso di denaro che stava venendo da me. Che ne pensi?

Gary:

C'era una domanda in questo? Tutto ciò che hai fatto è concludere: "Sono un magnete per la merda. Io creo merda. Niente sta funzionando." Questo funziona per te?

Partecipante del Salon:
   No, non funziona. Grazie.

Gary:
   "Perché ho tutta questa merda nella mia vita?" non è una domanda. È un'affermazione con un punto di domanda in fondo. Dovresti chiedere:
   + Cosa ci vorrebbe per cambiare questo?
   + Cosa posso essere di diverso?
   + Perché non sto scegliendo di essere quello che, se lo scegliessi, cambierebbe tutto qui?
   Devi capire:
   + Cos'è che funziona per me?
   + Cos'è che mi piace?
   + Cos'è che voglio fare e che rende la vita bella e divertente?
   Lo hai guardato?

Partecipante del Salon:
   Sì, ci sto guardando. Ma non l'ho trovato.

Gary:
   Non puoi trovarlo finché pensi di essere un magnete per la merda. Ciò che pensi è ciò che si mostra nella tua vita. Hai creato determinazioni e decisioni di essere un magnete per la merda.
   Ovunque hai deciso di essere un magnete per la merda e tutta la te che è brava a raccogliere la merda di uomini e donne, distruggerai e screerai tutto? Giusto e Sbagliato, Bene e Male, POD e POC, Tutti e 9, Shorts, Boys e Beyonds
   Congratulazioni, signore, avete fatto in modo di trasformarvi in una pila di merda in un batter d'occhio.

Siete fiere di voi?

Partecipante del Salon:
Grazie, Gary.

LO SPAZIO DELL'ESSERE

Partecipante del Salon:
Ci sono volte in cui il mio corpo si sente davvero vivo ed eccitato e, per un momento, sono abbastanza presente nel mio corpo. Dopo un po', invece, mi sento come se mi fossi spenta. Ho bisogno di un po' più di chiarezza su questo.

Gary:
Qual è il valore di spegnerti?

Partecipante del Salon:
Capisco di non essere pericolosa quando sono spenta.

Gary:
Qual è il valore di trattenerti? Tutto ciò che è, per un dioziliardo, distruggerai e screerai tutto? Giusto e Sbagliato, Bene e Male, POD e POC, Tutti e 9, Shorts, Boys e Beyonds

Partecipante del Salon:
Quel processo sul valore di trattenermi, è questo che ho rinchiuso nel mio corpo?

Gary:
Hai rinchiuso te e il tuo corpo con questo. Continua a farlo scorrere.

Quale stupidità stai usando per creare le invenzioni, le intensità artificiali e i demoni del difendere lo stato o il luogo dell'essere piuttosto dello spazio dell'essere che stai scegliendo? Tutto ciò che è, per un dioziliardo, distruggerai e screerai tutto? Giusto e Sbagliato, Bene e Male, POD e POC, Tutti e 9, Shorts, Boys e Beyonds

Partecipante del Salon:
Puoi parlarci ancora un po' di questa pulizia?

Gary:
Ci sono posti, stati e tempi dell'essere. Lo spazio dell'essere include tutto e non giudica niente. Lo spazio dell'essere ti porta nel Tutt'Uno che sei e ti dà maggior scelta. Devi essere disposta ad essere lo spazio dell'essere, il che significa che non hai definizione. Per esempio, alcune persone hanno un senso di se stesse, un senso di sapere che sono degli esseri quando si trovano nei boschi.

M diceva che si sente come se non avesse più definizione di chi è. Questo avviene perché, quando stai essendo tu, non c'è definizione dell'essere te. Sei solo quello che sei e nient'altro è possibile, disponibile o necessario.

Partecipante del Salon:
Mi sono chiesta: "Cos'altro è possibile qui di cui non sono nemmeno consapevole" C'è un'altra domanda che posso fare?

Gary:
Chiedi: "Quale spazio di consapevolezza posso essere oggi che mi permetterebbe di essere tutto di me e non andarmene mai?"

Partecipante del Salon:

Gary, sto entrando nel Tutt'Uno o sto scomparendo?

Gary:

Non posso rispondere alla domanda. Dammi più informazioni.

Partecipante del Salon:

Quando non ho nessuna sensazione e non sento nulla...

Gary:

Se stai essendo lo spazio del Tutt'Uno e della consapevolezza, senti tutto e niente è importante o rilevante. Se non senti niente, ti stai rendendo non esistente.

Quale invenzione sto usando per creare la non-esistenza di me che sto scegliendo? Tutto ciò che è, per un dioziliardo, distruggerai e screerai tutto? Giusto e Sbagliato, Bene e Male, POD e POC, Tutti e 9, Shorts, Boys e Beyonds

UNIVERSI CONFLITTUALI

Partecipante del Salon:

Sembra che ci sia come una lotta o una disperazione per esistere e mi sento molto arrabbiata nel non avere nemmeno la disperazione.

Gary:

Ho una domanda. Sei bipolare?

Partecipante del Salon:

Mi viene un sì, ma non so che signifchi.

Gary:

Significa che hai un universo positivo che è negativo e un universo negativo che è positivo. Sei in un costante stato di conflitto con te stessa.

Quale stupidità stai usando per creare gli universi conflittuali che stai scegliendo? Tutto ciò che è, per un dioziliardo, distruggerai e screerai tutto? Giusto e Sbagliato, Bene e Male, POD e POC, Tutti e 9, Shorts, Boys e Beyonds

Partecipante del Salon:

Io provo ad essere così normale. Non so cosa sono.

Gary:

Perché dovresti voler essere normale?

Partecipante del Salon:

Queste sembrano cose cattive e sbagliate. Tu mi hai appena fatto la diagnosi. Nessuno mi ha mai detto che sono cattiva e sbagliata.

Gary:

Non te l'ha mai detto nessuno?

Partecipante del Salon:

Non me l'ha mai detto nessuno. Dovrei essere internata? Perché non posso essere felice? Mentre dicevi così, ho sentito un tale sollievo e comunque ...

Gary:

Fai scorrere questo processo sugli universi conflittuali. Questo è dove entra in gioco la cosa uomo/donna. C'è uno stato costante di universo conflittuale riguardo agli uomini, le donne, la copulazione e le relazioni. Sono universi totalmente conflittuali. Siete tutte bipolari quando si arriva a quello.

Quale stupidità stai usando per creare gli universi conflittuali che stai scegliendo? Tutto ciò che è, per un dioziliardo, distruggerai e screerai tutto? Giusto e Sbagliato, Bene e Male, POD e POC, Tutti e 9, Shorts, Boys e Beyonds

Partecipante del Salon:

È vero anche con i corpi?

Gary:

Sì, se sei in conflitto col tuo corpo, avviene la stessa cosa.

Partecipante del Salon:

Che forza. Grazie.

Gary:

Quale stupidità stai usando per creare gli universi conflittuali che stai scegliendo? Tutto ciò che è, per un dioziliardo, distruggerai e screerai tutto? Giusto e Sbagliato, Bene e Male, POD e POC, Tutti e 9, Shorts, Boys e Beyonds

Partecipante del Salon:

Stai dicendo che tutto questo è scelta e creazione? Che lo facciamo con le nostre mani?

Gary:

State creando conflitto invece di possibilità, no? Se siete in costante giudizio di voi, cosa state creando? State creando o distruggendo?

Partecipante del Salon:
Distruggendo.

Gary:
Vi fate coinvolgere in queste cose e scegliete i conflitti invece delle possibilità. Provate invece a guardare alla domanda, alla scelta, alla possibilità e al contributo. Dovete chiedere:
+ Cos'è possibile qui che non ho nemmeno considerato?
+ Quali scelte ho a cui non avevo nemmeno pensato?

Quando dovete rinunciare a tutto ciò che volete perché qualcun altro o qualcun'altra possa avere ciò che vuole, è un universo conflittuale. Siete in conflitto l'uno con l'altro, che spiega perché molte relazioni sono difficili. La maggior parte del tempo, state cercando di fare in modo che l'altra persona sia d'accordo con voi, così che possa vedere che siete d'accordo con lei e possa finalmente ottenere quello che vuole. Funziona?

Partecipante del Salon:
No.

Gary:
Avere un conflitto tra uomini e donne richiede che voi tagliate via la consapevolezza. Per avere un luogo dove poter creare conflitto nella vostra vita, dovete tagliare via la consapevolezza. Ogni volta che avete un luogo dove state provando a creare qualcosa che non funziona nella vostra vita, state creando un universo conflittuale. È un universo conflittuale perché non siete in comunione con tutte le cose e non potete scegliere tutte le cose. Potreste scegliere

qualsiasi cosa se davvero voleste, ma dovete rendervi conto di quando state creando universi conflittuali e funzionare da un luogo leggermente diverso.

Come mio esempio personale, quando Dain voleva portare qualcuno con cui passare la notte, mi infastidivo ed entravo in conflitto. Non sapevo che conflitto fosse. Dicevo: "Oh, non mi va che porti persone qui." Poi mi sono detto: "Aspetta un minuto, non ha senso. Non può essere il mio mondo. Cosa sto creando qui?"

Mi sono reso conto che stavo creando un luogo dove credevo che avere questo problema mi avrebbe dato qualcosa con cui fare i conti. In realtà, il conflitto in atto era con le persone con cui lui si trovava - perché le persone con cui faceva sesso erano conflittuali riguardo a ciò che stavano scegliendo. Loro erano conflittuali riguardo a ciò che stavano scegliendo. Una volta capito questo, non ho più dovuto sentirmi in conflitto. Avevo più chiarezza e sapevo cos'era vero per me. Ma ho dovuto superare l'idea di essere io in conflitto o che io avessi un problema. Ovunque dici: "Ho un problema con questa cosa" stai funzionando da un universo conflittuale.

Quale stupidità stai usando per creare gli universi conflittuali che stai scegliendo? Tutto ciò che è, per un dioziliardo, distruggerai e screerai tutto? Giusto e Sbagliato, Bene e Male, POD e POC, Tutti e 9, Shorts, Boys e Beyonds.

CORPI E UNIVERSI CONFLITTUALI

Partecipante del Salon:
Puoi dirci di più sui corpi e sugli universi conflittuali? Come si mostra questa cosa?

Gary:
Se giudichi il tuo corpo, stai davvero chiedendo un cambiamento? O sei in conflitto col corpo?

Partecipante del Salon:
Conflitto.

Gary:
Esatto, ogni volta che giudichi il tuo corpo, sei in conflitto con esso. Non stai guardando a cosa è possibile, né stai guardando a cosa puoi essere o fare che non hai nemmeno considerato.

Partecipante del Salon:
C'è un processo specifico per il corpo, a parte quello che ci hai dato?

Gary:
Quello che vi ho dato è il migliore.

Partecipante del Salon:
Meraviglioso, grazie.

Gary:
Mi piacciono le vostre domande, ragazze.

Partecipante del Salon:

Mentre facevi scorrere quei processi, ho sentito un bruciore nel petto. È qualcosa che sta cambiando?

Gary:

Sì, è della roba che si sposta. Hai un sacco di punti di vista su ciò che succede con le cose di cuore.

Quale stupidità stai usando per creare gli universi conflittuali che stai scegliendo? Tutto ciò che è, per un dioziliardo, distruggerai e screerai tutto? Giusto e Sbagliato, Bene e Male, POD e POC, Tutti e 9, Shorts, Boys e Beyonds

Partecipante del Salon:

Qual è la connessione tra difesa, invenzione e un universo conflittuale?

Gary:

Un universo conflittuale è qualcosa che crei, pensando che sia il modo di essere in questa realtà. Lo crei per mantenere la polarità in esistenza. Ovunque ci sono due cose che sono diverse e polarizzate, come uomini e donne, è un universo conflittuale - non necessariamente vero.

Difesa è ciò che fai una volta che decidi che quello che hai deciso è giusto. Prendi la decisione per mantenere la difesa in esistenza. Devi combattere per questo o contro questo.

Invenzione è quando ti bevi il punto di vista di qualcun altro. Mettiamo che i tuoi genitori ti dicano che non dovresti fare x, y e z. Non appena lo dicono, tu provi a inventarti che questo sia anche il tuo punto di vista. Non è creato perché non è basato su niente che tu abbia scelto; è basato su quello che hai scelto che appartiene agli altri.

Partecipante del Salon:

Sono confusa sulla parte che un universo conflittuale è dove pensi di dover scegliere qualcosa.

Gary:

No, un universo conflittuale è dove provi a mantenere la polarità di questa realtà. Un essere infinito sceglierebbe questo?

Partecipante del Salon:

No.

Gary:

Sceglieresti davvero di essere in conflitto con gli uomini o con le donne?

Partecipante del Salon:

Per niente.

Gary:

Sicura?

Partecipante del Salon:

Se non fossi in una realtà conflittuale, non vedo perché dovrei scegliere di essere in conflitto con gli uomini o con le donne.

Gary:

Devi renderti conto che c'è una diversa possibilità disponibile che non hai considerato. Cos'è davvero possibile che non hai considerato?

Quale stupidità stai usando per creare gli universi

conflittuali che stai scegliendo? Tutto ciò che è, per un dioziliardo, distruggerai e screerai tutto? Giusto e Sbagliato, Bene e Male, POD e POC, Tutti e 9, Shorts, Boys e Beyonds

Questi sono tutti luoghi dove hai permesso a te stessa di essere polarizzata in una forma o in un'altra.

Partecipante del Salon:
Quando chiedi: "Sei sicura?" che cosa intendi?

DONNE CHE COMPETONO CON ALTRE DONNE

Gary:
La maggior parte delle donne sono competitive con le altre donne. Dovete essere molto chiare su questo se non siete in competizione con le donne - perché quando non siete in competizione con le donne e le donne competono con voi, non lo capite o non ve ne accorgete.

Partecipante del Salon:
Sì, mi risulta vero.

Gary:
È importante per voi capire che non create universi conflittuali con le donne. Non create giudizio né competizione nei confronti delle donne. Ma dovete essere disposte a riconoscere le donne che lo fanno. Quando entrano in competizione con le altre donne, stanno cercando di provare che qualcuno sta scegliendo o facendo qualcosa di sbagliato. Stanno sempre cercando di vedere come le altre donne sono sbagliate.

Partecipante del Salon:

C'è qualcosa di vischioso qui per me, riguardo alla competizione con le altre donne. Cosa possiamo cambiare a questo proposito?

Gary:

Prima di tutto, renditi conto che generalmente le donne sono molto competitive. Se non ti rendi conto che sono competitive, vedrai quanto dovranno aver ragione quando ti giudicano. O vedrai quanto dovranno aver ragione, mentre affermeranno che c'è qualcosa di sbagliato in te o quando diranno: "Ma che bel vestito" pensando il contrario. Devi vedere quando le donne sono in competizione e non bertela.

Se ti bevi la competizione, alla fine si dissolverà con le persone con le quali sei in grado di essere in connessione. Ma le donne saranno competitive e tu dovrai riconoscerlo. È importante.

Quando non sei in competizione con le donne e una donna sceglie di venirti attorno col suo uomo, tu non senti la necessità di annullarla o surclassarla. Capisci che c'è una scelta differente per te.

Quando le donne sono in competizione per gli uomini, mettono un segno o un marchio sull'uomo col quale stanno facendo sesso e, tutte le volte che qualche altra donna entra nella stanza, marcano il loro uomo, come un cane che fa la pipì. Le donne e i cani maschi hanno molto in comune.

Partecipante del Salon:

Com'è quando non sei in competizione e riconosci che le altre donne lo sono?

Gary:

Quando le donne sono in competizione con le altre donne, non puoi essere loro amica. Non saranno mai tue amiche. Possono solo essere conoscenti. L'amicizia non può esistere con le donne che competono con altre donne.

Partecipante del Salon:

Questo è ciò che fa la maggior parte delle donne.

Gary:

Se sei disposta a non avere competizione, puoi avere un'amicizia stretta. Devi essere disposta a riconoscere quale genere di donne puoi scegliere come amiche e quali no.

Partecipante del Salon:

E rispetto al lavorare con donne così?

Gary:

Quando lavori con donne che sono in competizione con altre donne, devi tenere gli uomini fuori dal calcolo; altrimenti, troveranno sempre un modo per creare un problema che permetta loro di competere.

Partecipante del Salon:

Wow, questo sembra un argomento alieno per me.

Gary:

Certo, tu non sei in competizione con le donne, quindi non capisci come funzionano.

Partecipante del Salon:

No, non lo capisco.

Gary:
Pensi che funzionino come le altre persone.

Partecipante del Salon:
Grazie per avermi illuminato.

Partecipante del Salon:
Sono così grata per questa serie di chiamate. Non avevo realizzato quanto cambiamento era possibile. Se dovessi darci i migliori tre punti di vista sull'essere una donna su questo pianeta, cosa diresti?

CHE GENERE DI FUTURO TI PIACEREBBE CREARE?

Gary:
Ho parlato del bisogno di riconoscere che siete capaci di essere guerriere per la creazione di una diversa realtà qui. Siete guerriere per il futuro.

Quante di voi stanno guardando al futuro e quante di voi stanno guardando al passato? La gran parte di voi ha passato la vita guardando alla sbagliatezza, al passato e alle cose che non funzionano. Raramente guardate al futuro e a quello che davvero può funzionare. Che genere di futuro vi piacerebbe creare? Perché la vostra attenzione non è lì? Tutti i giorni.

Sono interessato nel creare un futuro. Al meglio delle mie capacità, sto essendo un uomo umanoide con un tocco femminile. Sono disposto a guardare a cosa creerà un futuro e a che genere di futuro posso creare. Sto sempre cercando di creare cose diverse. Con il mio business, ogni giorno guardo a: "Cosa ho bisogno di essere o cambiare per rendere questo migliore, più grande o diverso?" Non funzionerà finché non sarò in grado di creare qualcosa di diverso. Per me, creare qualcosa di diverso è il dono più grande che posso fare a me stesso. Si tratta sempre di creare un futuro che non è mai ancora esistito.

Dovete cominciare a pensare a come creare un futuro che non è ancora esistito qui. Se funzionate da questa domanda, un sacco dei problemi che state avendo col matrimonio e tutto il resto se ne andranno. Dovete cominciare a guardare da:

- Se stessi creando il futuro che mi piacerebbe avere, come sarebbe?
- Che sensazione mi darebbe?

È una diversa possibilità. Deve essere qualcosa di più grande. Dovete essere disposte a sceglierlo.

Bene signore, per favore siate consapevoli, perché la consapevolezza è il regalo più grande che possiate fare a voi stesse.

Spero che abbiate apprezzato queste chiamate come le ho apprezzate io. Grazie a tutte per il dono delle vostre domande.

Partecipanti del Salon:
Grazie, Gary.

Partecipante del Salon:
Quanta gratitudine. Grazie!

Indice dei Capitoli, Titoli e Intestazioni

Capitolo 1. Femminismo Pragmatico 9
Uno Stato Operativo del Vivere 10
Scegliere un Uomo che Vuoi "Aggiustare" 14
Un Giorno il Mio Principe Verrà 15
Omaggio alla Relazione vs Omaggio alla Vagina 19
Cosa Costituisce la Mascolinità e la Femminilità, Comunque? 21
Manipolazione e Sapere 24
Essere una Pragmatista della Femminità 27
Stupidità vs. Consapevolezza 29
"Tengo la Guardia Abbassata" 30
Favolette 33
La guerra tra uomini e donne 36
Creare e generare la tua vita 38
Il tuo corpo è dentro di te 41
"Wow, Non ci Avevo Mai Pensato" 46
Ogni Scelta Crea 47

Capitolo 2. Scegliere di Alterare la Realtà 51
Anime Gemelle e Fiamme Gemelle 51
Vivere dall'Amare – Non dall'Amore 53
"Cos'è Questo?" 58

Creazione Futura 62
Il Tuo Punto di Vista Crea la Tua Realtà 63
Rendere Ogni Scelta una Fonte di Possibilità 64
Quindi, Che Cos'è la Relazione? 68
Copulazione per Scelta 70
Sexualness Totale 74
Il Tuo Corpo Ha un Punto di Vista 75
Sesso e Ricevere 77
Relazioni Abusanti 78
Guarigione Sessuale 80
"Buon Sesso" vs. Sesso Espansivo 83

Capitolo 3. Comprendere Chi Sei Veramente 89
Cambiare vs. Fare Qualcosa di Diverso 89
Il Confronto Non Funziona 92
Le Donne Vogliono Copiose Quantità di Sesso 92
Giudizi e Conclusioni 95
"Hai Mai Provato Questo? Lo Adoro!" 96
Eccitare gli Uomini 98
Le Donne Sono le Creature Più Competitive del Pianeta 100
Programmazione Maschile e Femminile 101
Di Chi è Questo Giudizio? 103
Dolore e Intensità 105
Creare una Richiesta Per il Corpo dell'Uomo 108
"Mi Trasformo in una Scolaretta Ridacchiante" 111
Non Sei Responsabile di Quello Che la Gente Sceglie 112
Abbassare le Barriere al Ricevere 114
L'Altra Persona Può Ricevere Quello di cui Sei Capace? 117
I Sussurri del Cambiamento 119

Capitolo 4. Creare una Relazione che Funziona per Te 123
Strutture di Probabilità vs. Strutture di Possibilità. 123

La Probabilità di Perdere..125
"Posso Aggiustarlo".. 128
La Possibilità di Avere Successo 129
Vivere in Incrementi di Dieci Secondi 131
Ricevere Quello Che Desideri in Una Relazione 132
Scelte Limitanti 134
Non C'è Niente da Combattere 136
Funzionare dalla Scelta Totale 138
La Tua Relazione Crea Più Comfort?..139
Quando Entra In Gioco l'Allowance 143
Le Donne Umanoidi Vogliono Conquistare il Mondo.............144
Come Approcciare Un Uomo 147
I Sogni, Incubi, Requisiti e Necessità della Tua Vita.................148
Cos'È Possibile Qui Che Non Ho Ancora Considerato?..........153
Cosa Vuoi Veramente? 154

Capitolo 5. Scelta Pragmatica..161
Cercare il Conforto e la Rassicurazione al di Fuori di Te.................... 161
"È Davvero Carino, Tesoro"..166
Gli Uomini Sopprimono la Loro Sensibilità 167
Copulazione Senza Giudizio 171
"Ehi, Vuoi Fare Sesso?"..173
Molestia Sessuale 174
Essere Pragmatica Riguardo alle Scelte Che Hai 175
Aggiustare le Cose con un Ex 178
Allowance 179
"Il Matrimonio Mi Spaventa" 181
Relazione con un Uomo Bipolare 183
Essere Genitore...184
Che C'è di Sbagliato nel Dare a Tua Mamma Ciò Che Desidera?.......187
L'Attitudine alla Gratitudine 188

Capitolo 6. Sei la Creatrice del Futuro 191
Le Donne Sono la Fonte Per la Creazione di una Realtà Differente ... 191
Gli Uomini Sono Qui Per Mantenere lo Status Quo 192
Un Futuro nel Quale Non Abbiamo Ancora Messo Piede 195
"Mi Annoio" 197
Le Credenziali Definitive 199
"Desiderano Quello Che Ho Da Offrire?" 201
La Tua Capacità di Cambiare la Realtà 203
Devi Guardare a Come Funzionano gli Uomini 205
Essere Fuori dal Contesto 208
Con le Scelte Che Fai, Crei un Futuro Diverso 209
È una Scelta, Poi un'Altra 210
Puoi Avere una Realtà Diversa 211
La Definizione È il Distruttore 212
Qual È il Mio Obiettivo sul Pianeta Terra? 213

Capitolo 7. Fare il Dono delle Possibilità 217
Cosa Permetterà Che Tutto Venga Gestito con Facilità? 217
Vera Cura Amorevole vs Prendersi Cura 219
Devi Riconoscere Cos'È 222
Creazione e Invenzione 223
Realtà Visive 224
Devi Essere l'Energia Che Mostra le Possibilità 228
Da Cosa Stai Vivendo – Dalla Realtà o dall'Illusione? 229
Cosa Vorresti Creare come Futuro? 230
La Scelta È la Fonte Dominante della Creazione 234
"Lo Voglio Adesso" 236
Il Problema del Vivere nel Presente 239
Fidarti di Te come Creatrice del Tuo Futuro 241
Fidarti della Consapevolezza che Sei Veramente 243
Vero Benessere 244
Sicurezza di Sé 246

Nessuno Può Vederti Tranne Te 249

Capitolo 8. Creare la Pace invece della Guerra **253**
I Ruoli Invertiti degli Uomini e delle Donne..253
La Tua Battaglia É per la Creazione di un Futuro....................................255
Diventare una Donna Guerriera 257
Combattere Per vs. Combattere Contro 259
Possibilità e Scelte 260
Conquistare..262
"Mi Piacerebbe che un Uomo Mi Seducesse per una Volta nella Vita!" 264
Vivere per le Altre Persone 265
Rappresentazioni Visive e Invenzioni 267
Creare dalla Scelta, la Possibilità, la Domanda e il Contributo 271
Non Escludere la Rabbia...272
"Sono Solo una Ragazzina Ingenua"...274
A Chi Appartiene? È Mio?...275
Rapporti Esclusivi 276
Essere vs Fare 277
Torniamo per Risolvere le Cose? 278
Amore a Prima Vista 278
Etichette, Limiti, Possibilità 279
C'è Qualcosa che Puoi Davvero Controllare? 280
L'amore Stesso È un'Invenzione..281
Ogni Relazione È un'Invenzione.. 283
Una Guerriera È Disposta a Fare Tutto Ciò che Serve per Vincere la Battaglia...285
Interessante Punto di Vista 286

Capitolo 9. Creare un Futuro Sostenibile **289**
Fare Figli... 289
Non Si Tratta di Uscire da Questa Realtà...291
Perché Tu Non Sei Tu? 295

Una Realtà Sostenibile Al Di Là di Questa Realtà.................................295
Sopravvivenza vs Sostenibilità.. 299
Creare un Futuro Monetario Sostenibile.. 306
Nessuno Può Rendere Qualcun Altro Felice... 309
Sopravvivere vs. Prosperare 311
Cosa Posso Creare Come Futuro Sostenibile? 313

Capitolo 10. Relazioni Consapevoli..................................315
I Sei Elementi delle Relazioni Consapevoli..315
Il Sesso È una Realtà Creata 320
Sarebbe Divertente Fare Sesso Adesso?..323
E Se Tu non Avessi Mai Voluto che un'Altra Persona Facesse Qualcosa? 328
Accordo e Consegna..329
Anche l'Altra Persona Deve Essere Consapevole? 331
Prosperare Come Donna...332
Vedere Realtà Negative 333
Creare Oltre Questa Realtà 335
La Volontà di Vedere il Futuro...338
Il Comfort Non Riguarda la Consapevolezza..339
Puoi Avere Ragione o Puoi Essere Leggero..341
Conquistare vs Escludere.. 345
"Come Posso Dimostrare il Mio Contributo?".......................................347
Essere Ciò Che È Vero Per Te... 349
Essere nel Calcolo della Propria Vita 350
Tentarli, Insegnargli e Spedirli per la Loro Strada..................................351
La Vera Pragmaticità: Inizia con la Scelta...352
Generare, Creare ed Istituire 353

Capitolo 11. Stare nel Potere della Scelta e della Consapevolezza ..355
Demoni...355
Crei Demoni piuttosto che Scelta 358
E se Non ci Fosse una Fonte di Potere Più Grande di Te? 359

Gli Umani Credono che i Demoni Siano una Fonte di Potere............ 360
Il Giudizio È il Modo con il Quale Invitiamo i Demoni a Entrare 363
"Nessun Punto Di Vista" È Semplicemente una Scelta....................... 368
Non Aspettare Mai Qualcuno o Qualcosa 370
Essere una Futurista 372
Scegliere una Realtà 376
Diventare una Fonte di Maggiori Possibilità....................................... 380
La Scelta È la Fonte di Tutta la Creazione...381
Vedere Ciò che È Sbagliato vs. Vedere Ciò che È Possibile.................385
Puoi Odiare Tua Madre o Puoi Avere Libertà Totale.........................387
La Vendetta Più Grande 391

Capitolo 12. Diventare un radicale libero della Consapevolezza 395
Lo Spazio Facile delle Possibilità 395
Andare Oltre le Deviazioni Standard della Realtà Umana 397
La Realtà Umana È Concentrata sulla Mediocrità..............................399
Diventare Deviante Tanto Quanto Ti Piacerebbe Essere................... 403
Altre Cose Sono Possibili, ma Devi Fare una Domanda 404
Essere Disposte a Vedere Quello che Gli Altri Hanno Intenzione di Fare.........406
In quanto Umanoide, Tu Sei una Deviante.. 408
Facilità Totale e Troppi Soldi 409
Radicali Liberi 414
Uscita dal Palco a Sinistra..415
La Devianza Definitiva...417

Capitolo 13. Riconoscere il Dono che Sei per il Mondo......... 423
Essere l'Edonista, Seduttrice e Libertina che Sei Veramente 423
L'Essere Eccitante che Stai Scegliendo.. 428
Pensieri, Sentimenti, Emozioni, Sesso e Non Sesso 432
Con Quello che Scegli, Crei Possibilità Più Grandi 434
Difenderti da Qualcosa 435
Definire Chi Sei...438

"Io Non Sono Quello"..441
Difenderti dalla Realtà Umana 444
La Maggior Parte degli Uomini Sono Ricercatori di Piacere............. 446
Come Sarebbe se Venissi Eccitata da Tutto nella Vita?...................... 447
Scelta, Domanda, Possibilità e Contributo.......................................452
Ogni Risposta è un'Invenzione..455

Capitolo 14. Avere la Tua Grandezza 459
Ti Piacciono Davvero gli Uomini? 459
La Pragmatica di Far Funzionare Tutto con un Uomo...................... 460
"Ogni Giorno Voglio Divorziare" 462
Difendere Qualcosa o Difendersi da Qualcosa 464
Scegliere in Accordo con le Scelte degli Altri 465
Mantenerti Fuori dall'Esistenza 467
Allowance e Avere la Grandezza di Te 469
Ispirare il Ragazzo..472
Non Puoi Creare un Futuro Basandoti sulle Limitazioni 473
Essere Chiara su Quello che Vuoi...479
Quello che Pensi È Quello che si Mostra nella Tua Vita 482
Lo Spazio dell'Essere 484
Universi Conflittuali 486
Corpi e Universi Conflittuali 491
Donne che Competono con Altre Donne 494
Che Genere di Futuro ti Piacerebbe Creare? 497

Cos'è Access Consciousness?

**Come sarebbe se fossi disposto a nutrirti e
prenderti cura di te stesso?
Come sarebbe se aprissi le porte all'essere tutto ciò che hai deciso
non è possibile essere?
Cosa ci vorrebbe affinché tu realizzassi quanto
sei cruciale per le possibilità del mondo?**

Access Consciousness è un insieme di strumenti, tecniche e filosofie che ti permettono di creare cambiamenti dinamici in ogni area della tua vita. Access ti fornisce, passo per passo, le fondamenta che ti permettono di diventare completamente consapevole e iniziare a funzionare come l'essere consapevole che in realtà sei. Questi strumenti possono essere usati per cambiare qualsiasi cosa non stia funzionando nella tua vita, in modo tale che tu possa avere una vita diversa e una realtà diversa.

Puoi accedere a questi strumenti attraverso una serie di classi, libri, telechiamate e altri prodotti, o con un Facilitatore Certificato di Access Consciousness o un Facilitatore di Bars di Access Consciousness.

L'obiettivo di Access è di creare un mondo di

consapevolezza ed unità. La consapevolezza è l'abilità di essere presente nella tua vita in ogni momento, senza giudizio di te stesso o di chiunque altro. La consapevolezza include tutto e non giudica nulla. È l'abilità di ricevere tutto, non rifiutare nulla e creare tutto ciò che desideri nella vita, più grande di ciò che attualmente hai e più di quanto tu abbia mai immaginato.

Per altre informazioni su Access Consciousness o per trovare un Facilitatore di Access Consciousness, visita:

www.accessconsciousness.com   www.garymdouglas.com

Scan for more information   Scan for more information

Altri Libri di Access Consciousness®

Sii Te Stesso, Cambia il Mondo
Di Dr. Dain Heer

    Hai sempre saputo che qualcosa di COMPLETAMENTE DIVERSO è possibile? E se avessi in mano un libro affinché infinite possibilità e cambiamento dinamico ti possano guidare? Con strumenti e processi che funzionano davvero e che ti invitano ad un modo di essere completamente differente? Per te? E per il mondo?

I 10 Comandamenti di Access
Di Gary M. Douglas & Dr. Dain Heer

    I 10 Comandamenti di Access sono un modo di vivere che ti aiuterà ad espandere la tua capacità di consapevolezza per poter avere una consapevolezza migliore di te stesso, della tua vita, di questa realtà e oltre. Con una maggiore consapevolezza puoi cominciare a creare la vita che hai sempre saputo essere possibile, ma che non hai ancora realizzato. Se davvero farai e sarai queste cose, sarai libero in ogni aspetto della tua vita.

Beyond the Utopian Ideal
Di Gary M. Douglas

La maggior parte delle persone agisce partendo da un'idea fissa o un concetto su come le cose dovrebbero essere, piuttosto che funzionare nel momento, dove è possibile cambiare tutto quanto è richiesto per realizzare e creare di più. Queste cose non sono davvero reali; sono realtà concettuali che sono state calate nella nostra esistenza. Questo libro riguarda il diventare consapevole dei concetti e costrutti ideali che creano limitazioni e barriere a ciò che è possibile per te. I costrutti devono venir via, così che tu possa creare un mondo che funziona per te.

Leading from the Edge of Possibility: No More Business as Usual
Di Chutisa e Steven Bowman

Immagina come sarebbero il tuo business e la tua vita se smettessi di funzionare con il pilota automatico e cominciassi a generare il tuo business con una consapevolezza strategica e di prosperità. Questo è davvero possibile, se sei disposto a cambiare. Riconoscere una diversa possibilità richiede una mentalità diversa e, quasi sempre, un tipo di consapevolezza che non fa parte della nostra esperienza pregressa. Con questo libro otterrai la consapevolezza di cui hai bisogno per gestire il tuo business in ogni ambiente!

Psicologia Pragmatica: Strumenti Pratici per Essere Follemente Felici!
Di Susanna Mittermaier

Tutti quanti hanno almeno una persona "pazza" nella loro vita, vero? (anche se quella persona sei tu!) E ci sono tante etichette e diagnosi là fuori - depressione, ansia, ADD, ADHD, bipolarismo, schizofrenia... E se ci fosse una possibilità differente con la malattia mentale - e se cambiamento e felicità fossero una realtà totalmente disponibile? Susanna è una psicologa clinica con un'incredibile capacità di facilitare ciò che questa realtà spesso definisce "pazzo", attraverso un diverso punto di vista - un punto di vista di possibilità e facilità.

Right Recovery For You
Di Marilyn Bradford

Non importa quale sia la tua dipendenza o da quanto ce l'hai, Right Recovery For You può aiutarti a cambiarla. Questo è un approccio totalmente nuovo alla dipendenza, che non troverai da nessun'altra parte. Sviluppato da Marilyn Bradford, utilizza le informazioni e i processi per il cambiamento di Gary Douglas, fondatore di Access Consciousness®, con i quali potrai avere una possibilità totalmente diversa di mettere fine per sempre alla tua dipendenza o farla diventare qualcosa che funzioni per te.

Would You Teach a Fish to Climb a Tree?
Di Anne Maxwell, Gary M. Douglas e Dr. Dain Heer

Uno sguardo diverso sui bambini con ADD, ADHD, OCD e Autismo. Le persone tendono a funzionare dal punto di vista secondo cui c'è qualcosa di sbagliato in questi ragazzi perché non imparano come tutti noi. In realtà, rispondono alle cose in una maniera totalmente differente. Questo libro si occupa di questo e di molto altro!

Sesso Non È una Parolaccia, ma Relazione Spesso Lo È
Di Gary M Douglas & Dr. Dain Heer

Divertente, schietto e deliziosamente irriverente, questo libro offre ai lettori una visione interamente nuova di come creare grande intimità e sesso eccezionale. Come sarebbe smettere di tirare a indovinare e scoprire cosa funziona VERAMENTE?

Divorceless Relationships
Di Gary M. Douglas

Una relazione senza divorzio è una relazione nella quale non devi divorziare da nessuna parte di te per entrare in relazione con qualcun altro. È un luogo dove tutte le cose e le persone con cui sei in relazione possono diventare migliori grazie alla relazione.

La Gioia del Business
Di Simone Milasas

Se stessi creando il tuo business dalla sua GIOIA - cosa sceglieresti? Cosa cambieresti? Cosa sceglieresti se sapessi di non poter fallire? Il business è GIOIA, è creazione, è generativo. Può essere l'avventura del VIVERE.

Per altri libri Access Consciousness® vai a www.accessconsciousnesspublishing.com

L'Autore

Gary Douglas

Autore di best seller, oratore internazionale e ricercato facilitatore, Gary Douglas è conosciuto per l'intensità della sua consapevolezza e per la sua incredibile capacità di facilitare le persone nel *sapere quello che sanno*. Sceglie di incarnare la consapevolezza in tutto quello che fa, ispirando così gli altri a scegliere di diventare più consapevoli.

Gary si trovò con un eccezionale livello di consapevolezza nella tipica famiglia di classe media del Midwest e visse l'infanzia da *Mulino Bianco*. Aveva una visione molto diversa della vita e, a soli sei anni, si rese conto di essere differente dalla maggior parte delle persone che conosceva. Divenne consapevole di questa differenza guardando le persone creare le loro vite e vedendo che niente riguardava la gioia e le possibilità - riguardava sempre la sbagliatezza. Gary sapeva che c'era di più di quanto questa realtà offrisse, perché in essa non c'era niente di magico, gioioso o espansivo. Quindi, in giovane età, iniziò a ricercare una consapevolezza più profonda sui misteri della vita. Lungo il percorso, scoprì qualcosa di nuovo - qualcosa che creava cambiamento nel mondo e nella vita delle persone. Scoprì che la magia è tutta intorno a noi; è qualcosa che creiamo - è consapevolezza. Riconobbe che la capacità di essere più consapevoli e vigili era il dono di ogni persona, se era disposta a sceglierlo.

Col tempo riconobbe che il dono che lui era, era l'intensità della consapevolezza e la capacità di invitare le persone ad essere consapevoli e a riconoscere che tutto è possibile e niente è impossibile. Il suo dono è l'abilità di guardare alla vita, all'universo e alla consapevolezza che tutti siamo, così come alle possibilità che ne sono una parte intrinseca, da uno spazio che nessun altro ha mai scelto.

Potenziare le Persone nel Vedere Diverse Possibilità

Riconosciuto a livello internazionale, Gary è diventato un leader di pensiero nel trasformare le vite e creare scelte differenti - disponibile a potenziare le persone nel vedere diverse possibilità e riconoscere cos'è davvero possibile per loro. Gary è conosciuto in tutto il mondo per le sue prospettive uniche sulla trasformazione personale, diverse da ogni altra cosa al mondo. Non è allineato con nessuna religione o tradizione in particolare. Attraverso i suoi libri e workshops, dona processi e strumenti che portano a raggiungere la facilità, la gioia, la gloria della vita e la magia della felicità, che si espande in più consapevolezza, gioia e abbondanza. I suoi insegnamenti semplici, ma profondi, hanno già facilitato innumerevoli persone in tutto il mondo a sapere ciò che sanno e a capire che possono scegliere ciò che non avevano mai realizzato di poter scegliere.

Nel cuore dei Suoi Insegnamenti si Trova la Trasformazione della Consapevolezza

Dopo aver riconosciuto che una maggiore consapevolezza nelle persone può cambiare la direzione delle loro vite e il futuro del pianeta, la creazione ed espansione di Access Consciousness da parte di Gary è stata guidata principalmente da una singola domanda: "Cosa posso fare per aiutare il mondo?"

Gary continua ad ispirare gli altri, invitando la consapevolezza di una diversa possibilità nel mondo e dando un contributo immenso al pianeta. Facilita le persone a sapere di essere la fonte per creare il cambiamento che desiderano e una vita che vada oltre le limitazioni di ciò che il resto del mondo ritiene importante. Vede che questo è un aspetto essenziale nel creare un futuro che abbia in sé maggiori possibilità per tutti e per il pianeta. Questa è una priorità non solo per la felicità personale, ma anche per la fine del violento conflitto endemico sul nostro pianeta nonché per la creazione di un mondo diverso. Se abbastanza persone scelgono di essere più consapevoli e più vigili, inizieranno a vedere le possibilità di ciò che è disponibile per loro e cambieranno ciò che accade qui sul pianeta Terra.

Autore

Gary Douglas è autore del romanzo best seller The Place, che parla di persone che sanno che ogni cosa è possibile e che la scelta è una fonte di creazione. Gary è anche il co-autore di diversi libri che riguardano argomenti quali denaro, relazione, magia e animali, insieme al Dott. Dain Heer, il maestro della Trasformazione dell'Energia conosciuto a livello internazionale.

Ispirare le Persone in Tutto il Mondo

Più di vent'anni fa, Gary fece da pioniere per una serie di strumenti e processi in grado di trasformare la vita, conosciuti come Access Consciousness®. Questi strumenti d'avanguardia hanno trasformato la vita di migliaia di persone nel mondo. Il suo lavoro è diffuso in 173 Paesi, con 2000 Facilitatori in tutto il mondo. Semplici, ma anche efficaci, gli strumenti facilitano persone di tutte le età e provenienza a rimuovere le limitazioni che le trattengono dall'avere una vita piena.

www.ingramcontent.com/pod-product-compliance
Lightning Source LLC
Chambersburg PA
CBHW050423240426
43661CB00055B/2257